航天质量管理体系创新发展

李跃生　贾纯锋　孙　薇　著
苗宇涛　范艳清　岳盼想

国防工业出版社
·北京·

内 容 简 介

本书介绍了航天质量管理体系的概念、模型和原则，航天特色质量管理体系的一般要求，构建航天质量管理体系的思路和方法，质量保障资源提供，型号全寿命质量控制，科学量化绩效评价，质量改进与创新，航天企业集团母子公司型的多级质量管理体系建设，质量管理体系成熟度和有效性评价等。

本书可供从事航天产品研制、生产和服务的企事业单位质量管理体系建设的人员使用，也可供其他领域从事质量管理体系建设的相关人员参考。

图书在版编目(CIP)数据

航天质量管理体系创新发展/李跃生等著.—北京：国防工业出版社，2020.6
ISBN 978-7-118-12082-0

Ⅰ.①航… Ⅱ.①李… Ⅲ.①航天工业－质量管理体系－研究－中国 Ⅳ.①F426.5

中国版本图书馆 CIP 数据核字(2020)第 056214 号

※

国防工业出版社出版发行

(北京市海淀区紫竹院南路 23 号　邮政编码 100048)
三河市德鑫印刷有限公司印刷
新华书店经售

*

开本 710×1000　1/16　印张 18¼　字数 340 千字
2020 年 6 月第 1 版第 1 次印刷　印数 1—2000 册　定价 88.00 元

(本书如有印装错误，我社负责调换)

国防书店：(010)88540777　　　发行邮购：(010)88540776
发行传真：(010)88540755　　　发行业务：(010)88540717

序

中国航天事业的发展历程是以重大航天工程任务的圆满完成为标志的，航天质量管理的管理体制、成功经验和理论方法也随之逐步形成。

当年，实施"两弹一星"工程时，周恩来总理提出"严肃认真、周到细致、稳妥可靠、万无一失"的"十六字方针"。几十年来，几代航天人一直将其作为科研生产及质量工作的指导思想，作为永恒的座右铭。

当载人航天、月球探测、北斗导航高分辨率对地观测系统等一系列重大航天工程取得成功时，当众多航天军事装备在天安门前接受党和人民的检阅时，我深感这幕后有成千上万航天人长期无私的奉献和艰辛的付出。伴随航天事业艰辛和辉煌的发展，航天科技工业产生了一系列具有我国航天特色的、科学有效的质量管理方法，航天特色的质量管理体系建设起到了重要的基础支撑作用。

2017年9月，党中央和国务院发布了《中共中央国务院关于开展质量提升行动的指导意见》，明确提出"开展质量管理体系升级"活动。党的十九大报告中提出建设航天强国、质量强国等战略目标。实施航天质量管理体系创新发展，打造航天质量管理体系升级版是建设航天强国的重要组成部分，起着筑牢基石的作用。同时，建设质量强国，航天质量管理应起到引领示范的作用。

对于航天型号而言，质量管理具有极具重要的作用，航天质量管理体系是保证航天型号成功的基础。虽然，航天型号研制、生产、试验和服务保障等单位已建立了质量管理体系并通过了认证，对保证航天型号任务的圆满完成起到了重要的基础性作用。但是，我们应该清醒地认识到，航天质量管理体系现状与建设航天强国、建设国际一流宇航公司要求相比，仍有差距，还有很大的提升空间。

本书作者是长期从事航天质量管理方法研究与推广工作的专业人员。他们在航天质量管理方法研究和推广应用方面进行了大量卓有成效的探索与创新。本书正是在此基础上，结合航天质量管理最新的成功实践和发展需求撰写而成，对推动航天质量管理创新发展具有重要价值。从工程管理的角度而言，本书的探索也具有一定的学术价值。

希望本书的出版对航天质量管理体系建设的创新发展具有推进作用。希望有更多的专家和航天型号研制生产一线的同志，参与航天质量管理体系的应用性研究和推广应用这一项很有意义的工作，从而为把我国建成航天强国作出努力与贡献。

中国航天科技集团有限公司高级技术顾问
中国工程院院士 王礼恒
2020年3月

前　言

2017年9月5日，党中央和国务院发布了《中共中央国务院关于开展质量提升行动的指导意见》。这是建国以来，最顶层的纲领性质量管理文件。其中，在第十五条推进全面质量管理中，明确提出广泛"开展质量管理体系升级"活动。

"升级"，对于一个组织质量管理体系建设而言，就是指在达到质量管理体系要求性标准和取得质量管理体系认证证书的基础上，依据更高、更具有行业特色的标准，在质量管理体系建设方面对其进行整合和提升，不断提升质量管理体系的有效性和成熟度，推动产品和服务全面与持续的提升，以实现追求卓越的质量效益目标。也就是说，如果把目前质量管理体系满足标准要求和通过认证比喻为"过门槛"，质量管理体系升级就是"爬楼梯"。对于质量管理体系的监管机构和认证机构而言，按行业特色、成熟度等级制定分级、分类的质量管理体系标准及相应的分级审核认证标准，开展成熟度多等级的审核认证，要把"设门槛"变为"建楼梯"。对于这一点，2017年11月，中国国家认监委发布了《国家认监委关于质量管理体系认证升级版的实施意见》，明确以最新版的质量管理体系标准换版为契机，使质量管理体系标准和认证工作从达标评定发展到成熟度等级评定。

我国航天产品研制生产和试验单位开展质量管理体系建设，始于20世纪80年代后期，依据经国务院、中央军委批准及原国防科工委发布的《军工产品质量管理条例》，开展军工产品质量保证体系建设和考核工作。20世纪90年代，这一工作转为依据质量管理体系要求的国家军用标准开展质量管理体系建设和审核认证。目前，航天产品研制生产和试验单位早已建立质量管理体系并通过认证。

多年来，航天产品研制生产和试验单位结合航天产品及其研制生产与试验的特点，针对产品质量问题和质量管理体系薄弱环节，创造性提出和持续开展精细化过程质量控制、产品保证、技术风险认识和分析、产品数据包、质量问题归零、质量管理体系成熟度评价、质量监督等活动,并形成了一系列具有我国航天特色及推广价值的质量管理有效做法和成功经验,质量管理体系建设是有成效、有特色的,为保证航天产品和服务质量奠定了基础。

当然,航天产品研制生产和试验单位质量管理体系建设工作也远非至善完美。通过全方位参与质量管理体系评估和调研等活动及相关的质量管理工作,我们发现在质量管理体系建设和运行中还存在着不少薄弱环节,尤其是与努力实现世界一流航天企业的目标相比,还有很大的改进和提升空间。

深化航天质量管理体系建设,也就是航天质量管理体系升级,应以建设与世界一流航天企业相适应的质量管理体系为目标,以具有航天特色质量管理的高要求为依据,密切结合航天产品研制生产和试验的系统工程性质,突出解决质量管理体系建设与型号质量控制结合不够密切的问题,对现有质量管理体系进行拓展、整合和提升。这就需要对航天质量管理体系有一个全新的认识,以更宽的视野、更高的境界来认识航天质量管理体系,需要从管理体制和机制、人员队伍建设、经费渠道等方面实施战略性发展规划和更为彻底的变革。

我们对航天质量管理体系建设进行了长期的专题研究和管理实践,包括航天产品质量管理体系标准制定、航天企业集团多级组织质量管理体系建设方案研究、航天质量管理体系成熟度评价研究与实施、国际和国外航空航天及国防组织质量管理体系标准跟踪研究等。本书撰写的意图是进一步总结提炼多年来取得的航天质量管理体系建设与评价的应用性研究成果和推广应用经验,提出适应新时期航天质量管理体系升级的思路、要求、程序和方法,为开展质量管理体系升级活动提供理论和实践指导。本书共分为 5 章。

第 1 章,简要回顾了航天质量管理发展历程,总结了航天质量管理体系建设的有效做法,着重阐述了航天质量管理体系建设的特色做法和成功经验,同时,就航天领域战略性发展的高要求,阐述了航天质量管理体系建设的不足之处,在此基础上,剖析这些不足在思想认识、管理体制、资源保障投入等方面深层次的原因。

第 2 章,阐述了航天质量管理体系的广义概念,给出了航天特色的质量管理体系模型图,并阐述了这一模型的要素和框架结构,论述了追求卓越的航天质量管理的 20 个原则。

第 3 章,按照最新版质量管理体系国家标准和国家军用标准的基本结构,全面详细地阐述了构建航天质量管理体系的思路和方式、领导者作用、质量保障资源提

前言

供、型号全寿命质量控制、科学量化绩效评价、质量改进与创新等方面的要求和做法及一些推荐性的活动。这一章的内容面向航天企事业单位战略发展和航天型号全寿命、全方位质量管理的需求，突出航天领域质量管理的特色做法和成功经验，将质量管理相关文件、规章、标准的要求融入其中，明确了航天质量管理体系升级版的主要内容。

第 4 章，阐述了对多级质量管理体系的认识，分析了建立健全航天集团公司多级质量管理体系的必要性，从覆盖范围、组织结构、产品和服务、过程等方面阐述了航天集团公司多级质量管理体系，在此基础上，给出了航天集团公司多级质量管理体系模型图，论述了构建多级质量管理体系的思路和要点，尤其是整体化构建集团公司质量责任系统、质量管理组织系统、质量文件系统、质量技术支持系统、质量信息管理系统、质量监督评价系统等集团公司质量管理子系统。同时，把实施研究院整体质量管理体系建设作为重点，论述了研究院整体质量管理体系的内涵和范围，给出了其模型图，阐述了研究院整体质量管理体系建设的思路和实施要点。

第 5 章，阐述了质量管理体系评价的概念、作用、特点、原则和方法等，以便读者对质量管理体系评价有一个准确的认识，在此基础上，提出 4 种评价方法。每种评价方法都详细阐述了评价模型、评价准则、评价方法和程序等，都采用了结果评价对过程评价进行否决的方式进行整体综合评价。其中：第 1 种是以第 3 章的内容作为主要评价依据，是全面、系统的质量管理体系成熟度量化评价方法；第 2 种将产品和服务实现过程作为基础与核心，通过矩阵表将产品和服务实现过程、管理职能和资源保障及测量改进两部分内容纵横相交进行成熟度互评，以此为基础，再对领导作用和自我完善机制进行总体把握和综合评价；第 3 种是突出重点的多级质量管理体系评价方法，以集团公司、研究院两级自上而下评价及研究所、工厂自评活动为主要内容，形成了多级组织评价工作机制和持续改进机制；第 4 种从质量问题出发的反推式质量管理体系有效性评价，构建质量问题树的框架，并将正向评价与反推式评价相结合。

本书可供从事航天产品研制、生产和服务的企事业单位质量管理体系建设的相关人员使用，也可供其他领域从事质量管理体系建设的相关人员参考。

我国航天工业老领导、中国航天科技集团有限公司高级技术顾问、中国工程院院士王礼恒亲自为本书作序。中国运载火箭技术研究院温中亮、乔玉京、郭晓慧、张志慧、刘军，中国空间技术研究院孙涛、顾敏、陈新华，上海航天技术研究院胡俊兰,中国航天电子技术研究院侯建国、邵佳红、赵建军、韩秋荣、王树军,中国航天科工防御技术研究院乐安,中国飞航技术研究院胡士敏,中国航天标准化研究所梁国文、夏晓春、李琴等同志参与了本书前期相关专题工作。中国航天科技集团有限公司师宏耕、杨双进、马志伟、杨多和、王卫东、贾成武、杨兆军、李胜等同志对本书前期相关技术工作给予了大力支持和具体指导。中国航天标准化研究所孟炳中老专家对本书的撰写给予了具体的指导和审校。国防工业出版社肖志力同志对本书的编辑、出版提供了许多帮助。在本书即将出版之即,向关心、支持本书撰写、出版工作的领导和同志,表示衷心感谢!

由于作者水平有限,书中难免有不当之处,恳请读者批评指正。

2020 年 3 月

目　　录

第1章　航天质量管理体系建设的发展概况 ·· 1
1.1　航天质量管理发展历程的简要回顾 ·· 1
1.1.1　探索航天型号质量控制 ··· 1
1.1.2　引入全面质量管理 ·· 2
1.1.3　走上规范化质量管理道路 ··· 2
1.1.4　基本形成具有航天特色的质量管理 ··· 4
1.1.5　持续深化航天特色的质量管理 ··· 6
1.2　航天质量管理体系建设的有效做法和成功经验 ···································· 7
1.2.1　航天质量管理体系建设的基本做法 ··· 8
1.2.2　航天质量管理体系建设的特色做法和成功经验 ···························· 11
1.3　航天质量管理体系建设的不足之处 ·· 15
1.4　航天质量管理体系建设不足之处的深层次原因剖析 ··························· 19
1.4.1　对质量管理体系的认识存在偏差 ·· 19
1.4.2　航天质量管理体系建设依据的标准要求不高和特色不够 ·············· 20
1.4.3　符合航天企业多级管理体制的质量管理体系有待健全 ················· 21
1.4.4　质量管理体系认证审核有待于进一步改进 ·································· 24
1.4.5　质量技术体系建设滞后于发展需要 ··· 25

第2章　航天质量管理体系的概念和模型及原则 ·· 27
2.1　航天质量管理体系的概念 ·· 27
2.1.1　质量管理体系的概念 ··· 27
2.1.2　航天质量管理体系的广义概念 ·· 27
2.2　航天质量管理体系的模型 ·· 28
2.2.1　基于PDCA循环的质量管理体系模型 ·· 29
2.2.2　航天零缺陷和精细化的质量管理体系模型 ·································· 29
2.3　航天质量管理原则 ··· 32

第3章 航天质量管理体系的一般要求和特色做法 …… 47
3.1 构建航天质量管理体系的思路和方法 …… 47
3.1.1 自身和外部环境 …… 47
3.1.2 相关方的需求和期望 …… 49
3.1.3 质量管理体系的范围 …… 50
3.1.4 运用过程方法和系统工程方法确定质量管理体系及其过程 …… 51
3.1.5 质量管理体系文件的管理 …… 54
3.1.6 质量管理体系的变更 …… 57
3.2 领导者的作用 …… 58
3.2.1 最高管理者的卓越领导作用 …… 58
3.2.2 以顾客为中心的管理和承诺 …… 60
3.2.3 突出特色的质量文化建设 …… 60
3.2.4 制定质量方针和质量战略 …… 61
3.2.5 实施质量目标管理 …… 63
3.3 健全质量责任制和质量组织系统 …… 64
3.3.1 系统梳理岗位和部门承担的工作 …… 64
3.3.2 确定和落实质量职责及其相应的权限 …… 65
3.3.3 进行全方位和量化的质量考核 …… 66
3.3.4 实施多种方式的质量奖励和处罚 …… 66
3.3.5 建立健全质量组织系统 …… 67
3.4 支持有力的资源保障 …… 69
3.4.1 以人为本的人力资源 …… 69
3.4.2 实施预算管理的财务资源 …… 73
3.4.3 保障充分的基础设施 …… 75
3.4.4 科学有效运行的监视和测量装置 …… 76
3.4.5 严格受控的工作现场物理环境和自然环境 …… 77
3.4.6 互利共赢的供方和合作伙伴关系 …… 77
3.4.7 具有信息时代特征的信息和知识 …… 79
3.4.8 勇于创新的技术资源 …… 82
3.4.9 提供专业技术保障的质量专业机构和质量专家组织 …… 84
3.5 产品和服务的精细化过程控制 …… 85

目录

  3.5.1 产品和服务实现的策划 ⋯⋯⋯⋯⋯⋯⋯⋯⋯⋯⋯⋯⋯⋯⋯ 85
  3.5.2 顾客需求驱动的论证过程控制 ⋯⋯⋯⋯⋯⋯⋯⋯⋯⋯⋯⋯⋯ 88
  3.5.3 严慎细实的设计和开发过程控制 ⋯⋯⋯⋯⋯⋯⋯⋯⋯⋯⋯⋯ 91
  3.5.4 覆盖供应链全链条的外协和外包及外购过程控制 ⋯⋯⋯⋯⋯ 104
  3.5.5 精细量化的试制和生产过程控制 ⋯⋯⋯⋯⋯⋯⋯⋯⋯⋯⋯⋯ 109
  3.5.6 力求万无一失的大型试验和飞行任务过程控制 ⋯⋯⋯⋯⋯⋯ 119
  3.5.7 顾客至上的服务保障过程控制 ⋯⋯⋯⋯⋯⋯⋯⋯⋯⋯⋯⋯⋯ 121
 3.6 全方位的绩效评价 ⋯⋯⋯⋯⋯⋯⋯⋯⋯⋯⋯⋯⋯⋯⋯⋯⋯⋯⋯⋯⋯ 123
  3.6.1 运用科学、系统指标体系的绩效测量和评价 ⋯⋯⋯⋯⋯⋯⋯ 123
  3.6.2 基于顾客真实感受的顾客满意度和忠诚度测量评价 ⋯⋯⋯⋯ 125
  3.6.3 注重实效的内部审核 ⋯⋯⋯⋯⋯⋯⋯⋯⋯⋯⋯⋯⋯⋯⋯⋯⋯ 126
  3.6.4 适应发展战略和内外部环境的管理评审 ⋯⋯⋯⋯⋯⋯⋯⋯⋯ 127
  3.6.5 "以评促建"的质量管理体系自我评价 ⋯⋯⋯⋯⋯⋯⋯⋯⋯⋯ 128
  3.6.6 学习和赶超先进的标杆对比 ⋯⋯⋯⋯⋯⋯⋯⋯⋯⋯⋯⋯⋯⋯ 129
  3.6.7 以货币为表现形式的质量经济效益分析和评价 ⋯⋯⋯⋯⋯⋯ 130
 3.7 改进、学习与创新 ⋯⋯⋯⋯⋯⋯⋯⋯⋯⋯⋯⋯⋯⋯⋯⋯⋯⋯⋯⋯⋯ 131
  3.7.1 灵活多样的质量管理小组活动 ⋯⋯⋯⋯⋯⋯⋯⋯⋯⋯⋯⋯⋯ 131
  3.7.2 逐级开展的面向产品质量分析 ⋯⋯⋯⋯⋯⋯⋯⋯⋯⋯⋯⋯⋯ 132
  3.7.3 彻底闭环的不合格和纠正措施 ⋯⋯⋯⋯⋯⋯⋯⋯⋯⋯⋯⋯⋯ 132
  3.7.4 质量工程技术支撑的六西格玛管理 ⋯⋯⋯⋯⋯⋯⋯⋯⋯⋯⋯ 133
  3.7.5 技术与管理"双五条"的质量问题归零 ⋯⋯⋯⋯⋯⋯⋯⋯⋯⋯ 134
  3.7.6 共性质量问题的梳理和解决 ⋯⋯⋯⋯⋯⋯⋯⋯⋯⋯⋯⋯⋯⋯ 135
  3.7.7 质量管理模式和方法的学习与创新 ⋯⋯⋯⋯⋯⋯⋯⋯⋯⋯⋯ 136

第4章 航天企业集团母子公司型的多级质量管理体系建设 ⋯⋯⋯⋯⋯ 138
 4.1 对多级质量管理体系的认识 ⋯⋯⋯⋯⋯⋯⋯⋯⋯⋯⋯⋯⋯⋯⋯⋯⋯ 138
  4.1.1 构建多级质量管理体系的必要性 ⋯⋯⋯⋯⋯⋯⋯⋯⋯⋯⋯⋯ 138
  4.1.2 多级质量管理体系的界定和模型 ⋯⋯⋯⋯⋯⋯⋯⋯⋯⋯⋯⋯ 139
 4.2 构建多级质量管理体系的思路和要点 ⋯⋯⋯⋯⋯⋯⋯⋯⋯⋯⋯⋯⋯ 143
  4.2.1 以系统工程方法总体构想多级质量管理建设 ⋯⋯⋯⋯⋯⋯⋯ 143
  4.2.2 多级质量管理体系建设要点 ⋯⋯⋯⋯⋯⋯⋯⋯⋯⋯⋯⋯⋯⋯ 143
 4.3 整体构建集团公司质量工作系统 ⋯⋯⋯⋯⋯⋯⋯⋯⋯⋯⋯⋯⋯⋯⋯ 147

4.3.1　质量责任系统 ·· 147
　　　4.3.2　质量文件系统 ·· 148
　　　4.3.3　质量管理组织系统 ·· 150
　　　4.3.4　质量技术支持系统 ·· 153
　　　4.3.5　质量信息管理系统 ·· 155
　　　4.3.6　质量监督评价系统 ·· 157
　4.4　型号研究院整体质量管理体系建设 ······························ 159
　　　4.4.1　实施研究院整体质量管理体系建设的作用 ·············· 159
　　　4.4.2　研究院整体质量管理体系的界定和模型 ················· 162
　　　4.4.3　研究院整体质量管理体系建设的思路和要点 ··········· 164
　　　4.4.4　研究院整体质量工作系统的整合和提升 ················· 167

第5章　航天质量管理体系成熟度和有效性评价 ···················· 174
　5.1　准确认识质量管理体系评价 ·· 174
　　　5.1.1　质量管理体系评价的必要性 ······························· 174
　　　5.1.2　正确理解质量管理体系有效性和成熟度评价 ··········· 175
　　　5.1.3　质量管理体系评价的特点和原则 ·························· 178
　　　5.1.4　确定质量管理体系评价的模型和方法 ···················· 180
　5.2　过程和结果密切结合的质量管理体系评价 ······················ 182
　　　5.2.1　过程和结果相结合的评价模型 ····························· 182
　　　5.2.2　多依据相融和多功能作用的评价方案 ···················· 184
　　　5.2.3　明确、细化、可操作的评价准则 ·························· 185
　　　5.2.4　成熟度等级量化的评价方法 ······························· 191
　　　5.2.5　职责明确和流程清晰的评价实施程序 ···················· 205
　5.3　基于产品实现过程的矩阵式质量管理体系评价 ················ 208
　　　5.3.1　以产品和服务实现过程评价为基础的评价模型和
　　　　　　评价方式特点 ·· 208
　　　5.3.2　针对各类型单位的评价分值结构 ·························· 211
　　　5.3.3　质量管理体系建立与运行过程评价 ······················· 212
　　　5.3.4　质量管理体系结果要素评价 ······························· 223
　　　5.3.5　质量管理体系整体评价 ···································· 225
　5.4　突出重点的多级质量管理体系评价 ······························· 229

目录

  5.4.1 一举多得的评价目的 ··· 229
  5.4.2 "以评促建"的评价思路和评价工作机制················ 229
  5.4.3 覆盖航天精细化质量管理全要素的评价模型············ 232
  5.4.4 突出重点的评价要素和评价准则···························· 233
  5.4.5 简单、明确的成熟度等级量化评价方法···················· 236
  5.4.6 上下结合的多级评价程序······································ 239
 5.5 从质量问题出发的反推式质量管理体系有效性评价············ 244
  5.5.1 从质量问题认识质量管理体系有效性······················ 244
  5.5.2 设计反推式质量管理体系评价方法的思路··············· 246
  5.5.3 构建质量问题树的框架·· 247
  5.5.4 正反结合的质量管理体系评价······························· 254
附录 航天质量管理体系共同评价项成熟度评价准则················ 258
参考文献 ··· 274
后记 ·· 276

第1章 航天质量管理体系建设的发展概况

1.1 航天质量管理发展历程的简要回顾

1.1.1 探索航天型号质量控制

20世纪50年代末,我国航天工业属于初创阶段。这一时期的质量管理与设计过程主要靠设计师系统实行拟制、校对、审核和批准的技术责任制,制造过程主要靠检验系统。由于航天型号研制处于探索阶段,因此,设计师代表作为产品的使用者监督着制造过程的产品质量。

20世纪60年代初期,航天工业在总结型号失败教训的基础上,制定发布了《国防部第五研究院暂行条例》("70条"),聂荣臻元帅倡导"严肃的态度、严格的要求、严密的方法"的"三严"作风,尤其是周恩来总理针对"两弹一星"工程,提出了"严肃认真、周到细致、稳妥可靠、万无一失"的"十六字方针"。老一辈航天人坚持以"十六字方针"为指导思想,树立"三严"作风,认真总结失败教训,强调按研制程序办事,提出并有效实施了对关键岗位的"双岗制"、关键过程的"留名制"和靶场对质量问题"双想"(预想和回想)等具有我国航天特色的质量管理措施。同时,强调充分做好地面试验,建设了全箭试车台和控制系统仿真实验室等基础设施,加强了全员技术培训,并于1965年成立了我国第一个质量与可靠性专业研究所,开始研究型号研制过程的质量控制和可靠性保证问题。

20世纪70年代中,航天工业开始进行质量整顿、质量复查,落实电子元器件定点、定技术条件供应,结合航天重点工程任务开展质量保证活动。从70年代中到80年代初采取了元器件筛选、整机老练、失效分析、设计鉴定答辩、技术状态更改控制等一系列技术和管理措施,并在各型号研制中逐步推广,取得明显效果。

1.1.2 引入全面质量管理

1978年,与开始实施改革开放几乎同时,我国开始学习和引进日本的全面质量管理。全面质量管理最为重要的特点就是强调"三全",即全员、全方位和全过程质量管理。具体讲:一是全员质量管理,包括领导、管理人员、科研人员、生产人员和辅助人员等;二是全方位质量管理,包括战略规划、人力资源、财务、供应、市场营销、科研生产、售后服务等职能管理部门都结合各自的工作参与质量管理;三是全过程控制,包括市场调研和开发、产品设计和开发、生产、采购、试验、交付、运输和售后服务等全过程实施质量控制。由于航天工业存在高质量要求、质量形势严峻,具有质量专业技术队伍等情况,开始推行全面质量管理。

20世纪80年代初,航天领域领导机关大力推动全面质量管理活动,开展多种形式的全员质量培训和质量管理小组活动,引入统计质量管理的工具和方法,成立航天工业质量管理协会,创办了国防工业质量专业唯一的正式公开出版期刊《质量与可靠性》,提高了全员的质量意识。航天工业各单位设立全面质量管理部门,负责全面质量管理的策划和推进工作,制定内部质量管理制度,明确质量管理职责,开始质量考核和奖惩,使质量管理主要从针对产品的事后检验发展到"三全",即全体员工、全方位和全过程管理的范围。

20世纪80年代中后期,各重点型号开始制订并实施可靠性保证大纲、质量保证大纲,标志着航天工业进入了有组织、有计划开展质量管理和质量保证的新阶段。

1.1.3 走上规范化质量管理道路

1987年,经国务院、中央军委批准,原国防科工委发布了《军工产品质量管理条例》。该条例是当年国防科技工业顶层的质量法规性的文件,它的发布和宣传贯彻,在国防工业确立了"一次成功,系统管理,预防为主,实行法治"的指导思想。该条例系统总结了当时我国国防工业质量工作的经验,其中研制过程质量保证要求很多源于航天质量管理工作经验。同时,该条例引进了 MIL-Q-9858《质量大纲要求》美国军用标准等国外质量管理文献中的许多概念和要求,系统地提出了建立质量保证体系的要求(当时称为"质量保证体系",即后来按国际标准所称的"质量管理体系"),明确质量奖励与处罚,规定可靠性、技术评审、技术状态管理等一系列要求,规范了军工产品研制、制造过程的质量保证和质量管理活动。

1988年至1992年,在贯彻该条例的过程中,军工产品承制单位建立了军品

第1章 航天质量管理体系建设的发展概况

质量保证体系。原国防科工委依据该条例制定了实施导则等相关的执行性文件,依据该条例及相关文件组织了对所有军工产品承制单位军品部分(民用航天产品视同军品)的质量保证体系审核。这样,航天工业的企事业单位依据该条例及其实施导则等文件建立质量保证体系,并接受上级机关组织的质量保证体系考核。

当时,作为航天工业领域领导机关的航天工业部的领导和职能部门对此高度重视,成立了质量保证体系考核协调联络办公室,制定了相关制度和工作计划,形成了一整套质量保证体系考核的程序,落实了工作经费,从设计、工艺、检验等部门抽调大批技术骨干专职从事质量管理工作,并经过资格评定、培训考试和现场审核实践,建立了一支人员充足、工程和管理经验丰富的质量保证体系考核审核员队伍,开展了质量保证体系考核的全面培训、试点和全面推行,按计划组织质量保证体系考核,使这一工作全面、系统、扎实、稳步和有效地开展。

航天工业各科研生产单位对此高度重视,领导积极参与和全面动员,系统梳理航天型号对科研生产及其管理的质量要求,全面制定质量保证体系文件,从科研生产一线抽调精兵强将充实到质量部门,培养单位内部对质量保证体系的"明白人",通过考核的内部预审、接受现场审核、审核后改进等活动持续完善质量保证体系。

本书第一作者作为航天工业部质量保证体系考核协调联络办公室工作人员,参与了相关工作。当年,质量保证体系考核审核,主要包括资料审核、现场审核和审核后改进三个阶段,对有些单位还进行了现场审核后的抽查复审。每次现场审核都有详细的审核计划,审核人员的配备和审核时间都远高于后来的质量管理体系认证的现场审核。现场考核审核严格按该条例及其实施导则,逐条逐项对照相关资料、现场设备和工作环境、相关人员认真审核,这其中还开展了员工考试、军代表访谈、质量专业人员座谈会、重大质量问题处理跟踪等活动。

虽然,质量保证体系考核在一定程度上存在着走形式的成分,但从某些方面讲比后来的质量管理体系建设和认证更认真、更密切结合航天型号工作。可以说,质量保证体系考核工作促进了该条例要求的落实,为航天工业后来依据国际标准、国家标准和国家军用标准开展质量管理体系建设及认证工作奠定了基础,使航天领域质量管理工作走上系统性、规范化的道路。

1992年,我国开始全面引入国际标准化组织制定的质量管理和质量保证国际标准,即ISO 9000系列标准,其中,最主要的是采用并作为认证审核依据的ISO 9001《质量管理体系要求》标准,等同采用(开始一段时间为等效采用)这一国际标准,制定

GB/T 19001—1992《质量管理体系要求》国家标准。按照原国防科工委的统一部署,航天企事业单位开始依据 GB/T 19001—1992 国家标准,建立军品民品一体化的质量管理体系,并申请通过由国家质量监督政府主管部门注册、原国防科工委指定的认证机构实施的质量管理体系认证审核。1996 年,原国防科工委组织制定了《质量管理和质量保证》国家军用标准。该标准采用"A+B"的模式,即在全面采用质量管理体系国际标准和国家标准框架与内容的基础上,增加了国防工业的特殊要求,其中许多内容源于航天工业质量管理成功经验的总结和失败教训的反思。

在开展质量保证体系考核时期和质量管理体系审核认证的初期,航天工业领域逐步建立健全质量体系的审核制度,航天工业总公司及各研究院,甚至部分研究所或工厂都设有质量审核室,总公司组织专家负责对各单位质量体系建设进行督促、指导和监督审核,各研究院负责对所属研究所、工厂的监督审核,各研究所、工厂开展质量体系的内部审核,三级管理质量体系审核制度的实施有效地推进了单位质量体系的建设。

总体上,从开展质量保证体系建设和考核到开展质量管理体系建设和认证审核,航天企事业单位学习和引入了国际通行的质量管理体系建设的模式和方法,提升了质量保证能力,取得了社会对质量保证能力的认可,使航天工业质量管理工作走上系统性、规范化的道路。

但也应清楚地看到,这一时期质量管理体系的航天特色还不突出,对于技术复杂、具有系统工程性质的航天企事业单位而言,是远远不够的,还较为严重地存在着与航天产品研制生产和服务保障结合不够密切的问题,即质量管理体系建设与型号质量工作的"两张皮"问题。

1.1.4　基本形成具有航天特色的质量管理

20 世纪 90 年代,我国航天工业面临井喷式的研制任务增加和跨越式的技术难度提升,同时,市场经济使航天工业原有高度计划的管理体制及管理方式、任务渠道受到很大冲击,加之计划经济体制下外部协作配套保障体制基本取消,航天型号研制、生产质量问题十分突出,重大失败时有发生,质量形势异常严峻,尤其是 1996 年连续发生两次运载火箭发射失败,使航天工业到了"失败不起、没有退路"的悬崖边。多次重大失败不仅是管理体制变革和技术认识不到的问题,也反映出质量管理体系建设不够深入、不到位,未能针对航天型号设计、试验、生产和服务保障的特点和特殊要求的问题,也就是前面所说的"两张皮"问题的反映。

第 1 章　航天质量管理体系建设的发展概况

针对 1992 年 3 月 22 日运载火箭发射澳大利亚卫星失利，航空航天工业部在从工程技术角度查找和分析失利原因的同时，组织专家并设立专题来研究导致质量事故背后的深层次原因，包括管理观念、管理体制、工作方式及人力资源、财务资源、技术基础能力保障等方面的问题，并提出了一系列深化质量管理的举措。本书第一作者作为这一项目的主要参加人，参与了当时调研、研讨和研究报告起草等各项工作。此后，航天工业总公司领导以运载火箭发射澳大利亚卫星失利为警钟，决定设立"3·22 航天质量日"。

1993 年，原航天工业总公司成立伊始，就针对暴露的质量问题，开展质量清理整顿，实施质量专项技术改造工作，编印《航天故障启示录》和《三 F 技术培训教材》，持续组织质量教育培训活动。1995 年，航天工业总公司制定并实施质量管理改革方案，提出了"单位抓质量体系建设，型号抓产品保证，质量专业抓基础"的质量工作总体思路。从这一总体思路上看出，当时，还是把质量管理体系建设摆在研究所、工厂一级基层单位质量工作的核心。由于航天型号工作通常在研究院层面负责，甚至是由航天工业总公司直接抓，因此，在航天工业总公司、研究院层面上抓质量工作，主要是通过产品保证大纲的编制和落实。同时，高度注重从航天工业总公司层面直接抓质量专业基础能力建设。组建了可靠性与安全性研究中心、元器件可靠性保证中心、软件评测中心及软件检测站等专业质量保证机构等一批质量专业机构，注重强化材料、工艺专业研究所，成立了元器件专家等专家组织并充分发挥其在专业建设、型号把关等方面的作用。同时，开始向各研究院派驻总公司质量监督代表。尤其是在 1996 年连续两次运载火箭发射失败之后，航天工业总公司制定并发布了全面加强型号工作的"72 条"、强化质量管理的"28 条"和"质量问题归零'双 5 条'"等一系列具有航天特色的强硬措施，结合重点型号狠抓贯彻实施，取得了明显的效果。通过抓型号质量保证的实践，深刻地认识到必须把抓产品质量与抓质量管理体系建设紧密结合起来。此后，航天工业总公司进一步提出了体现从源头抓起的振兴航天质量的"四个三"计划，即三个层次的要求：一是按照"零缺陷"的目标进行立法，从源头抓起，防止质量问题的产生。二是万一出现质量问题就按标准实施归零。三是对发生的一系列质量问题，特别是重复故障、人为责任事故进行统计分析和深层次的原因分析，从管理上采取措施，改进质量管理体系；从执行、监督、奖惩三个方面进行落实，严格按照三个层次的要求做；从人力资源、技术手段和专业机构三个方面来保证。

在上述工作中，最具有中国航天特色和最有成效的是质量问题的技术归零和管理归零，由于各有 5 条要求，称为"质量问题归零'双 5 条'"，即从技术角度上按

"定位准确、机理清楚、问题复现、措施有效、举一反三"和从管理角度按"过程清楚、责任明确、措施落实、严肃处理、完善规章"要求实施归零。质量问题归零工作为扭转航天工业被动的质量形势发挥了关键作用。

1998年,原航天总公司发布了第一版反映航天工业特点的QJ 9000《航天质量管理和质量保证标准》。该标准总结了航天工业质量工作的成功经验,尤其是在72条、28条、质量问题归零"双五条"中提出的经验和教训,同时借鉴国际宇航工业实施产品保证的经验,把产品保证与质量管理更紧密结合起来,以指导航天企事业单位进一步提高质量保证能力。

20世纪末,我国国防科技工业进行了体制改革,成立完全企业性质的航天科技集团公司和航天机电集团公司(后改称为航天科工集团公司)两大集团公司。

2002年,航天科技工业两大集团公司共同组织专家,在2000版质量管理体系国家标准的基础上,将国防科工委、航天工业两大集团公司的质量管理文件和质量管理体系国家军用标准中的要求都纳入其中,制定2003版QJ 9000《质量管理体系要求》航天行业标准。本书第一作者作为主要起草人参与了该标准编制全过程。该标准的修订以巩固和推广多年来航天工业质量工作的成功经验为重要原则,把设计复核复算、技术状态更改控制五条、元器件破坏性物理试验(DPA)、拒收拒付及产品质量履历书等质量工作的成功经验以标准的形式巩固下来。

从20世纪90年代到21世纪初这一期间,航天工业结合一系列重大的航天装备研制项目,制定并发布了一系列质量管理方面的规章、标准文件,具有我国航天科技工业特色的质量管理的规章、标准文件体系基本形成。

1.1.5　持续深化航天特色的质量管理

从21世纪初,以实现首次载人航天任务为标志,我国航天科技工业质量管理进入新的发展时期。伴随我国载人航天、月球探测、北斗等航天工程不断发展和多种人造卫星、运载火箭、导弹武器等进入使用阶段,具有当代中国航天特色的质量管理基本形成和持续深化。

2001年以后,航天两个集团公司几乎在同时开展具有当代中国航天特色的质量文化建设。将质量文化内涵作为传承和弘扬"两弹一星"精神和载人航天精神的重要组成,坚持贯彻周恩来总理提出的"十六字方针",结合当前新的形势和任务要求,凝练了航天质量理念、质量价值观和质量行为准则等,编制了质量文化建设纲要并将其作为质量文化建设的纲领性文件,编制了图文并茂的质量文化手册并做到员工人手一本,开创了军工领域发布质量文化手册的先河。航天两个集团

第 1 章　航天质量管理体系建设的发展概况

公司及所属单位,持续开展了"航天质量日"等形式多样的质量管理活动,并通过航天工业质量协会开展航天质量论坛、航天质量奖评选等活动。

面对在"高强密度研制和高强密度发射"的"双高"形势,航天企业总结多年来质量管理成功经验和有效做法,结合新形势新需求,提出并有效实施了一系列航天型号精细化质量管理要求,以进一步完善和优化航天质量管理工作,同时,还制定了可靠性工作、风险分析与控制、质量问题归零、质量责任追究、产品数据包管理、航天产品多媒体记录要求等一系列质量管理制度和企业标准,航天精细化质量管理制度标准体系进一步完善。尤其是推进以风险控制为核心的型号产品质量保证,加强技术风险分析,创新并成功应用了质量隐患交集分析、"九新"分析、成功子样数据包络分析、飞行任务保证链分析、单点故障模式识别与分析、测试覆盖性分析、故障预案制定与演练、独立评估等一系列技术风险识别与控制方法,逐步形成了适应航天型号任务的技术风险控制方法体系。

近十年,航天企业围绕航天精细化质量管理制度标准的落实,探索实施了多级组织的质量管理体系成熟度评价工作,开展薄弱环节的识别和改进以及最佳实践的总结推广,建立了质量管理体系自我完善和持续改进机制。这一科学方法及其成功实践受到国内质量专家的高度评价,也成为军工企业集团推进质量管理体系有效性建设的示范。

最近,航天企业针对供应商及其管理工作中的问题,全面推进航天型号供应商管理体系建设,对供应商进行全面摸底和系统梳理,制定一系列供应商管理文件和标准规范,建立供应商要求传递机制,通过推进会、供应商大会及专题培训向供应商进行宣讲,健全自顶向下的供应商管理组织体系,建立统一的供应商管理信息平台,强化合格供应商风险管理、协作配套过程监控、供应商绩效评价等,使供应商产品质量问题得到有效控制,供应商管理提升到一个新的水平。

航天企业通过全面开展质量提升活动,加大人力和财力投入,全面、系统地开展质量保障基础能力建设,解决和治理了一批典型的产品质量问题和制约产品质量的薄弱环节,进一步提升了航天质量管理水平和产品质量。

1.2　航天质量管理体系建设的有效做法和成功经验

航天两大集团公司所属的绝大部分研究所、工厂都早已通过依据质量管理体系国家军用标准的认证审核,并使体系不断完善,为其承担军工产品和民用产品研制、生产和服务建立了质量管理基础平台。研究院本级质量管理体系建设不断取得新的进展,使研究院质量管理工作及其资源保障工作有所扩展和整合。我们通过对 20 多个承担航天研制生产任务的骨干单位的质量管理体系专项调研,连续 9 年的质量管理体系评估,以及参加质量监督检查、航天质量奖评选等活动,对航天企事业单位质量管理体系建设有比较全面的了解。

1.2.1 航天质量管理体系建设的基本做法

在调研中发现,承担航天任务的骨干单位都在明确质量方针和质量目标、制定质量管理体系文件、建立质量责任制、建立质量管理组织机构等方面做了大量的工作,能够基本保证质量管理体系的正常运行。质量管理体系建设的"必选动作"都做了,相对质量管理体系的标准一般要求而言,做得基本到位。

1. 通过依据国家军用标准质量管理体系认证

航天企业所属的承担航天产品设计、生产、试验的研究所、工厂都早已取得了依据质量管理体系国家军用标准的认证证书,具有了承担航天产品研制、生产、试验和服务保障的资质。近些年,绝大多数型号研究院通过了院本部质量管理体系认证,其中有的研究院本级质量管理体系认证,其范围包括院机关、总体设计部、研究发展中心和物流中心。

2. 明确质量方针和质量目标

通过广泛征求意见、集体讨论和行政正职批准发布,落实航天企业质量理念和质量方针,制定了本单位的质量方针,确定了中长期和年度质量目标,并对质量目标实施动态管理。制定和发布质量方针,既对组织外部,包括上级领导和机关、顾客、合作伙伴等表明在质量方面的宗旨和承诺,又对内部员工进行质量理念的灌输和质量意识教育。确定质量目标并将其纳入综合发展目标,使单位及全体员工在质量方面有了明确的努力方向,也使内部和外部相关方了解企业在本单位一段时期内质量工作的重点,并明确型号任务的质量目标,对其实施动态管理。

3. 系统地制定质量管理体系文件

按照标准要求并结合自身实际,系统地制定了一整套质量管理体系文件,通常由质量手册、程序文件和作业指导书三个层次组成,并对其实施动态管理。各单位通过质量管理体系文件,将国家标准、国家军用标准、航天行业标准要求,上级红头文件的要求,型号任务书或合同等文件中的要求都纳入其中加以细化、协调和落实,并对其进行规范化的版本状态控制。许多单位根据上级红头文件和相关标准的要求及质量管理体系内部审核、外部审核等发现的问题,结合质量问题管理归零,及时修改和不断完善体系文件,尤其是不断细化三四层作业指导文件。同时,也通过体系文件的制定和修改,不断规范质量管理要求,提炼和固化质量管理经验。

4. 明确质量职责,建立质量管理组织机构

在《质量手册》中明确各部门、各岗位的质量职责、权限和工作接口,尤其是明确各级领导的质量责任,明确质量考核与奖惩的要求和程序,从而建立健全质量责任制。绝大部分单位在管理体制和组织机构改革中,保留质量管理部门的编制。质量管理职能部门较好地履行了质量管理体系建立和运行的组织、协调、监督的职责,有的单位单独设立了质量审核部门。各单位设置专职和兼职审核人员,开展体系的定期审核、滚动审核、专题审核,并注重体系审核与型号质量工作相结合,以形成体系的自我监督、自我评价和自我完善的机制。有的单位设立了单独的可靠性职能管理部门或在质量管理部门中设立可靠性专业技术岗位,以强化可靠性技术和管理工作。有的单位在型号研制队伍中建立了独立的系统,并制定了相应的考核和奖惩办法。

5. 较为全面地开展质量意识教育和质量管理知识培训

注重开展全员质量意识教育,结合"航天质量日"等活动,采用经验交流会、员工手册、故障启示录、宣传栏和内部网站等多种方式开展质量意识教育,提高员工遵守质量要求的自觉性和开展质量管理的主动性、创造性。

开展质量管理的标准和相关基础知识的培训,制订培训计划,进行培训记录管理和培训证书管理。一些单位的领导不仅自己认真学习质量管理体系标准和质量与可靠性知识,而且能够结合本单位的实际亲自给员工授课。有的单位将质量与可靠性知识与本单位产品研制生产的实际相结合,编写了员工培训教材、手册等,分级分类进行培训,并跟踪分析培训成效。

6. 建立质量信息系统并使其基本有效运行

在体系文件中明确提出质量信息工作的要求,制定了质量信息管理程序,对信息的分类、采集、传递、识别、储存和统计分析提出了具体的管理要求,并将质量信息系统建设作为信息化建设的重要组成。许多单位建立了质量信息快报系统,对重大质量问题等还规定了上报的时间要求等。部分单位建立了比较完整的质量信息管理系统,并将信息系统延伸到重要配套单位。一些单位注重质量信息的积累和质量信息库的建设,将近年来质量问题归零信息分类整理,形成数据库,并设专人负责系统数据导入和维护,实现动态管理。

7. 不断强化研制、生产和服务保障的过程控制

按质量管理体系国家军用标准的要求，并结合本单位承担的任务开展过程质量控制工作，例如：可靠性设计、分析和试验，工艺攻关，技术评审，技术状态管理，批次管理，特性分类活动，首件鉴定，关键件、重要件控制，特殊过程和关键过程的控制，多余物控制，首件检验，检验印章管理，不合格品评审和处置，紧急放行控制，试验质量控制等。

许多单位还注重不断将质量控制的新经验、新要求及时纳入质量管理体系文件加以落实，进一步细化过程控制，努力做到质量控制点前移。例如：产品保证策划，总体可靠性设计，新技术、新材料、新工艺风险分析，设计复核复算，元器件"五统一"管理，软件工程化管理，技术状态更改控制，试制、生产准备状态检查，实施产品履历书制度，测试覆盖性分析检查，工艺、测试、试验、验收表格化管理，分阶段质量检查确认等。

8. 加强外购外协的质量控制

制定外购外协的质量控制程序，编制合格供方名录和外购外协产品优选目录，并实施动态管理。抓总单位通过建立厂（所）际质量保证体系来加强对协作配套单位的质量控制。

有的研究院实行了对合格供方的集中统一管理。各单位定期对供方进行质量评价，对不符合要求的供方取消其合格供方资格，通过合同、质量保证协议等，明确供方质量责任及质量控制要求，对供方有计划地开展第二方审核，使本单位对产品质量及其管理的要求延伸到供方。

9. 开展质量管理体系的内部审核和管理评审

建立了质量管理体系的内部审核和管理评审制度，制订年度审核计划，明确审核人员及其职责，采用定期审核、滚动审核、专项审核等多种方式开展体系内部审核，从生存与发展的战略角度开展体系管理评审工作，并实行对内部审核不合格项和管理评审确定措施的跟踪管理。

一些单位设置了专门的质量审核室，确定了专职审核人员，并根据审核工作的专业性聘请兼职审核人员。注重内审，密切结合型号质量问题，强化产品研制生产过程审核，努力提高内审的专业深度和及时性、实效性。

10. 实施质量考核与奖惩制度

建立了质量考核与奖惩制度。有的单位还建立了金额较大的质量奖励基金，通过质量综合分析会来做出质量奖罚决定，以调动员工提高产品质量和参加质量管理活动的积极性、创造性，约束员工的质量行为。有的单位制定了十分具体的质

量考核、奖励和处罚的细则。有的单位逐年加大质量奖励处罚力度，尤其是对于有章不循、重复性问题、人为责任事故实施重罚。许多单位实施综合业绩考核中质量事故和重大质量问题一票否决制。

1.2.2 航天质量管理体系建设的特色做法和成功经验

除了依据上述按质量管理体系要求标准，开展质量管理体系建设的"必选动作"之外，航天企事业单位质量管理体系建设还依据特殊要求和结合自身特点，成功地开展了一系列"自选动作"。

1. 明确严谨精细的航天质量管理体系要求

航天工业在几十年的发展过程中，十分重视对影响产品和服务质量方面标准及规章制度的建设。其质量管理文件、标准不仅是贯彻落实上级文件、标准的要求，更主要的是源于航天型号任务的需求，通过深刻反思失利教训、系统总结成功经验，编制具有航天特定要求和特色管理内容的规章制度及标准规范，注重明确严谨精细的要求和可操作、可检查的做法，如质量问题归零、技术状态更改控制等专题的规章和标准，以此来固化工程和管理成功经验与创新成果，推广最佳实践。

航天工业长期实施设计规范、工艺规范和试验规范（简称"三大规范"）工程，借鉴国外宇航领域先进的系统工程管理、产品保证等方面的标准，构建质量管理、可靠性等专业领域的标准体系表，并将其纳入企业标准体系。航天科技工业已经发布了上百项质量管理规章和标准，形成了由航天领域的国家标准、国家军用标准、航天行业标准和航天集团公司的企业标准组成的航天质量管理标准体系，并实施动态管理，以此建立起比较完善的质量管理文件体系，使质量工作从"人治"转变为"法治"，从经验管理转变为科学管理。

2. 培育航天特色的质量文化

在航天工业两大集团及所属单位，不仅按质量管理体系的基本要求明确质量方针，而且结合企业特点，以追求世界一流航天企业的卓越目标，开展航天质量文化建设，将其作为弘扬"两弹一星"精神、载人航天精神的重要内容，进一步明确坚持周恩来总理提出的"十六字方针"为航天装备研制生产和服务及质量工作的指导思想，提炼具有航天特色的质量理念、质量价值观和质量行为准则，构建了航天质量文化的理念体系，设立"航天质量日"，并且每年开展专题活动，不断深化质量案例教育，征集和评选质量格言与漫画，编制和印发图文并茂的质量文化手册，通过航天工业质量协会举办航天质量论坛，持续开展创新式质量管理小组、质量信得过班组建设、星级现场建设与评选等基层性、群众性质量管理活动。这些质量文化建设活动的开展,有助于员工质量意识的提高和高质量工作习惯的养成,促使员工对质量要求从"要我干"到"我要干",把精细量化的质量要求落实到员工日常自觉工作之中,也促使质量管理体系建设活动从满足相关标准的基本要求和应对认证审核,到追求卓越的质量经营绩效。

3. 强化质量责任落实和组织落实

航天质量管理的一条成功经验就是"一把手亲自抓质量",即把领导质量工作的职责和质量问题的第一责任落到"一把手"肩上。具体讲,从纵向行政组织而言,各级组织的行政正职是质量第一责任人,从横向型号项目组织而言,总指挥是质量第一责任人。上级组织对下级组织及第一责任人采用责任令的管理方式强化责任的落实。在责任令中,质量是核心内容之一。颁发责任令是一项非常严肃的事,如同打仗出征时统帅给将军的出征令,接受责任令则是"军中无戏言",对此要严格考核和奖惩。

有的研究院成功地探索实施从系统性梳理工作流程开始,到全面明确岗位及其职责、权限和工作接口,再进一步细化和落实考核的指标和方式、奖励和处罚的方式等,科学、系统、全面地建立健全纵横相交的矩阵式质量责任管理制度。

在多次组织机构调整、精简之后,航天企事业单位也一直坚持质量部门作为一级部门独立设立,即不并入其他职能部门,更强调受行政正职的直接领导并及时向其汇报工作。在型号项目组织内,也强调项目质量人员可越级向项目领导报告质量问题,可直接向单位领导和质量部门领导汇报质量工作并报告质量问题。

4. 以型号研制生产过程控制为中心

质量管理体系标准给出了质量方针和目标、质量职责、质量组织建设、质量管理资源、产品和服务实现过程控制、监视和测量、质量分析与改进等方面的质量要求。在航天领域,通常不将这几部分理解为平行关系,而是以产品和服务过程控制为中心,即质量管理体系建设围绕着型号研制生产质量控制这一核心。

在航天质量管理体系建设中,如何把单位质量管理体系与型号的质量管理工作紧密结合起来,一直是关键点、重点和难点。长期以来,在这方面做了大量工作,即使还存在着许多不尽如人意之处,也形成了一系列特色的做法和经验,包括:在体系总体策划中充分考虑到型号质量管理的需求;将型号对质量管理工作的要求纳入单位质量管理体系的程序文件和作业指导书中;注重把产品保证策划(或型号质量大纲编制)、通用质量特性设计、分析和试验、技术状态管理、技术评审、质量问题归零等过程控制活动作为质量管理体系的核心内容等。

5. 持续开展质量保障基础能力建设

我国航天工业之所以能够不断科学有效地总结提炼型号研制生产及质量工作的成功经验和失败教训,不断率先引进,甚至创造性地提出质量技术和管理方法,其中一个重要的原因就是具有一支理论与工程实践相结合、国内一流的质量专业技术队伍。这支专业队伍是我国航天企业的宝贝。航天两个集团公司重视质量专业队伍的培养和使用,编写和出版了许多航天质量技术图书,开发了一批质量技术应用软件和手册,注重先进质量技术的应用研究、交流和推广应用。

航天工业在国防科技工业领域,率先布局,建设质量与可靠性研究、元器件筛选和失效分析、软件测评等质量专业机构,成立了元器件、软件、工艺、可靠性等专家组,并充分发挥了质量专业机构和组织专家标准修订、技术指导和推广及技术把关等方面的作用。以下三个方面的工作最为突出。

(1) 系统实施质量提升工作,具体分为瓶颈突破工程、精品塑造工程、用户满意工程、基础夯实工程,针对一批典型的产品质量问题和制约产品质量的薄弱环节,形成了一批可推广的成果。

(2) 全面推进航天标准化工作,完善航天标准体系建设,研究建立航天国家标准体系,推进水平先进、开放兼容,具备产业主导力和国际影响力的新型航天企业标准体系建设。推进型号标准化工作,开启了航天标准国际化的新进程。

(3) 实施工艺振兴计划,开展重大工艺专项技术研究,健全工艺技术中心,推进工艺队伍建设和单元制造工作。

6. 创新发展供应商质量管理

针对航天型号供应商数量大、构成复杂多样、系统工程管理质量要求高等特点,提出供应商是"同一个战壕里的战友"的与供应商互利共赢的管理理念,按照统管统建、共建共享的原则,强化以质量为中心的供应商管理工作,全面推进航天型号供应商管理体系建设,主要措施如下。

(1) 学习借鉴国外宇航公司供应商管理做法,制定航天型号供应商管理及体系建设、管理规章和标准,统一航天产品质量保证要求,明确各级供应商责任、资质管理、需求传递等方面的要求,并建立质量保证要求的传递机制,确保要求横向一致、纵向到底。实施供应商资质能力审核和年度审核,完善航天型号合格供应商名录,开展供应商履约绩效评价,建立供应商动态退出机制。

(2) 强化供应商关系管理,按照协作配套产品的重要程度和可获得的难易度,对供应商实施分级分类管理。对关键重要协作配套产品实现过程进行全程监管，对其协作配套供应商提供技术支持和咨询服务。加强合格供应商风险管理，重点关注质量问题多发、易发产品的供应商、单一供应商，识别风险并定期开展风险分析与评估，制定风险应对控制措施，并监控措施的有效性。

（3）定期评选突出贡献供应商，对其进行通报表彰，并通过调整市场份额、优先付款等方式进行激励。对与供应商有关的质量问题、重大质量事故进行统计分析，对引发重大质量问题、问题多发、绩效评价等级低等情况的供应商，采取通报、约谈、限期整改等措施，情况严重的取消资格或列入"黑名单"。

（4）运用内外网支撑合格供应商名录管理、准入管控、绩效评价、档案管理、产品质量保证要求传递与共享。

7. 通过质量问题管理归零弥补体系的薄弱环节

20世纪90年代，老一代航天人总结型号失利的教训，借鉴上海MD-82飞机的质量闭环工作经验，科学运用和发展"故障报告、分析和纠正措施系统"（FRACAS）方法，创造性地提出并实施了质量问题技术归零和管理归零的"双五条"标准。其中，管理归零主要是在技术归零的同时，针对质量问题查找管理上的薄弱环节，采取完善质量规章标准、落实质量责任、强化人员考核与奖惩、加强质量保障能力建设等方面的若干具体措施。这样，以问题为导向，通过质量问题管理归零，不断完善质量管理体系。

质量问题归零管理形成了一整套标准和工作程序，强调最高管理者要亲自抓管理归零，并把质量问题归零与质量信息报送与传递、面向产品质量问题分析和共性问题治理、质量提升技术改造等活动有机结合。质量问题"双归零"的科学性和有效性已经被近年来众多航天型号工程的成功实践所证实，成为确保航天产品质量的法宝，并在国防科技工业及其他领域得到推广应用。

8. 建立健全质量管理体系成熟度评价机制

借鉴国内外质量管理体系评价的模式和方法，按照"以评促建"的思路，研究提出了多级组织的质量管理体系成熟度评价模型、方法和程序，依据质量管理文件、质量管理体系标准等方面的要求，编制了质量管理体系成熟度评价手册、管理办法、培训教材、过程记录表格等文件及最佳实践成果汇编，其中成熟度评价手册每年针对当年质量工作的重点、难点和关注点有所改变，这一工作已坚持多年。通过质量管理体系评估，推动和检查质量管理文件、规章和标准中要求的贯彻执行情况，发现质量管理体系的薄弱环节，发现和挖掘质量管理的最佳实践做法和经验并组织交流与推广，形成了质量管理体系自我完善和持续改进机制。

9. 坚持和创新质量监督

20世纪90年代，航天工业向美国麦道公司学习，建立质量监督代表制度，建立由管理和工程技术经验丰富的老同志组成的质量监督代表队伍，这一制度一直坚持至今。质量监督代表接受航天企业总部质量管理部门直接管理，被派驻到各研究院及所属的研究所、工厂，独立于研制单位和型号队伍并开展质量监督，包括对单位质量管理体系、型号产品质量工作的监督。20多年来，航天企业不断完善质量监督代表制度，形成并不断完善质量监督的理念、准则、职责、工程方法和流程等，加强质量监督代表的选拔、培养、考核、奖励等工作，落实质量监督代表的办公条件和工作经费，充分相信和有效发挥质量监督代表的作用。

与质量管理体系审核不同的是，质量监督代表承担的质量监督是专职人员开展长期不断的独立监督，监督工作深入产品研制生产现场和专业工程技术，不是按质量管理体系标准要求逐一对体系要素进行监督，而是以产品实现过程为核心，以质量保证大纲、可靠性设计和分析、技术状态更改控制、质量问题归零和纠正措施跟踪为监督重点，对过程、产品和服务项目进行监督，以及对元器件、软件、工艺、外协等方面进行必要的专题质量监督，通过文件查阅、现场监督、质询等方式开展质量监督，编写质量监督报告，提出质量纠正和改进建议。

1.3　航天质量管理体系建设的不足之处

通过全方位参与质量管理体系专项调研、质量管理体系评估等工作，我们发现，航天领域虽然在质量管理体系建设方面取得了一系列成就，对航天型号任务的圆满完成发挥了重要的支撑作用。但是，质量管理体系建设和运行中还存在着不少薄弱环节，不能完全满足航天型号的特殊要求，与《中共中央国务院关于开展质量提升行动的指导意见》中明确提出的广泛开展"质量管理体系升级"活动这一要求而言，与努力实现世界一流航天企业这一卓越目标的高标准相比，与新一代航天装备任务的需求及其对质量管理的高要求相比，仍存在很大的提升改进空间。

1. 质量责任制有待于进一步健全

建立健全质量责任制是质量管理体系建设的核心，虽然航天企事业单位都建立了质量责任制，但一些单位质量责任制与本单位特点和型号任务要求相比，还不够健全，主要表现为：质量职责的确定没有与岗位设置及任务要求、工作流程、工作接口关系等进行系统性分析和分解;质量考核指标不够量化、细化,在综合绩效考核评价的权重不大和否决性作用不确定;质量责任、权力和利益一定程度上不相符,通常是基层人员质量责任大,而履行质量责任相应的权限和应得的利益不足;没有设立专项质量奖励项目,没有落实质量奖励的经费渠道,对产品和服务质量做出突出贡献的集体和个人工作表彰和奖励不够,甚至存在型号成功授奖质量人员排后面,出了问题质量人员排前面的情况;质量问题的责任承担和追究方式不够科学、系统,过于侧重基层直接责任人员,警示作用和反思的效果不理想等。

2. 质量意识教育和培训的系统性、规范化和超前性不足

一些单位尚未建立针对各岗位各类人员的质量知识和技能要求体系及其相应的培训、考试和能力评定机制,相对于航天装备及其研制生产和服务的复杂性与变动性而言,不论是各级领导干部和设计、工艺、生产、检验等岗位的业务骨干,还是新员工上岗,都缺乏全面、系统、有效的培训。有些单位的干部上岗,尤其是中层干部的转岗缺乏切实有效的岗前培训,常常是上岗后边干边学,对新员工、转岗员工的岗前培训不够深入,操作技能培训不足。

有的单位对于员工质量意识教育和质量培训注重形式而忽视实效,没有很好地结合本单位承担的型号任务和已发现的质量问题。一些中层及以上领导对质量管理体系标准的学习理解不够,有时做出的决定违背体系标准或本单位质量管理体系文件,致使各级领导不得不花大量精力被动性地处理人为责任、重复发生的质量问题。部分单位对质量管理知识和技术方法的培训的系统性、针对性不够,尤其是对具有航天特色的质量管理的培训不够深入。

3. 质量管理文件要求不够细化和质量记录管理不够规范

有的单位质量管理体系文件中主要是照搬体系标准中的一般性要求,而对航天产品研制、生产的特殊性要求不够明确、具体。在质量文件方面存在的主要问题有:质量文件未能及时覆盖最新拓展的产品研制生产的各个方面,存在盲区;文件数量过多,文件之间不协调;航天特色的质量管理要求纳入体系文件不够及时;文件更改不及时,甚至先行后补;程序文件、作业指导书不具体,针对性和可操作性有待提高;对质量记录的要求不明确和细化、管理不很严格,存在记录无编号、签署不完整,采集不及时和管理信息化手段不足的问题;多媒体记录的拍摄角度、清晰度等规定不细,不能有效反映产品及过程质量等情况。

4. 质量管理体系建设与型号质量管理结合不够紧密

质量管理体系建设最为核心的问题就是与型号质量工作相脱节,即质量管理体系建设和型号质量工作存在着"两张皮"的现象。虽然,这是一个老问题,但到目前还有一些单位"两张皮"的情况尚未根本改变。有的单位质量管理体系文件或规章制度、标准规范不能密切结合本单位承担的航天装备任务,更新周期过长,未能向型号队伍提出多型号通用、基础性、针对当前质量问题的质量管理要求,迫使型号研制队伍自行制定较多的质量管理文件。有的单位把质量问题分为型号质量问题和体系建设质量问题,分别由不同的部门、人员制定和实施改进计划,之间相关沟通与协作不足。有的单位内部审核和管理评审不够及时和针对性不强,内部审核专业深度不够,没有与型号质量问题密切挂钩,相当程度是应对质量管理体系的外部审核。有些单位对内部审核发现的问题和管理评审确定的事项没有狠抓落实,整改力度不够,就事论事,未能对其产生的原因逐条采取有力措施。

型号研制、生产、试验和服务保障中的各类质量问题在此不逐一赘述,实际上,任何质量问题都能够找到相应的质量管理体系薄弱点,如何将型号质量工作和质量管理体系建设有机结合,甚至是融为一体还有待进一步探索与实践。

5. 质量问题管理归零工作存在不够彻底的情况

有的单位质量问题技术归零与管理归零"一腿长、一腿短",纵向对质量问题本身原因分析不到底,横向对其他型号举一反三不到边。一些单位管理归零不能主动从管理责任,特别是从领导者的管理责任上和本单位综合管理上查找原因,主要是对当事人进行处罚和管理上的"就事论事",未能以质量问题为导向去完善质量管理体系文件和改进相关工作的流程,实施管理归零在规章制度、责任落实、资源保障、激励机制等方面还有很大的改进空间。

6. 质量信息技术手段已经有些落后

虽然,近年来多数单位质量信息的收集与分析工作有了一定程度的进步,但是由于质量信息工作的基础比较薄弱,对于建立质量文献库、质量记录数据库、故障模式库等质量信息系统投入的经费和人力仍显不足。部分单位的型号研制生产和试验一线信息管理的软硬件条件较为落后,不支持型号研制生产和服务保障现场的实时在线数据采集与传递,没有建成支持一线实时质量控制的信息网络,对质量信息的统计分析和在技术改进、决策支持等方面的应用工作还有待进一步加强。就航天企业质量管理体系及跨单位型号项目管理而言,相对于现代信息技术的迅速发展,相对于新一代航天装备的需求,质量信息系统在硬件和软件方面都已经落后,基于质量信息数据的知识挖掘、智能管控尚未全面系统地开展实施,工业互联网、大数据、云计算等现代信息技术应用的步伐有待进一步加快。

7. 质量专业队伍不能完全满足航天装备任务的需要

近年来,型号任务越来越繁重,质量管理、通用质量特性等方面要求越来越高,一些单位质量专业队伍在人员数量、工程经验等方面越来越显不足。尤其是既有质量专业理论又有丰富工程实践经验的专家越来越满足不了需求。随着新一代航天装备论证、研制生产和服务保障的发展,以及智能制造的深化和拓展,这一问题更加突出。目前,这一问题主要表现在:综合质量专业队伍在人员数量、队伍构成和岗位设置等方面存在许多薄弱之处;通用质量特性技术队伍力量薄弱,有的研制单位缺少专职通用质量特性技术人员;质量管理体系内部审核队伍的建设不够,一些内部审核人员的工程经验和审核经验不足;质量专业人员职务序列不健全,专业地位不足以支撑履行其工作职责,虽然工作繁重、责任大、压力大,但是待遇低于设计师、工艺师系统等。

8. 质量技术方法有待于进一步推广应用

虽然近年来许多单位的质量技术学习与应用不断出现新措施、新成果,但是将发达国家较为普遍应用的质量功能展开(QFD)、田口方法、统计过程控制等质量工程技术有效应用到型号研制、生产、试验质量控制中的案例不是很多,相应的推广机制也不健全。可靠性分析方法的培训和推广应用已多年,开展了大量的工作,但是从调研的情况而知,目前主要是故障模式及影响分析(FMEA)、故障树分析(FTA)等方法得到了推广应用,而且一些 FMEA 实例不到位,支撑分析的故障库数据不充分或更新不及时,甚至有的没有故障库数据支撑或在事后补做。故障树分析主要是在质量问题技术归零中原因分析时应用较普遍,但对潜在故障的预防及应用不够普遍。对于其他质量控制、通用质量特性技术方法还有待进一步开发,提供适合航天产品研制生产和试验质量控制的标准规范、工程手册、软件工具,进一步明确将其列入型号研制程序中作为必须开展的分析工作项目。

9. ISO 9004 标准没有得到全面实施

由于质量管理体系认证只依据《质量管理体系要求》标准,因此,不少航天企事业单位尚未认真学习和有效实施最新版的《质量管理—组织的质量—取得持续成功的指南》(ISO 9004)标准。该标准中提出而 GJB 9001C《质量管理体系要求》标准没有提到的质量管理体系财务资源保障、技术资源、绩效分析和评价、自我评价、学习和创新等方面的内容开展得不够全面和深入。

1.4 航天质量管理体系建设不足之处的深层次原因剖析

通过对众多航天装备研制生产单位调研中发现的质量管理体系建设问题进行深入、系统的分析,我们认识到,质量管理体系建设的核心问题就是目前质量管理体系的建立和运行还不能完全满足型号研制生产的需要,其原因是多方面的,既有基层单位质量管理体系运行有效性有待进一步提高的问题,也有思想认识、管理体制、资源保障投入等许多深层次的问题,深入地分析这些原因及其影响是全面推进质量管理体系建设,提高质量管理体系有效性和成熟度的前提。

1.4.1 对质量管理体系的认识存在偏差

质量管理体系的建立和有效运行首先在于各级领导干部及广大员工的充分重视与正确理解。然而,有些领导、员工对质量管理体系及其作用的认识存在着偏差。

1. 对质量管理体系的作用认识不到位

质量管理体系国际标准是国际标准化组织中众多质量管理专家在长期、系统地总结提炼质量管理经验,以及发达国家卓越企业质量管理成功经验的基础上制定的。我国质量管理体系国家军用标准是国防科技工业和军队装备领域众多质量管理专家把武器装备质量管理的成功经验和特殊要求融入质量管理体系国际标准中的产物。因此,理论上,依据质量管理体系标准并结合本单位的实际情况,使质量管理体系具有组成要素的完备性和运行有效性,形成自我评价和持续改进的机制,就具有了稳定提供合格产品和服务的能力,或者说为保证产品和服务质量奠定了基础。

由于体系存在着流于形式的现象,体系通过认证、监督检查和内部审核后仍然出现质量问题,一些是人为责任问题,这主要是因为质量管理体系不健全,体系建设没有密切结合本单位实际和产品特点。建立了质量管理体系并不是保证绝对不出质量问题,只是有了质量保证基础,过程基本受控,具有及时发现质量问题、有效采取纠正措施和实施持续改进的机制。

有的管理人员则把质量管理体系不完善、有效性不高的现象归因于依据标准建立质量管理体系这种方式不科学,认为质量管理体系作用不大,不能解决型号问题,对体系的作用在一定程度上持否定态度。这种认识,必然导致出现质量问题后,采取没有"头痛医头、脚痛医脚"的措施,没有从体系上进行系统分析和采取系统性的措施,忽视举一反三和管理归零。实质上,这种"体系无用论"的认识正是质量管理体系流于形式的主要根源之一。

2. 对质量管理体系标准的要求理解不透彻

目前有的单位和人员,包括有的管理人员对质量管理体系标准的学习不够和理解不透,甚至个别管理人员在一定程度上存在着"体系与己无关论""体系对外论"的认识,认为质量管理体系建设和运行主要是主管领导和质量部门的事,主要是对质量管理认证机构和顾客的,这种情况下,"质量在我心中""质量在我手中"只是一句口号,并没有真正意识到在每一个研制生产环节,自己所做的每项工作都关乎航天产品和服务的质量。

这种对体系错误的认识和理解导致了当质量和进度发生冲突时,体系文件就不能被很好地执行。为了赶进度,一些体系文件中规定的程序和要求被忽略了,未能充分认识到型号任务与体系建设之间是相辅相成的关系,而是认为两者关系不大,甚至认为两者在占用人员精力、时间方面是矛盾的。由于没有正确处理好体系建设和型号质量工作的关系,体系建设中存在走形式的问题。

3. 对质量管理体系作用的估计过高

有的管理人员认为体系建设就是申请认证、接受认证审核和监督检查,认为依据质量管理体系国家军用标准通过认证、内部审核和监督检查就表明质量管理体系有效运行了,就能绝对保证型号研制生产的质量。对于体系的这种认识,必然导致体系建设流于形式,体系文件的针对性、可操作性差和更改不及时,忽视质量问题举一反三和管理归零,不利于实施持续改进以不断完善质量管理体系。这种"体系万能论"的认识也是质量管理体系有效性不高的主要根源之一。

1.4.2 航天质量管理体系建设依据的标准要求不高和特色不够

1. 尚未制定具有当代航天特色质量管理体系标准

当前,航天领域骨干单位建立质量管理体系依据的标准是国家军用标准GJB 9001《质量管理体系要求》。虽然这一标准是在各版国家标准 GB 19001《质量管理体系要求》的基础上,采用"A+B"方式补充了国防装备质量管理体系建设的特殊要求,但没有充分反映航天科技工业的特殊要求和质量管理独特、有效做法及成功经验。也就是说,质量管理体系要求的国家军用标准对于航天企事业单位建设质量管理体系来说还是要求不够高,或是要求还不够明晰,尤其是对于建设具有世界一流航天企业这一战略目标的质量管理体系而言,还过于笼统和简单。本书第一作者承担了 2003 版航天行业标准 QJ 9000《质量管理体系要求》的起草工作,但是该标准已发布十几年，与当前航天领域的管理体制和航天装备任务要求存在着相当差距，近年来形成的许多质量管理新经验、新做法和新要求在其中没有反映。面向新一代航天装备技术高可靠、长寿命、技术更加复杂、在轨组网运行、在轨组装等方面的发展需求，面向增材制造、虚拟现实、工业大数据、云计算等数字化、网络化和智能化的发展，现有的航天质量管理体系标准更是过时了。

由于质量管理体系建设依据的标准缺少对航天装备及其论证、研制、生产和服务保障任务特点的针对性，也导致质量管理文件规定的要求通常比型号要求低，从而迫使各型号队伍占用大量时间制定型号质量管理文件，而其中许多共同的内容原本是应该在质量管理体系文件中加以明确的。有些研究院、型号队伍甚至把制定大量的型号质量管理文件作为正面的经验加以总结和宣传，实际上这在很大程度上是针对质量管理体系文件要求过低、内容不全不细和滞后情况的无奈对策。

2. 航天特色质量管理体系的标准体系尚未健全

近年来，航天工业领域针对一些具体的质量管理活动，如质量检查确认、质量问题归零，制定了一批质量管理方面的集团级企业标准，但体系建设依据的质量管理体系标准却无法起到质量管理标准体系纲领性的作用，从而影响了质量管理标准体系的系统性和时效性。

3. 航空航天领域的质量管理体系标准学习引入不足

国际标准化组织制定和推行的主要应用于航空航天领域及国防领域的质量管理体系标准，即 AS 9100 标准及其系列标准，总结归纳了航空航天发达国家在质量管理方面的先进做法和经验。目前，航天企业对此关注和跟踪研究不够，有待于深入学习，系统性研究和借鉴该系列标准。这不利于吸纳国际航空航天质量管理的先进做法和成功经验，也不利于在国际航天领域开展合作和交流。

1.4.3 符合航天企业多级管理体制的质量管理体系有待健全

航天企业实质上客观存在着多级的质量管理体系，包括领导和机关的领导作用、相应的资源保障、型号质量控制、质量信息管理、质量考核、质量监督和评价、质量奖励和处罚等，从而对多级组织质量管理和型号质量实施管理。这个客观存在的质量管理体系有待于按质量管理体系的国家标准和国家军用标准进行系统性策划、梳理和整合，以消除其不协调、重复或薄弱之处，更好地适应新一代航天装备及其全寿命质量管理的需求，适应世界一流航天企业集团的战略目标。

1. 集团公司层面的质量管理体系有待系统策划和构建

20世纪80年代,国防工业的军工产品承制单位全面开展质量保证体系建设时期,以及20世纪90年代我国全面开展质量管理体系建设的时期,航天工业领域的领导机关是政府部门、行政性总公司,对于质量体系建设,履行领导的职责。20世纪末,航天总公司通过体制改革转为大型高科技企业集团公司。目前,航天企业集团有限公司早已转变管理职能,实施企业化运作,并开展了大量卓有成效的质量管理工作。但如何建设多级组织机构的航天企业集团公司的质量管理体系一直是一个难题。一是质量管理体系标准对于航天企业集团不太适合;二是多级质量管理体系如何建设没有先例,需要大胆探索实践,尤其是集团公司层面的质量管理体系建设还有待于进一步探索。

质量管理体系建设的一个基本原则是要覆盖产品和服务实现的全过程,要与一个单位的组织结构、管理体系和管理职能相符合。航天企业集团公司是集团公司、研究院、研究所或工厂三级管理体制,三级组织都是法人。但质量管理体系主要是研究所或工厂组织的,外加上研究院机关的质量管理体系,这种质量管理体系与航天企业集团三级组织形式不符合。当然,集团公司、研究院、研究所及型号项目三级质量管理体系在规章标准、组织体系、信息系统等方面也是客观存在的,并不是空白的,但需要运用质量管理体系的思路、方法及标准进行系统性梳理和整合,以进一步从集团公司层面对覆盖三级质量管理体系的质量管理工作系统进行策划和实施。

这里所讲的集团公司质量管理体系,是集团公司整体的、多级的质量管理体系,对全集团质量管理体系的范围,包括集团公司领导和总部及所属的研究院、专业公司和直属机构等,而绝不只是集团总部的质量管理体系。这一体系在集团公司层面,也不是指集团公司总部的质量管理体系,而是指全集团多级质量管理体系的顶层,着重从集团质量文化、质量战略、质量规章和标准体系、质量领导作用、集团顶层和直属的组织及其质量职责和权限,以及集团公司质量信息系统、评价监督体系等方面,所涉及的范围包括集团公司领导、科技委和总部职能部门的质量职责、权限和工作接口,集团公司直属的质量专业机构、质量专家组织等。

目前航天企业集团依据的质量管理体系国家军用标准和以工厂、研究所为主的质量管理体系,不能完全适应大型复杂航天装备研制、生产、试验和服务保障的任务需求,尤其是新一代航天装备任务的需求,更不能完全适应集团公司创世界一流大型航天企业集团努力目标的需求。

建设集团公司多级、整体性的质量管理体系,是一个涉及面广、难度很大的系统工程,有待于系统策划和逐步构建。首先需要集团公司领导和机关把自己放进去,作为这一质量管理体系的顶层,在质量文化建设、质量战略管理、质量组织体制和工作机制等方面,发挥对质量管理体系建设和运行的领导作用及综合、顶层的管理职能。

构建集团公司整体化的多级质量管理体系,尤其是贯穿集团公司、研究院、工厂和研究所三级的质量战略方针和目标、质量文化、质量文件、质量责任、质量组织、质量信息、质量监督和评价等质量工作系统,都有待于进一步上下贯通和协调一致。这一问题涉及组织体制、工作职责、经费投入、数据信息等,有待系统性的策划和构建。

航天工业质量管理的实践表明,对于航天装备研制生产这样的大型复杂工程,质量管理工作的系统策划和系统实施是非常必要的。一个航天装备的研制从系统、分系统到单机、部(组)件,所有的参加研制的单位构成了一个金字塔型的结构,最顶层的是抓总单位,然后按照航天装备的组成向下分解,每个组成单位的质量管理体系实际上只是保障最终的航天装备质量的一个部分,它不是独立存在的,它需要和其他相关单位的质量管理体系在信息和工作任务上进行沟通和协调,实现良好的接口管理。构建航天企业集团多级的质量管理体系,需要适应这种以型号项目为纽带的组织结构与行政隶属关系的组织结构有机结合。

2. 研究院整体的质量管理体系有待进一步整合

航天装备的论证、研制、生产和服务保障一般是以研究院为单位进行的,一个研究院中就包含了设计、生产和试验单位。型号总体研究院的技术职能和管理职能基本上覆盖航天装备论证、研制、试验、生产和服务保障全过程。仅仅建立各个工厂、研究所的质量管理体系是远远不够的,因为这一层级各自的质量管理体系只是涉及航天装备的某个分系统、单机或某个研制生产阶段,没有覆盖航天装备研制生产的全过程或主要过程,型号"两总"(即总指挥、总设计师)很难在各研究所、工厂的质量管理体系之内负责型号质量工作,总装厂牵头成立的跨研究所、工厂的厂(所)际质量保证体系实质上也主要是型号研制生产质量的联席会议制度,各相关单位质量管理体系在职责、权限、信息等的接口关系方面存在着大量需要协调和整合的问题。

型号"两总"通常由研究院行政领导或院级技术专家担任。"两总"可能会认为自己在一个单位的质量管理体系之外,思考或提出:"你们的体系如何满足我们的型号需要"这样的问题。若是建立了研究院整体的质量管理体系,"两总"的质量职责和权限在体系之内,他们自然就会考虑如何通过完善质量管理体系解决型号质量问题,如何把针对具体质量问题的归零措施通过体系加以固化,以完善体系,从根本上防止同类质量问题的再发生。

近20年来,航天科技工业引进并推行产品保证管理,以航天工业总公司(后为两个航天集团公司)和研究院两级单位进行产品保证能力建设,为型号提供产品保证技术支撑,包括产品保证标准制定、产品保证专业机构和专家队伍建设。研究所、工厂通常没有能力开展产品保证机构和队伍建设。这样,由于没有建设研究院整体的质量管理体系,同是作为为型号提供技术支撑的质量管理体系与产品保证技术体系也无法融为一体。

近年来,随着航天事业的迅速发展和管理体制改革的深化,研究院的型号抓总职能和综合管理职能得到不断强化,已经成为名副其实的科研生产经营实体,而研究所、工厂的一些管理职能上升到研究院。研究院在质量管理体系建设中主要还是起着上级管理机关职能管理的角色,即使是建立了院本级质量管理体系,其体系文件中院领导的质量职责也只是对院机关、总体设计单位和总装生产部门等,与研究院的红头管理文件、院级标准和管理体系不完全相符。只能认为:院本级质量管理体系一方面是满足认证的需要;另一方面是在建立研究院整体质量管理体系进程中的一个过渡性的体系形式。

综上所述,可以认为尚未按质量管理体系标准和航天企业特点建立研究院整体质量管理体系是质量管理体系建设与型号质量工作结合不够密切的主要原因之一。

1.4.4　质量管理体系认证审核有待于进一步改进

我国现行的质量管理体系认证审核制度基本采用国际通行做法,但不完全适应国防科技工业领域的特殊性。近几年进行了一些改革和探索,对于如何适合我国国防科技工业领域的特点和引导促进质量管理体系升级,还有待进一步深入研究与探索实践,第三方质量管理体系认证未能有效依据集团公司的文件和标准,未能突出航天质量要求和针对质量问题及其管理根源,对集团公司针对航天装备质量问题和质量保证能力建设促进作用还不够大,而应对质量管理体系认证审核和不合格纠正措施往往与航天装备质量问题关系也不很密切。

开展第二方质量管理体系认证不到位。虽然航天装备研制生产具有典型的系统工程性质,但是航天装备订购单位对研制生产单位的第二方审核不够系统和规范,总体单位对分系统单位、单机单位的质量管理体系第二方认证普遍比较薄弱,有待建立或完善相当的标准、程序和相对固定的审核人员。另外,第二方、第三方质量管理体系认证相应的沟通和结合不足,常常是"各唱各的戏"。一方面影响审核有效性;另一方面使被审核单位接受重复审核。

1.4.5 质量技术体系建设滞后于发展需要

虽然,当前航天领域在质量技术的研究与应用方面在国内处于较为先进的水平,但是与航天装备任务的特点及其发展需求相比,还存在着很大的提升空间。

1. 质量专业技术应用研究与推广工作有待系统强化

长期以来,航天工业相对于其他工业领域,还是比较重视质量技术的研究、试点与推广应用,尤其是近年实施质量提升工程,取得了一大批质量技术成果,攻破一批影响质量的难题。但是,与航天装备任务的需求、建设世界一流大型航天企业集团的战略目标相比,在质量技术研究、试点和推广应用方面还有很长的路要走。

航天质量技术是一门理论性、实践性和行业特色都很突出的技术,有航天行业特点的现代质量技术体系有待进一步建立健全。由于质量技术方法研究和推广应用的管理体制还不完善,加之质量专业机构和专业队伍的实力有限,一些国内外先进、适用的质量技术方法的应用性研究和推广进展较慢或效果不理想,型号研制中质量管理和质量控制的成功经验也有待于及时、系统地总结提炼、交流和推广,质量技术的成果孵化和示范工程的作用还不够显著,质量技术的跟踪研究、应用研究、软件工具开发和实施指南、标准、手册、教材的编写和推广应用的咨询指导等一系列工作有待于更加全面、系统、高效地开展。

2. 质量专业技术机构和技术队伍建设不能满足需要

航天工业的特点,决定着必须建立一批质量专业机构,建立一支技术力量很强的质量专业技术队伍,以作为型号质量保证的技术支撑,有效实施质量评价和质量监督。

航天两个集团公司成立以来,随着我国航天事业的飞速发展,质量专业机构和专业队伍在技术手段、人员年轻化、对型号任务支撑等方面有了很大发展。质量专业机构和专业队伍的建设与各单位质量管理体系的有效运行密切相关。但是,对于这项工作,研究所、工厂这一级的能力十分有限,主要应该从集团公司、研究院的层面进行统筹规划和系统展开。

与当前航天科技工业和航天装备的飞速发展相比,质量专业队伍在人员数量、专业素质、工作经验等方面都存在不足;具有专业学术造诣和丰富工程经验的领军人物相对缺乏;质量专业机构在经费投入、管理运作、发挥作用和有效监督等方面也存在着许多不足之处,技术手段持续改进提升的机制有待完善,与现代信息技术飞速发展的背景相比,质量信息手段和工作方式正在逐步落后,专业机构内部规范化、透明化管理和同专业交流都有待进一步强化;质量专业技术方法的研究、试点与推广应用有待进一步完善渠道和加大力度。

  上述问题的原因是多方面的,尤其是在人员队伍建设、资金投入、任务安排等方面,对质量专业机构战略发展的总体规划和整体布局还有待进一步加强,"产、学、研、用"相结合的管理体制尚不健全,专业机构和专业队伍在所属研究所、工厂的属地性质及其占位思维方式还无法完全适应,有待进一步从全集团公司、航天装备任务乃至整个航天领域的角度来履行职责,需要从思想认识、管理体制、工作机制、经费渠道等方面实施战略性发展规划和更为彻底的变革。

第2章 航天质量管理体系的概念和模型及原则

2.1 航天质量管理体系的概念

2.1.1 质量管理体系的概念

质量管理体系是一个广义的概念。GB/T 19000—2016/ISO 9000：2015《质量管理体系基础和术语》中质量管理体系的术语被定义为：在质量方面指挥和控制组织的管理体系。在多个版本质量管理体系的国际标准中，对于质量管理体系的概念，一直明确为质量管理体系是组织若干管理体系中的一个。质量管理体系是为实现质量方针和质量目标，将影响产品质量的组织结构、程序、各项质量活动的过程和资源等诸因素综合起来，形成一个相互关联的或相互作用的有机整体，并应用过程方法使这些影响产品质量的因素处于受控状态。同时，质量管理体系能够证实组织是否具有稳定的提供满足顾客要求和适用法律法规要求的产品和服务的能力。可见，质量方针、质量目标和影响质量的组织结构、程序、过程、资源等是质量管理体系的组成要素，这些要素有机结合就形成了一个能够保证稳定提供合格产品和服务的体系，这就是质量管理体系。这就是国际标准化组织给出的质量管理体系的内涵。

再来看看质量管理体系这一概念的外延。人们通常理解质量管理体系是对一个组织内部质量管理而言，而组织就是指一个单位。实际上，国际标准化组织之所以用"组织"一词，就是要给出一个广泛的适用范围，即质量管理体系概念适用的范围很广。质量管理体系的主体不一定是企业，可以是医院、学校等组织，也可以是有具体项目的、多个单位参与的重大项目组织。

2.1.2 航天质量管理体系的广义概念

由于航天领域建立质量管理体系主要是研究所、工厂这一层级的单位，大部分研究院也针对研究院总部建立了院本部质量管理体系,有的研究院建立了院本级质量管理体系,包括研究院领导和机关、总体设计单位、研发中心和物流中心等,人们往往就认为航天质量管理体系是对从事航天产品研制生产的基层单位而言的。而实际上,航天集团有限公司本身就是一个企业,也具有质量方针、质量目标和影响质量的组织结构、文件、过程和资源等质量管理体系要素,即符合质量管理体系的组成要素;同理,研究院作为提供航天装备的科研生产联合体,也是一级企业组织,也存在着研究院整体质量管理体系;航天型号项目组织,尤其是航天工程组织,如载人航天工程组织、月球探测工程组织等具有质量管理体系的组成要素,都有其质量管理体系。也就是说,重大项目也同样需要明确其质量方针和质量目标,将影响质量的组织结构、程序和质量活动的过程与资源等有机给合为一个整体,并应用过程方法使其受控,也需要向项目组织外部证实其质量保证能力。这就是国际标准化组织给出的质量管理体系的内涵。当然,航天集团有限公司的质量管理体系、航天工程组织的质量管理体系不一定与国际标准提供的质量管理体系结构框架一致,而国际标准也明确提出组织的质量管理体系不需要一定要与其提供的质量管理体系结构框架一致。

《中共中央国务院关于开展质量提升行动的指导意见》在第十五条推进全面质量管理中,明确提出广泛开展质量管理体系升级活动。深化航天质量管理体系建设,就是航天质量管理体系升级,包括对原有质量管理体系的拓展、整合、提升,这就需要对质量管理体系有一个全新的认识,以更宽的视野、更高的标准来认识航天质量管理体系。

本书所述航天质量管理体系的概念,不是仅仅局限于质量管理体系要求标准中讲的质量管理体系,也不仅局限于研究院本级和研究所、工厂的质量管理体系,而是面向我国航天领域的特点、需求和发展,体现党中央和国务院提出广泛开展质量管理体系升级活动这样一个大背景需求的航天质量管理体系概念。

2.2 航天质量管理体系的模型

国际标准化组织通过 ISO 9000 系列标准给出的质量管理体系,就是全球范围最为通行的质量管理模型。几版的质量管理体系国际标准,都在引言部分给出质量管理体系的模型图。质量管理体系模型图给出了质量管理体系的组成要素及其相互之间的逻辑关系,对学习和应用质量管理体系,从思维方式和整体把握上有根本性的指导作用,但国内许多单位在贯彻质量管理体系标准时没有对其给予足够重视。20世纪90年代,参与国际标准化组织TC176起草2000版ISO 9001标准的质量专家,尤其美国、英国、法国等经济发达国家的质量专家对如何描绘一个模型图来反映这一版质量管理体系标准的价值导向和整体结构及各组成要素,进行了长时间、多方案的讨论,甚至是争吵。这反映出质量管理体系标准的起草专家对质量管理体系模型图的高度重视。

2.2.1 基于PDCA循环的质量管理体系模型

GB/T 19001—2016/ISO 9000:2015《质量管理体系要求》标准强调过程方法采用"策划-实施-检查-处置"循环,即PDCA循环,并把该版标准主要章节纳入PDCA循环,或者说基于PDCA循环,给出了将该版标准各主要章节融为一体的质量管理体系模型图,其中将各主要章节分别作为质量管理体系的"策划""实施""检查"和"处置"部分。标准强调,通过这一模型图表示,一个组织在建立和实施质量管理体系过程中,运用PDCA循环能够对质量管理体系及其过程明确目标,提供充足资源,策划并实施有效措施,监视和测量实施结果,并不断持续改进,从而对体系进行有效管理。

我们结合航天产品和服务及其研制生产的特点,对GB/T 19001—2016/ISO 9000:2015《质量管理体系要求》标准中的基于PDCA循环的质量管理体系模型图适度修改,着重突出质量责任制,将其作为核心要素,如图2-1所示。

图2-1与质量管理体系标准中运用PDCA循环展示的该标准结构图相比,在中间部分除领导作用之外,增加了质量责任部分,包括质量职责、质量考核、质量奖励和质量责任追究等;在右边输出部分把产品和服务、质量管理体系的结果进一步明确和扩展为顾客满意和忠诚、质量保证能力和竞争力、其他相关方满意、质量经济效益、品牌。

过程方法及PDCA循环是非常通用的质量管理思路和方法,用其构建质量管理体系结构,或者说用其描述质量管理体系,不仅可用于质量管理体系整体,也适用于质量管理体系中每个过程、工作项目或活动。

2.2.2 航天零缺陷和精细化的质量管理体系模型

构建航天特色质量管理体系结构,需要适应技术复杂、协作面广、投入经费多、质量要求高、系统工程管理等航天特色。近些年,伴随我国载人航天、月球探测、北斗导航等航天工程取得一系列重大成功,航天科技工业领域逐步形成了以零缺陷、精细化为主要特征的航天质量管理体系模式。

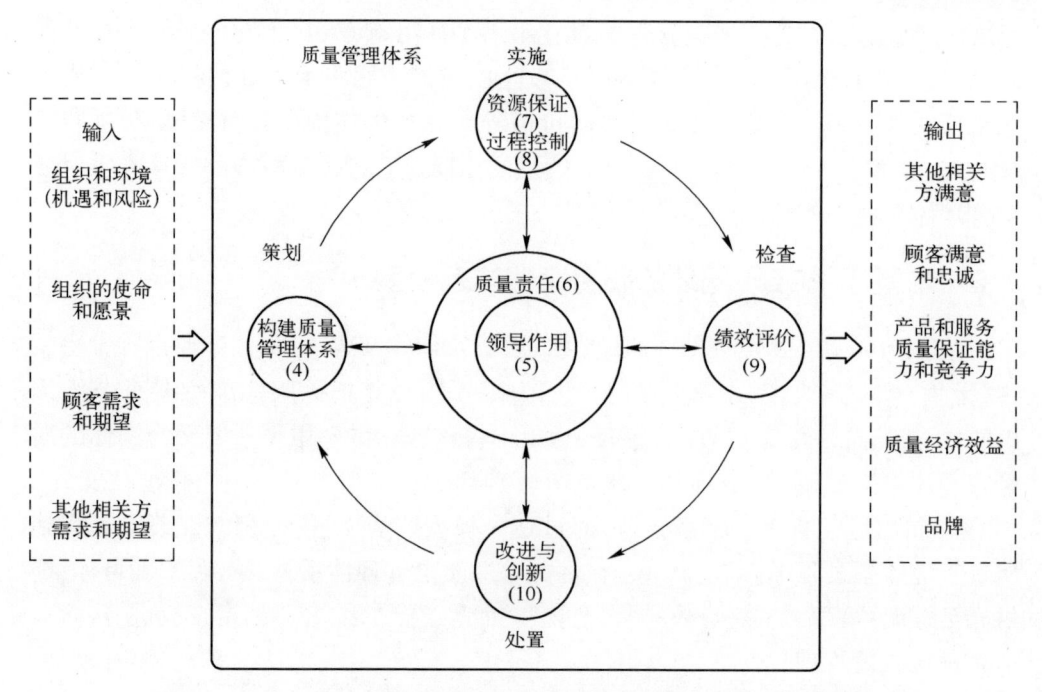

图 2-1 运用 PDCA 循环表示的质量管理体系模型(图中括号中的数字表示在质量管理体系标准的章节编号)

中国航天"零缺陷"的理念源于周恩来总理对"两弹一星"研制提出的"万无一失"的要求,其内涵随着航天事业的发展不断得以丰富。精细化管理是近年中国航天科技工业通过质量管理"新28条"等文件提出并推行的一整套具有当代航天特色的质量管理方法及工程实践。

航天零缺陷、精细化的质量管理体系模式从一个组织的角度建立和运行质量管理体系框架结构,如图2-2所示。

图2-2中,以国家、顾客及其他相关方的需求和期望为输入,圆满完成航天型号任务为首要目标,以实现各方共赢、能力提升和取得效益的全方位卓越的绩效结果为输出目标。其组成要素如下。

（1）追求世界一流卓越水准的领导作用、质量战略和目标。
（2）具有中国航天特色和时代特征的质量文化。
（3）勇于担当和奖罚分明的质量责任制。
（4）多级组织和矩阵式结构的质量工作系统。
（5）系统工程的航天型号全寿命质量控制,包括以下方面:

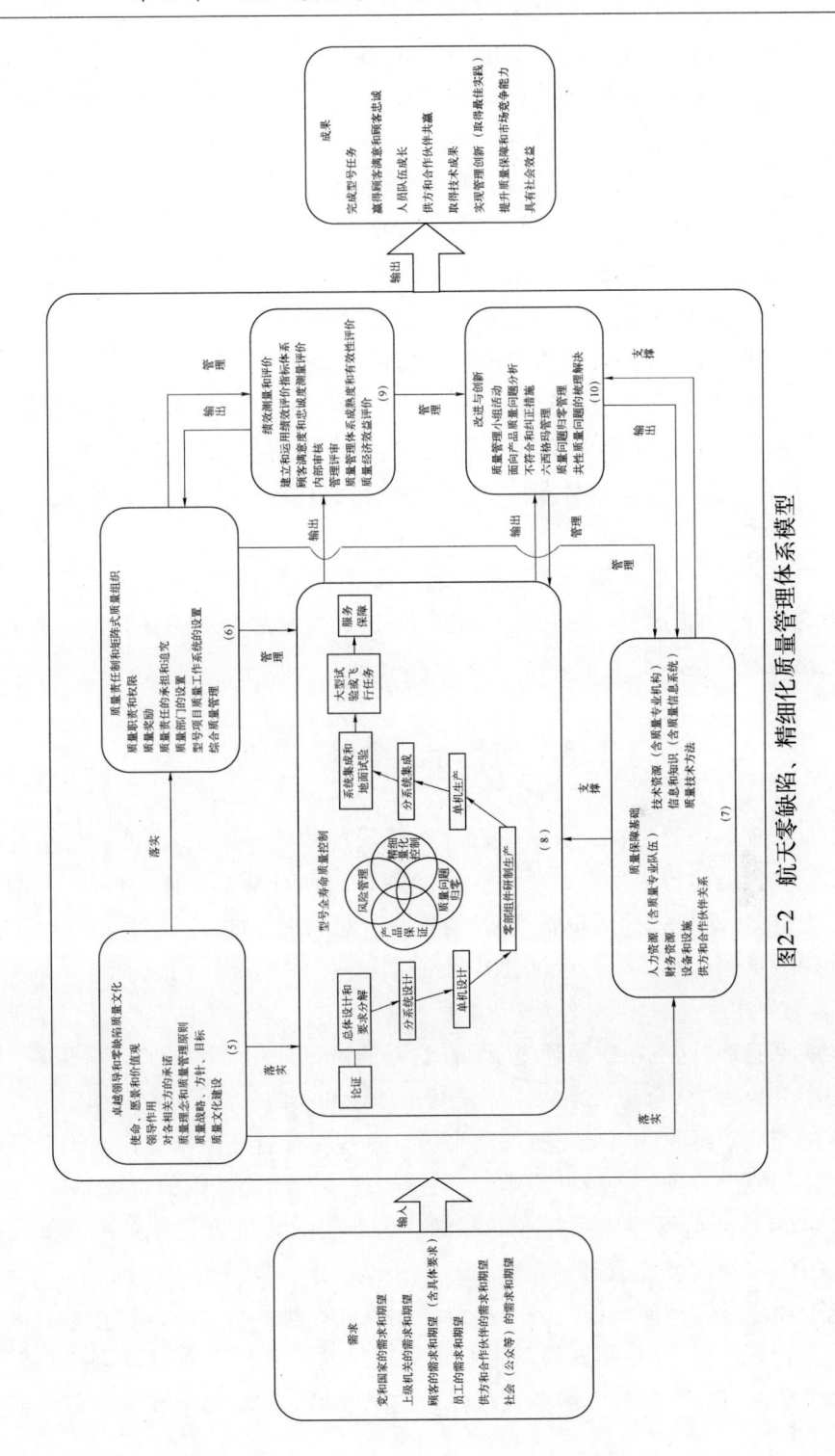

第 2 章　航天质量管理体系的概念和模型及原则

图 2-2　航天零缺陷、精细化质量管理体系模型

31

① "吃透技术"为核心的风险识别、分析和控制；
② 质量管理与工程技术融为一体的产品保证；
③ 超严格的精细量化过程质量控制；
④ 变"救火"为"防火"的质量问题归零管理。
（6）全面、长期和有力支撑的质量保障基础。
（7）科学、独特和有效的质量技术方法体系。
（8）科学、系统和量化的质量绩效测量和评价体系。
（9）先进、务实和持续的质量改进与创新机制。

其中，以型号全寿命质量控制为核心，这一核心包括风险管理、产品保证、精细量化过程控制和质量问题归零四个方面。这四个方面不是相互分割的，而是相互融合，甚至在一定程度上相互重叠。因此，图2-2中采用集合的方式来表示这四个方面。

可以看出，这一航天特色的质量管理体系框架结构，与通用质量管理体系标准结构中的领导作用、运行、支持、绩效评价、改进等要素基本对应，同时，更加突出航天特色和强调卓越水准。

2.3　航天质量管理原则

质量管理原则就是在充分认识和尊重质量规律的基础上，所明确的为保证和提高质量应遵循的行为准则。质量管理原则不是针对某个具体事件的，具有普遍性的特点，即针对具体的质量管理实践，具有普遍的指导性。

GB/T 19000—2016/ISO 9000:2015《质量管理体系基础和术语》标准明确提出了"以顾客为关注焦点"、"领导作用"、"全员积极参与"、"过程方法"、"改进"、"循征决策"和"关系管理"这七项质量管理原则。这是质量管理和质量保证国际标准化组织（ISO/TC176）在总结全球长期以来质量管理理论和实践，尤其是发达国家质量管理科学做法与成功经验的基础上提炼出来的。这些质量管理原则是用高度概括的语言所表达的质量管理的一般性原则，是质量管理体系理论基础的组成部分，也是形成ISO 9000族质量管理体系标准的基础。最新版的质量管理体系国家军用标准GJB 9001C—2017《质量管理体系要求》中，采纳了这些质量管理原则。

这七项质量管理原则是对一个单位建立质量管理体系而言，最为通用、最为基本的质量管理原则，并不是开展质量管理只遵循这七项质量管理原则。对于承担航天产品研制、生产、试验和服务保障任务的单位和工程项目组织建立健全质量管理体系而言,这七项质量管理原则及在标准中对其内涵的简单阐述是远远不够的。

建立健全航天质量管理体系,应该遵循哪些质量管理原则呢？如何提出这些质量管理原则呢？这需要在上述七项质量管理原则的基础上,借鉴国内外质量管理,尤其是借鉴国内外航空航天卓越企业质量管理经验,结合航天产品和服务及其质量管理的特点,总结近年我国航天科技工业开展质量文化建设、质量管理体系建设、强化型号精细化质量工作及创建航天质量奖所积累的有效做法和成功经验。在此,提出以下质量管理原则。

1. "责任感驱动"的原则

有效实施质量管理,首先需要提高相关人员的质量意识,把保证和提高产品与服务质量看作份内应有的责任,即树立保证和提高质量的责任感,以这样的责任感来驱使自己的行为。这样,对于质量要求,即使是很高的质量要求,也会变"要我干"为"我要干"。

航天产品和服务在国防建设、国民经济建设、科学技术发展和社会发展等方面都具有特殊的重要作用。组织应该把国家利益放在首位,以高度的政治责任感和历史使命感,深刻理解航天产品和服务质量的特殊重要性,建立健全质量责任制,通过提高航天产品和服务的质量效益履行富国强军的使命。

2. "以顾客为中心"的原则

在 GB/T 19000—2016/ISO 9000：2015《质量管理体系基础和术语》)和 GJB 9001C—2017《质量管理体系要求》中,"以顾客为焦点"是七项质量管理原则之首,即这一原则得到全球的共识。在标准中将其解释为:"质量管理的首先聚焦于满足顾客要求并且努力超越顾客期望"。在我国质量管理体系国家标准采用国际标准时,将其翻译为:"以顾客为关注焦点",其中,"关注"两字是在翻译时加入的,而国际标准的原义是"以顾客为焦点"或"以顾客为中心",即一个组织不仅时刻"眼睛"关注顾客,而且时刻"大脑"想着顾客,"四肢"围绕着顾客行动。这一原则的内涵是,产品和服务的提供者的生存和发展依靠顾客,只有赢得和保持顾客的信任才能获得持续成功。应当理解顾客当前和未来的需求和期望,使自己的思维和行动围绕着顾客,与顾客建立良好的关系,建立并保持畅通的顾客沟通渠道,高度关注顾客态度,接受顾客的质量监督,为顾客提供高质量的产品和服务,满足顾客要求并争取超越顾客期望,为顾客创造价值,努力赢得顾客的赞美和忠诚。

航天产品的顾客是政府和军队,是在国民经济和科学技术方面具有战略性地位的部门或企业,是国外政府或国外有着重要地位的大企业等。因此,顾客往往是航天企事业单位的战略合作伙伴,与航天组织构成利益共同体。航天产品和服务保障的提供者,应该把满足顾客需求作为一切工作的出发点和落脚点,了解甚至掌握顾客当前和未来的需求与期望,急顾客所想,使自身的认识、决策和行为都围绕着顾客,与顾客建立良好的关系,尤其是最终的使用者,为顾客提供高质量、差异化和富有价值的航天产品及其服务保障,满足顾客的要求并争取超越其期望。航天组织应比顾客考虑得更专业、更长远,使其通过使用航天产品实现价值增值,从而赢得顾客赞美和顾客忠诚。

"以顾客为中心"这一质量管理原则可理解为几个方面,或理解为几个具体的质量管理原则,即:满足甚至超越顾客需求;关注顾客态度;为顾客创造价值等。

3. "领导者作用"的原则

在 GB/T 19000—2016/ISO 9000:2015《质量管理体系基础和术语》中,最高管理者是指在最高层来指挥和控制组织的一个人或一组人,也就是"领导"。在质量管理体系标准中,"领导作用"是质量管理七项原则之一,而且是非常重要的一条,即这一原则得到全球的共识。其在标准中解释为:"各级领导建立统一的宗旨和方向,并创造全员积极参与实现组织的质量目标的条件"。

理解这一质量管理原则的内涵,包括:一个单位的质量理念和质量行为源于其领导者的质量意识和表率作用,领导者应系统识别和充分适应内部与外部环境,包括挑战和机遇,并与之相对应明确其使命、愿景和价值观,确立目的、宗旨和发展方向,确保发展战略的制定与实施能够体现和落实使命、愿景和价值观,并与目的、宗旨和发展方向相一致,综合权衡所有利益相关方的需求,亲自推动质量文化建设,制定以质取胜的发展战略,确定追求零缺陷的质量方针和目标,建立守法诚信、充分沟通、激励制约、快速反应、持续改进和学习创新的工作氛围和管理机制,明确质量职责和权限,促使员工能充分参与实现发展目标的活动,率先学习和运用相关的质量管理法律、法规和标准及质量管理知识,领导质量管理体系的建立并保证其有效、高效地运行,关注质量经济性,确保顾客能够及时获得产品质量问题的信息,代表单位履行对各相关方的承诺,对最终产品质量和质量管理负责。

贯彻"领导者作用"这一质量管理原则最为主要的表现就是"以身作则"和"亲自参与"。深入基层是领导履行质量职责的必要方式。领导只有深入基层,才能准确把握质量问题。目前,许多高层管理人员抓质量工作的主要方式是听汇报、开会、写文章,而较少深入基层调查研究,不了解真实的、最新的情况,也不研究新问题,喜欢作表面文章,挂名子,使质量工作流于形式。最新版的质量管理体系标准中把"管理者代表"一词去掉,就是不希望出现一个管理人员代表,甚至代替最高管理者的质量责任和质量职权。对最高管理者质量意识和质量行为最为直接的考验就是当质量与进度、费用等发生矛盾时,是否能够坚持把质量放在第一的位置。

对于一个单位,由于质量工作对内涉及战略和方针、组织机构、资源管理等方面,对外需要对顾客和其他相关方做出质量承诺和承担质量责任,因此,质量工作只能由最高行政负责人亲自负责。有人形象地把质量工作称为"第一把手工程",也有人称"质量工作就是头头抓,抓头头"。这些通俗易懂的语言,道出了质量管理最为重要的原则。

4. "以人为本"的原则

以人为本是管理学中的基本原则,虽然质量管理体系标准的七项质量管理原则中没有这一条,但我们认为这一条质量管理原则非常重要。有些人认为"全员积极参与"这一条质量管理原则包含了"以人为本"这一原则。这两条管理原则虽然有着密切的联系,但其涵义有着明显的区别。前者强调"为本",而后者强调"全员"。

人的因素是影响质量的首要因素和决定性因素。这一原则的内涵是视人力资源为第一资源,是最重要的核心资源,是事业发展之本,是单位生存和发展之本。航天装备论证、研制、生产、试验、使用服务保障中的各类人员,作为具有主观意识和行为能力的质量责任主体,是质量管理和质量保证的主人翁。航天装备质量取决于人员的质量意识、工作作风、专业知识和技能。因此,应该不断提高全体员工的质量意识,尊重员工,人尽其才,促进合作、授权,为员工提供学习和发展机会,与员工充分沟通,关注员工全方位、多层次的需求,关心并努力解决员工的困难,保障员工权益,测量、评价和不断提高员工满意度,使员工通过提供高质量产品,在为企业和社会创造价值的过程中,自身价值得以认可和提高,以员工高质量的工作来保证高质量的产品和服务,以员工满意保证顾客满意。

许多单位的做法正好与之相反,单纯强调硬性要求和措施,单纯依靠严格的制度和严厉的处罚,缺少采用人性化的引导性措施和方法,甚至导致员工的抵触,没有充分激发和调动员工的主动性和创造性的手段。

5. "全员积极参与"的原则

在最新版的 GB/T 19000—2016/ISO 9000:2015《质量管理体系基础和术语》和 GJB 9001C—2017《质量管理体系要求》中,这一原则增加了"积极"两字,称为"全员积极参与",以更加突出激励员工积极主动参与质量管理活动。

全面质量管理(TQM)的本质特征之一是"全员性"。因为产品质量是一个单位内产品研制生产各个环节、各个部门全部工作的综合反映。任何一个环节、任何一个员工的工作质量都会不同程度地、直接或间接地影响产品质量。经营理念的提炼、管理经验的总结都需要员工的积极参与。管理规章和标准的贯彻执行更需要员工的严格自律和习惯养成。只有充分激发和调动员工参与质量活动的积极性、主动性和创造性，才能使他们为提高和保证质量发挥其才干，才能使员工的个人目标与单位的目标、事业发展的目标相一致，才能研制、生产出顾客满意的产品。

贯彻这一原则，就需要让全体员工参与制定质量方针和目标，有针对性地对全体员工进行质量管理知识和岗位技能的培训，努力增强全体员工的质量意识和参与质量管理的主人翁意识和责任感，增加员工的技能、知识和经验，使每个员工理解自身应有的贡献和其角色的重要性，知道对质量做出贡献将得到的益处，了解对自身相关质量行为的约束，懂得自身的质量职责和权限及对于可能出现的质量问题应负的责任，建立员工的沟通渠道，使员工能够将意见和建议及时向有关领导或管理人员反映，开展形式多样的群众性质量管理活动。

6. "责任、权限和利益相符合"的原则

质量管理最为关键的是建立健全质量责任制。质量责任制是指为了贯彻质量方针和实现质量目标，通过建立健全对单位、部门、项目组织和岗位的责任管理体系或制度，形成并运用质量激励与制约机制，对质量职责和权限、质量考核与奖惩、产品和服务质量责任的承担和追究等进行系统化管理，从而以工作质量保证产品和服务质量的一种管理模式。

其中，质量职责是指各单位、部门、项目组织和岗位人员所承担的质量管理活动事项及其承担方式，是侧重从质量管理角度明确的部门、岗位职责的一部分。质量职权，或质量权限，是指为有效履行质量职责所需的权力及其范围。产品和服务质量责任，是指各单位、部门、项目组织和岗位人员对履行质量职责和对产品及服务质量问题、事故及其造成的损失的责任承担，包括承担的程度和方式。人们常说的质量责任包括质量职责的履行、产品和服务质量责任的承担这两个方面，通常主要是指后者。建立健全质量责任制，质量责任与其权限和利益相符合是质量责任制的核心。承担航天装备论证、研制、生产、试验、维修和使用任务的单位及项目组织都应建立健全质量责任制。这其中，关键是责任、权限、利益相符合。

在质量管理工作中，应遵循责任、权限和利益相符合的管理准则。现在比较常见的问题是，在许多单位、部门，抓责任落实主要是针对基层、针对一线人员，权力则主要在高层领导和中层管理人员手中，而利益，不论是精神方面的利益还是物质方面的利益，高层领导和机关却高于基层部门和一线人员。由于产品和服务质量最终要出于一线人员的大脑和双手，而基层部门和一线人员责任大、权限小、利益少，责权利不符，质量管理自然搞不好。

7. "激励与制约相结合"的原则

激励与制约是对立统一矛盾的两个方面。质量管理中的激励与制约形式上是对立的,目的是统一的,都是为保证和提高质量。单纯依靠激励或制约都不会取得好的结果。需要激励与制约相结合。激励方面需要建立相应的激励机制,精神激励与物质激励相结合,采用物质鼓励、表彰奖励等激励措施。制约需要制定相应的规章制度、标准规范等,实施监督检查、考核验收、责任追究等措施。

当前,在激励与制约方面最为常见的问题有两个方面:一是重制约,而轻激励,单纯强调加严规章制度、加大考核验收、严格监督检查、严格责任追究,单纯强调对基层部门、一线人员及其行为的"控制""监督""考核"等,而忽视激发基层部门、一线人员的主人翁责任感,调动其积极性和创造性。长此以往,基层部门、一线人员的精神和体能都十分疲劳,产生厌烦心理,质量管理的结果自然是事倍功半。二是不能把激励与制约有机地结合起来,没有科学、系统地制定奖励、考核、监督、处罚等一系列规章制度和标准规范,有效地把握奖励、考核、处罚等活动的时间和方式。

8. "正确处理质量与进度、效益的关系"的原则

这一原则包括两个方面。一方面,主要从主动的角度而言,可以称为"以质量保进度,以质量求效益,以质量求发展"。航天装备论证、研制、生产、试验和使用保障作为复杂的系统工程,其质量和进度都有硬性要求,一个单机产品、部件的质量不仅可能影响整个航天装备的质量,还必然影响整个航天装备研制、生产、试验的进度。通过对质量与进度关系的分析,应实施的原则是强调预防为主,实施系统策划、源头抓起、全过程控制,力争第一次就做对、做好。这样,就可以以质量来保进度,以质量来创效益,实现高质量和保进度的统一,高质量和创效益的统一,以质量求发展。另一方面,主要从被动的角度而言,可以称为"坚持质量第一"。这里,不是指在许多重要文件和高层领导讲话中提到的"坚持质量第一"的大观念,而是指较为狭义的当质量与进度、质量与经济效益的关系没有处理好,出现了在质量与进度、质量与经济效益之间只能选其一的被动局面时,必须坚持质量第一的方针和原则,即宁可牺牲进度或牺牲经济效益也要确保质量。例如,在某新型航天装备研制中发现了质量异常情况,宁可多做试验而超支经费和拖延进度也要确保消除质量隐患。

9. "过程方法"的原则

在 GB/T 19000—2016/ISO 9000:2015《质量管理体系基础和术语》和 GJB 9001C—2017《质量管理体系要求》中,"过程方法"是质量管理七项原则之一,而且是非常重要的一条。这一原则在标准中解释为:"将活动作为相互关联、功能连贯

的过程组成的体系来理解和管理时,更加有效和高效地得到一致的、可预知的结果"。GB/T 19000—2016/ISO 9000:2015《质量管理体系要求》在引言部分就运用"策划-实施-检查-处置"循环,即 PDCA 循环,来描述过程方法的模型。

在质量管理体系的标准中,明确过程是"利用输入实现预期结果的相互关联或相互作用的一组活动"。通过利用资源和实施开发、控制和管理,将输入转化为输出的一组活动,就可以视为一个过程,如项目论证、设计、制造、采购、试验、服务和相关的调研、决策、监督、评价、奖励和处罚等都可视为一个过程。一个过程的输出往往直接成为下一个或几个过程的输入。

系统管理过程,包括识别、设计、控制和评价过程,特别是这些过程之间的相互作用,称为过程方法。过程方法是建立、实施、保持和持续改进质量管理体系的最基本方法。应对每一项活动,都采用 PDCA 循环和针对风险的思维方式,对其输入、过程增值、输出加以识别和策划,对过程的流程、措施方法、责任主体及其职责和权限、保障资源、完成时间和方式、监视和测量检查点等进行系统管理,以有效利用机遇并防止发生非预期结果,更高效地得到预期结果。

产品和服务实现过程(即质量形成和保持的过程)是主线,也可称为"主过程"。相关的资源保障过程,如人员培训、财务资源提供等过程,为支持过程。相关的管理决策、计划协调、监督评价等为管理过程。也可将支持过程与管理过程统称为"支持过程"。支持过程和管理过程都围绕着产品和服务实现过程这一主线。对于航天装备的全寿命质量而言,其论证、研制、生产、大型试验、使用保障或在轨运行支持、退役支持各阶段是质量形成和质量保障过程的主线,相关的管理过程和支持过程应紧紧围绕这一主线。

这一原则强调过程,是基于"有什么样的过程,就会有什么样的结果"这样一个浅显道理,而并不是不注重结果。内涵是既重视过程,也重视结果,但首先要重视过程。要以科学、严谨的过程创造卓越的结果,基于结果的测量、分析、评价和奖惩驱动过程的改进和创新。

对"过程方法"这一质量管理原则进一步深入分析,可理解为或联系到"量化控制"、"注重细节"、"既注重过程也注重结果"、"从源头抓起"和"预防为主"等质量管理原则。

10. "系统工程方法"的原则

GB/T 19000—2008 版《质量管理体系基础和术语》国际标准中,"管理的系统方法"是质量管理八项原则之一。这一原则在标准中曾被解释为:"将相互关联的过程作为体系来看待、理解和管理,有助于组织提高实现目标的有效性和效率"。

这一条原则在最新版质量管理体系的国际标准中去掉。其主要原因是这一原则的内涵可以理解为包含在"过程方法"原则之中。

从组织质量管理体系这一角度、这一层级来讲,"过程方法"是一个十分广义的概念,"管理的系统方法"这一原则可以认为在一定程度上被包含在"过程方法"之中,或认为两者的内涵有一定的重叠。"系统工程方法"与"过程方法"有较为明显的区别是:"过程方法"侧重过程的流程、输入与输出、过程的增值等,而"系统工程方法"侧重多因素的有机组合和协调,强调管理与工程技术相融和相辅相成,强调适应牵一发而动全局的特点。

就航天装备这一类技术复杂的产品论证、研制、生产、试验、使用保障和退役全寿命而言,系统工程管理是最为主要的特征,实施系统工程是最为重要的原则,是统一航天装备大系统各方、各层级的基本原则。因此,在航天领域,"系统工程方法"应作为最为重要的质量管理方法。

"系统工程方法"这一原则的内涵是:航天装备等技术复杂产品及论证、研制、生产、试验、使用保障和退役是复杂的系统工程,其最主要的特点就是运用系统论的思想和现代项目管理理论,对其实施系统工程管理。

在航天领域体现和落实"系统工程方法"的原则,应该综合考虑航天装备整个寿命周期全部要素,以多学科、多专业的综合产品研制团队为重要的组织形式,充分利用信息化技术,强调系统策划、分解展开、综合集成、整体优化、节点控制、资源保障、逐级验收、试验鉴定、有力保障,不断总结、完善和有效实施一整套具有航天特色的工程管理方法与程序。

"系统工程方法"这一质量管理原则可分解为"从源头抓起"、"控制技术状态"、"标准化、系列化、组合化发展"、"严格遵守研制程序"、"标本兼治"或"不头痛医头脚痛医脚"等若干具体方面,以进一步深入展开理解和贯彻。其中,"从源头抓起"可以理解为一项单独的质量管理原则,理解其内涵是,管理的源头是理念,队伍的源头是领导,型号的源头是策划,产品的源头是元器件、原材料、零部件等,抓质量工作首先就是抓理念到位、抓领导责任、抓系统策划、抓基础工作。

11. "预防为主"的原则

最早期的质量管理是事后检验,但事后检验只能尽早发现质量问题,而不能避免质量问题的发生。正因如此,质量管理才进一步发展为过程控制。人们实施质量管理往往是等出现了质量问题才去解决。这样需要花费更多的费用,占用更多的时间,而且往往保证质量的效果还不理想。预防为主的含义就是在坚持实施质量检验的同时,把质量管理重心放到质量问题的预防上,努力使质量问题根本就不发生。实施预防为主,要实施质量管理重心前移,合理配置资源并做好事前策划和过程控制,有效识别、防范和控制风险,大量的正面经验和反面教训都表明,预防是最主动、最有效、经济效益最佳的质量管理方式。

12. "技术与管理相结合"的原则

技术与管理共同决定着产品和服务质量的两个方面,彼此相互融合和相互作用,对于技术复杂的航天装备尤其如此。通常对于技术复杂产品,影响质量的技术因素与管理因素融为一体,保证和提高质量需要从技术角度和管理角度的共同努力。我国航天质量管理一个重要的经验就是技术与管理有机结合,摒弃质量管理只限于综合管理职能的认识误区和错误做法,强调管理到位和吃透技术,把技术风险识别与控制、技术状态控制、质量问题的技术归零等作为重要的质量控制手段。引进美欧航天广义质量管理的产品保证并实施再创新的一个重要特点就是专业技术与管理有机结合。

13. "应对风险"的原则

最新版质量管理体系要求的国家标准和国家军用标准,在引言部分就阐述了"基于风险的思维",把风险管理作为核心内容是最新版质量管理体系标准的重要发展变化。对于制造业的单位而言,基于风险的思维主要是指在产品开发、生产、试验、服务保障和经营管理等各方面,在正向考虑如何利用机遇以实现预期正面影响的同时,还要反向考虑如何减少风险,即识别和控制可能出现的各非预期的负面影响。基于风险的思维对质量管理至关重要,应能够确定可能导致质量管理和产品实现过程偏离策划结果的各种因素,以采取预防控制措施,最大限度地降低负面影响,并最大限度地利用出现的机遇。航天装备的论证、研制、生产、试验和服务保障具有技术复杂、协作面广、投入经费多、进度紧、质量要求高等特点,因此,面临着远比一般工业产品和服务高得多的技术风险、质量风险、成本风险和进度风险。

航天装备实物及服务保障过程质量控制的一个核心就是与潜在故障做斗争。基于风险的思维需要贯彻到航天装备全寿命各阶段及质量管理各层面,强调风险识别、分析和控制的系统性、科学性、全员性和主动性,强调采取预防为主和问题导向相结合的工作思路,强调从针对已发生问题的"救火"到对潜在问题的"防火"。为此,应高度注重识别和应对航天装备全寿命各类风险,尤其是对技术风险、质量风险,采取应对风险和利用机遇的措施,从而为防止不利影响、提高质量管理成熟度、实现改进和创新结果奠定基础。

对技术复杂的产品而言,主要风险来源于没有吃透技术的技术风险,或者首先是技术风险,并由于技术风险进一步导致进度风险、成本风险和质量风险。要正确认识技术创新与防范技术风险的辨证关系。在预先研究中,应勇于大胆探索,不怕失败。航天型号研制是国家投入大量人力、物力的工程,从政治、军事、经济和社会发展等各方面都不允许失败或失败不起。这时,研制任务失败不是单纯的技术问题,更不是可以原谅失败的技术探索。因此,技术原因导致失败就是严重的质量问题,应构建技术风险控制体系,包括技术风险控制的组织管理体系、方法体系、标准规范体系、信息数据基础平台等,严格控制技术风险,选用较为成熟的技术,强调吃透技术,充分识别、分析和验证设计、工艺、制造、操作、软件、元器件、原材料、外购外协、设备等方面的风险,确定技术风险识别和控制流程、措施、责任及相关资源保障,努力简化设计方案,严格控制技术状态,把与故障作斗争进行到底,不放过任何技术隐患。

这一质量管理原则可从进一步分解为"简化设计"、"吃透技术"、"与故障作斗争"、"不放过任何隐患"和"不能忽视小概率危险事件"等若干方面,或称为若干具体的质量管理原则加以深入展开理解和贯彻。其中,"不能忽视小概率危险事件"是从"墨菲定律"得出的质量管理原则。"墨菲定律"揭示了为什么不能忽视小概率事件的科学道理。它忠告人们:在事前应该尽可能地想得周到、全面一些,采取多种保险措施,保持警钟长鸣,发挥警示职能,消除麻痹大意思想,克服侥幸心理,重视小概率事件,确保质量意识时刻不能放松。

14. "注重质量保障能力建设"的原则

航天装备的任务是大规模集团作战,需要"大军未动,粮草先行",否则型号研制队伍将是"巧妇难为无米之炊"。航天是高科技,没有相应的科技保障能力,很难保证产品和服务质量。也就是说,在落后的技术保障和不足的资源保障基础上,几乎不可能研制生产出先进的航天装备,更不可能保障航天装备的高质量。航天装备任务的完成首先必须在工作设施、技术基础、经济投入等方面形成与之相适应的保障能力,尤其是质量管理、产品保证、标准化、计量等方面的技术保障能力。需要在型号任务之前进行基础保障能力建设的布局和实施。

15. "数据说话"的原则

全面质量管理的一个重要特征就是把统计技术应用于质量控制。它要求尊重客观事实,掌握变动情况和趋势,实施量化控制和量化评价。数据信息与自然资源、财务资源、人力资源统称为现代社会发展的四大资源。科学的决策、深入的分析、精细的控制、客观的评价和有效的监督都是建立在客观、充分、及时的数据支持基础上的。

在老版质量管理体系标准中,"基于事实的决策方法"是质量管理八项原则之一。这一原则在标准中曾被解释为:"有效决策建立在数据和信息分析的基础上"。在最新版质量管理体系标准中,"循证决策"是质量管理原则之一。这一原则在标准中被解释为:"基于数据和信息的分析和评价的决策,更有可能产生期望的结果"。该标准中阐述:"决策是一个复杂的过程,并且总是包含某些不确定性。它经常涉及多种类型和来源的输入及其理解,而这些理解可能是主观的。重要的是理解因果关系和潜在的非预期后果。对事实、证据和数据的分析可导致决策更加客观、可信"。简而言之,科学有效的决策应建立在数据和信息分析的基础上。从语言表述上,"循证决策"不如"基于客观数据信息的决策"便于理解。

决策付诸实施后,还要注意收集实施后的数据和信息,对决策进行评价,以发现决策实施后出现的新问题。数据在更多的时间和情况下是支持日常质量控制的,即科学量化的控制就是基于数据信息的控制。在质量管理中,应用真实的数据反映客观事实、描述客观事实,可以更好地分析问题、解决问题。航天装备作为技术复杂的产品,由众多研制、生产、试验和服务保障单位配合协作,其间数据管理至关重要,需要把航天装备全寿命各阶段、各方面、跨单位与质量相关的数据管理实施系统性的策划和控制,把数据的收集、存储、传递、分析、共享和知识挖掘作为质量管理的基础工作并加以系统性地策划和管理,加快质量数据信息系统的集成化、数字化、网络化建设,运用客观、量化、实时采集的数据来科学、精准地控制质量参数和证实质量状况,深化产品数据包管理,以进一步强化精细量化的过程质量控制。随着信息技术的发展,应将大数据、云计算、"互联网+"等现代信息技术应用于研制、生产、供方管理、试验、服务保障等方面,提升航天产品全寿命质量数据信息管理能力,强化表征质量特征数据的客观证据可追溯性和对外证实。

16. "相关方共赢关系"的原则

老版质量管理体系标准中,"与供方互利的关系"是质量管理八项原则之一。在最新版质量管理体系标准中,"关系管理"是质量管理原则之一。这一原则在标准中被解释为:"为了持续成功,组织需要管理与有关相关方(如供方)的关系",并强调"对供方和合作伙伴网络关系管理尤为重要"。这一原则体现在以下两个方面。

(1)与供方和合作伙伴共赢。对于产品研制、生产、试验的组织而言,供方、合作伙伴提供的产品和服务直接影响着本组织产品和服务的质量和经济效益,甚至影响着本组织发展战略的实现。本组织与供方、合作伙伴构成利益共同体,相互依存,其互利的关系可增强各方创造价值的能力。因此,本组织应推动和帮助供方、合作伙伴提高产品和服务质量,降低成本,努力实现共赢。

第2章　航天质量管理体系的概念和模型及原则

航天装备的研制、生产、试验和服务保障是系统工程,自顶向下地按研制项目层级构成研制生产特有的供应链系统,是各相关单位为了一个目标团结协作、共同努力。航天装备技术性能高、质量高,各相关方在技术发展、经营效益等多方面都受益,是共赢的结果,反之一损俱损,不存在你赢我输的情况。因此,应把与供方和合作伙伴共赢作为一项原则,而不能只考虑己方利益。在我国航天工程中有一句"有压力共同分担,有困难共同解决,有余量共同掌握"就是强调在大系统之间要密切协作,追求与供方和合作伙伴共赢。

(2) 兼顾各相关方利益。质量管理体系国际标准和通过各国各地区质量奖风靡全球的卓越绩效模式标准都明确,任何组织的运行都主要涉及投资方、顾客、员工、供方和合作伙伴、社会这五个方面的相关方,称为"五大相关方"。一个组织欲想圆满地实现目标或完成任务,就必须充分识别各相关方,知悉各相关方与本组织关系、各相关方之间的相互关系,充分掌握各相关方的需求和期望,确定和排序需要管理的相关方关系,与有关相关方共同收集、共享信息、专业知识和资源,适当时与有关的相关方实施共同改进,兼顾和平衡相关方的利益,而不是以牺牲部分相关方利益来换取另一部分相关方的利益,为各相关方创造平衡的价值,实现和谐共赢。

航天装备研制、生产、试验和服务保障的各相关方构成一个命运、利益共同体,其相互关系是共赢或一损俱损的性质,必须兼顾各相关方的利益,不应以牺牲顾客利益来换取员工利益,也不应以牺牲员工利益来满足顾客利益,追求"零缺陷",确保质量,尤其是确保研制生产任务一次成功,就是兼顾各相关方最主动、最有效的方式。

17. "质量经济效益"的原则

产品和服务质量直接和间接影响着研制生产单位和顾客及其他相关方的经济效益。航天装备作为国家战略性的高科技产品,其直接和间接经济效益尤其巨大。这一原则体现为以下四个方面。

(1) 注重质量经济性。产品和服务的质量水平及其对经济效益的影响可以用货币的形式进行反映和评价。也就是说,经济指标就是一种质量水平的"晴雨表"。而且,这一"晴雨表"是以各相关方最为关注、共同使用的语言——"货币"金额来表示的。运用质量经济性数据反映质量问题和质量效益,"用货币表征质量"(或简称"货币表征")就是一条质量管理原则。质量与成本、价格、收入、利润或经济效益(包括直接和间接经济效益)等经济性的概念有着密切的、直接的联系。因此,应该高度重视和科学分析产品和服务的质量对经济指标的影响。航天装备作为国家和顾客战略性的高科技产品,其研制、生产、试验和服务保障必须高度注重质量经济性,如设计方案的经济可承受性、全寿命周期成本(LCC)、研制生产质量成本、质量与价格、质量与间接经济效益等。

(2)落实保障质量的财务资源。开展质量策划、质量控制、质量保证、质量改进和质量监督等方面的活动,就需要在人员、基础设施、工作环境、技术和管理活动等方面投入相应的资金,否则质量管理就成为"无米之炊"。这些资金是实施质量管理、建立质量管理基础能力的基本条件。对于航天装备,无疑在经费上的质量投入比例要远远高于一般简单产品。

(3)优质优价。质量与价格之间有着密切的联系,正确处理好两者的关系,相互促进,从而达到通过提高质量来提高价格和增加收入。优质优价是市场经济中应该遵循的基本原则,是最为重要的质量政策导向。多年来,我国航天领域实行计划经济管理体制,至今没有完全实行优质优价。航天产品的价格没有完全与质量挂钩,传统的计划经济体制下,部分订购项目主要采用成本加一定比例的利润为价格。这样,有时质量有问题,反而通过设计更改、重做试验、返工、报废等增加成本,从而提高价格。实行优质优价的原则,就是要废除成本加一定比例利润来计算研制费用和订购价格这一违反质量效益规律的价格计算方式。

(4)追求效能与寿命周期成本之比最大化。效能与寿命周期成本之比,简称"效费比",对于技术复杂和使用期长的产品而言,就是质量指标,而且是综合权衡功能性能(含通用质量特性)、经济可承受性的指标,尤其是从最终使用者这类顾客的角度来考虑的质量指标。实施这一原则,就是要产品研制生产单位从最终使用者的角度,来研制和提供买得起、用得起的产品,从而综合、全面地适应最终使用需求。可见,这一原则非常适用长寿命的航天装备研制、生产、试验和服务保障。

18. "确保一次成功"的原则

20世纪80年代由原国防科工委发布的《军工产品质量管理条例》,在整个国防工业领域提出了"一次成功"的理念。这是周恩来总理提出的"十六字方针"中"万无一失"的同义词。

零缺陷的理念和系统工程管理的性质,决定着航天装备研制、生产、试验任务的质量目标永远是:一次成功。这一目标不仅是对大型试验和飞行任务,而且应该分解为:方案论证一次通过,设计评审、确认、验证一次通过,生产检验一次合格,总装测试一次通过,大型试验一次成功,管理工作一次做好等,即第一次就把型号研制生产和试验及其管理的各方面工作做好,以工作零缺陷保证产品零缺陷,以部件、单机和分系统零缺陷和过程零缺陷保证型号任务一次成功。

19. "变'救火'为'防火'"的原则

在航天领域,对于解决已经出现的质量问题,常被比喻为"救火",预防可能发生的质量问题被比喻为"防火",两者之间有着密切的联系。"救火"不应只是就事论事,更要从中分析和发现"着火"的原因,提出和实施"防火"的措施,正可谓"吃一堑长一智""失败是成功之母"。质量问题归零管理一方面是对已发生的质量问题"救火";另一方面是对可能发生的质量问题"防火",即通过"举一反三"防止类似问题的重复发生。这是变事后质量问题处理为事前质量预防的科学方法。遵循这一原则,就是要在解决已经发生的质量问题时,分析和发现出现质量问题的原因,并采取相应的技术和管理改进措施,以防止再发生同类质量问题。

20. "改进、学习和创新"的原则

持续改进是一个组织生存与发展的基本方式。学习是提升核心竞争力的主要途径。创新是富有意义的变革,是持续改进、重大突破,乃至颠覆性创造的主要方式。这一原则体现为以下三个方面。

(1) 持续改进。老版质量管理体系标准中,"持续改进"是质量管理八项原则之一。这一条原则在多版质量管理体系的国际标准中得以保留。在最新版质量管理体系标准中,"改进"是质量管理原则之一,对其概述为:"成功的组织持续关注改进"。有一句流传广泛的名言:"产品和服务质量没有最好,只有更好",其内涵就是要持续改进。这就需要在日益复杂的动态环境中持续满足相关方需求,尤其是顾客需求和期望,并有针对性地采取纠正和持续改进措施。对于航天装备,一方面是不可能一下子就使其技术、质量达到顶峰而没有改进空间;另一方面是使用需求和相关科学技术时刻在发展变化,需要不断改进技术性能和质量指标及其管理方式。

(2) 问题导向。为满足质量要求实施的正向质量管理,虽然比较全面、系统,但往往缺少针对性,有效性较差。之所以发生质量问题,一定在管理和(或)技术的一个或多个方面存在质量管理薄弱环节和质量隐患。实施质量改进的重要方式就是从已经发现的质量问题入手,带着问题学习和思考,针对问题改进,但又不局限于就事论事式的分析和局部改进,而是应刨根问底式地深入挖掘在管理体制、组织结构、责任落实、技术手段和方法、过程控制、资源配置等方面质量问题的产生原因,并针对这些问题原因采取有针对性的措施。把从需求的正向导向和从问题出发的负向导向有机结合,必然会大大提高质量改进的效益和效率。

(3) 学习和创新。在日益复杂的动态环境中,持续满足相关方需求,并针对各相关方需求和期望采取不断的创新行动,这无疑面临着挑战。为此,需要将学习与工作密切结合，不断地、主动地学习，从书本知识中学习，从工程和管理工作实践中学习，从竞争对手和标杆典型事迹中学习，创立学习型组织。

创新是对产品、服务和过程的富有意义的变革，能为单位带来新的绩效，为各相关方创造新的价值。创新不仅仅局限于研究开发部门的技术和产品的创新，管理创新也很重要。管理创新包括：思想观念、组织机构、运行机制和业务流程等多方面的创新。应当使创新成为学习型组织文化的一部分，促使员工勇于参与，有效利用组织和员工个人所积累的知识，进行产品和服务、技术和管理创新。面对需求迅速膨胀、相关科学技术飞速发展的重大机遇和严峻挑战，需要在管理体制机制和工程技术等方面适时、主动地实施重大管理变革、颠覆式技术创新及质量管理创新，以应对风险和迎接挑战。

在航天领域质量管理相关的观念、技术、管理等方面，学习和创新的需求和任务都十分繁重，应当把学习作为日常工作中最重要的一部分，善于从成功经验和失败教训中学习，不断地，甚至是跨越式地实施观念创新、管理创新和技术创新，建设学习型、创新型组织，以提升质量保证能力和质量竞争力。

第3章 航天质量管理体系的一般要求和特色做法

3.1 构建航天质量管理体系的思路和方法

如何进行质量管理体系构建的整体策划,或称为设计质量管理体系,是质量管理体系建设的首要问题。最新版的 GB/T 19001—2016 标准和 GJB 9001C—2017 标准的第 4 章"组织环境",不是阐述质量管理体系某个要素,而是阐述一个单位如何从正确认识自身及其外部和内部影响因素、各相关方的需求和期望出发,确定质量管理体系的范围,从总体上明确运用过程方法建立、实施、保持和持续改进质量管理体系的要求。GB/T 19001—2016 标准/GJB 9001C—2017 标准第 6 章中"应对风险和机遇的措施"和"变更的策划"两小节,也不是阐述质量管理体系某个要素,而是与第 4 章结合阐述如何在构建质量管理体系时应对风险和机遇及必要的变更管理,并在阐述中将这两部分相联系。因此,在考虑构建质量管理体系方案时,应将标准中的这两部分结合在一起,以更加明确根据自身的变化或承担航天产品和服务任务的变化而对质量管理体系进行变更时,进行影响分析、风险评价、组织调整、控制活动等。

航天任务的承担组织应按照零缺陷的理念、系统工程理论方法和精细量化控制的总要求,运用过程方法,打造航天质量管理体系升级版,努力构建追求卓越并具有航天特色的质量管理体系。

3.1.1 自身和外部环境

承担航天任务的组织建立质量管理体系,首先应站在国家利益至上、履行国家使命和社会责任的角度,而不能只站在自身利益、眼前利益的角度来考虑质量管理体系建设方案。两个航天集团有限公司及其所属单位建立质量管理体系,应秉承集团公司中长期战略和追求世界一流的发展目标,明确自身的使命、愿景和价值观所体现的内涵,全面系统地认识、理解和分析影响自身发展及实现质量管理体系预期结果的各种外部和内部因素,将其作为构建质量管理体系的最重要依据,确保质量管理体系建立和实施与本单位的宗旨、战略方向和目标相一致。

建立质量管理体系应考虑的外部因素包括:

(1) 国家、上级主管部门、集团公司相关的法律法规、方针政策、战略规划、管理规章、经济投入等;

(2) 国内国际航天发展的机遇和风险,包括承担型号任务、开展国内国际合作的机遇和风险;

(3) 市场构成和细分、市场需求和市场变化,在行业内或市场中的竞争地位,当前顾客和潜在顾客的需求、期望和差异点,与顾客的沟通机制,顾客满意和顾客忠诚程度,竞争对手的情况;

(4) 国际、国内相关专业技术理论的发展、技术创新方式和机制的变化以及为本单位及其产品和服务的发展带来的机遇和风险,尤其是现代制造技术、现代信息技术,包括数字化、网络化和智能化的发展;

(5) 参与的航天工程任务背景,航天工程或型号项目的要求,上层和下层、上游和下游产品和服务的情况,产品和服务在航天系统工程中的角色和地位;

(6) 供方与合作伙伴的关系及其满足自身当前和未来发展的情况,包括技术能力、经济实力、诚信、创新能力、行业地位等方面的现状和发展趋势,直至供应链整体的构建和运行情况;

(7) 国际、国内及地区的文化、社会和经济因素等;

(8) 需要的自然资源及其可获得的情况。

建立质量管理体系应考虑的内部因素包括:

(1) 科研生产和经营的范围、规模、员工数量和构成比例、地理位置和占地面积、产品和服务品牌等基本情况及可预期的变化;

(2) 特色文化体系,包括本单位的使命、愿景和价值观及质量理念、质量方针、质量管理原则被员工的认同和理解程度、贯彻落实情况,质量文化氛围营造情况;

(3) 内部管理体制、激励与约束相结合的运行机制,包括管理规章、机构和岗位设置、绩效评价指标体系、组织治理(内部审核监督,如财务审计等)、风险管理、信息披露等方面的情况;

(4) 战略发展理念、目标、规划及展开落实情况;

(5) 产品和服务在航天工程中的功能定位和产品层级,产品和服务在技术水平、质量水平、经济效益、顾客满意程度等方面的现状和前景;

(6) 员工的责任意识、知识和技能、年龄构成及员工的满意度及其发展变化趋势；

(7) 掌握的信息、知识和技术，包括掌握的市场和竞争对手的信息、知识产权、管理经验和知识；

(8) 已有设备和设施满足当前和未来型号任务能力的情况，尤其是数字化、网络化、智能化建设程度；

(9) 财务经费的来源渠道、对科研生产和经营的保障程度、预算管理体制运行情况等。

设计质量管理体系应考虑过程、现状和战略方向和相关信息，对这些内部和外部因素的相关信息进行监视和评审。

深刻识别和系统分析各方面的风险和机遇，是设计质量管理体系的关键。理解和分析外部和内部因素，既需要充分考虑已有的条件、能力和机遇等正面要素，也需要充分考虑差距、瓶颈和风险等负面要素，并应使两方面密切结合。对此，可应用"优势-劣势-机遇-挑战"(SWOT)分析矩阵等方法，全面系统地分析内部因素和外部环境，以寻找改进、创新和发展的机会。设计质量管理体系时，应充分考虑来自内部和外部的各种风险，包括在国内外形势、政策法规、市场和顾客、供方和合作伙伴、技术、质量、经济、组织管理等方面发生重大变化的征兆及潜在风险和威胁，评审其对自身生存与发展的影响，以支持确定应对措施，快速应对国内外不断变化和发展的趋势。对此，最好采用对标对比的方式。

3.1.2 相关方的需求和期望

在讨论质量管理体系、卓越绩效模式等专题时，常常会出现"相关方"一词。相关方，对于一个组织而言，通常分为所有者、顾客、员工、供方和合作伙伴、社会五类。

(1) 所有者是投资方，航天企事业单位的所有者主要是国家及作为国家代表的政府主管部门和作为上级组织的集团有限公司。

(2) 顾客是产品和服务的接受者。航天企事业单位最重要的顾客包括航天装备采购方和使用方、军事代表机构和航天器的使用者等，如中国气象局及其相关的所属机构是气象卫星研制单位的用户，对于分系统、单机、零部件研制生产的单位而言，顾客还包括上一层级产品研制生产的单位。

(3) 员工是指航天企事业单位的员工，是一个单位生存与发展之本，包括各种编制的员工，如聘任制员工等。

(4) 供方是指产品和服务的提供者(如元器件、原材料、零部件的供方,工序协作方等),下一层级产品提供者就是上一层级产品研制生产者的供方,如对于总体单位而言,分系统研制单位就是供方。合作伙伴是指为提供同一产品和服务而相互合作的各方,如发射和测控单位就是航天器研制单位的合作伙伴。

(5) 社会是一个广义的概念,包括地方政府、社区、公众、媒体等,航天领域在全社会范围有着广泛深度影响、受到高度关注。

构建质量管理体系,就应致力于满足所有相关方的需求和期望,既能够系统、持续地改进自身的整体绩效,又为各相关方创造价值。为此,需要进行以下方面的工作。

(1) 全面系统地识别有哪些相关方,对相关方进行细分并加以明确,列出相关方详细清单,并对其实施动态管理。例如:国有企业的所有者明确为国家及代表国家的具体政府主管部门;顾客明确为订货部门、承担系统级产品总装任务的单位、最终使用部队等;员工细分为技术人员、操作工人等。

(2) 建立与各相关方沟通交流机制,充分了解、分析和确定各相关方的需求、期望、利益和顾虑,对其中矛盾之处加以协调和权衡,进一步识别相关方的关键需求和期望,确定其重要等级及优先满足次序,构建单位与各相关方共赢关系。相关方需求的识别和分析可采用价值链分析、质量功能展开(QFD)、卡诺模型(Kano model)、相关方矩阵图等分析方法。

(3) 进一步系统性地收集、梳理、分析和明确各相关方对质量管理体系、产品和服务过程及结果的具体要求,包括定性和定量的要求,并从中识别出关键要求。

(4) 对各相关方及其需求、期望和具体要求的相关信息进行监视和评审,重点关注各相关方需求和期望可能给本单位带来的风险和机遇,尤其是在各相关方战略、地位、利益、环境等方面发生变化时,对本单位及其产品和服务的需求、期望和具体要求的变化影响。

3.1.3 质量管理体系的范围

构建质量管理体系,很重要的一点就是划定质量管理体系的应用边界,即明确质量管理体系的适用工作领域和所涉及的部门、岗位。应通过一份文件,如质量手册,对质量管理体系范围加以明确、公布和保持。这一文件应描述所覆盖的产品和服务类型。如果质量管理体系标准中的要求适用于确定的质量管理体系范围,就应实施标准的全部要求。若认为质量管理体系的应用范围不适用质量管理体系标准的某些要求,就应在这一文件中说明理由,并征得重要顾客同意(如军事代表、总体单位)。如设计单位没有生产职能可对标准中生产部分要求进行删减。删减应确保不会影响产品和服务质量以及增强顾客满意的能力或责任。按 GJB 9001C 标准要求,质量管理体系范围的删减应仅限于产品和服务实现部分。

3.1.4 运用过程方法和系统工程方法确定质量管理体系及其过程

3.1.4.1 进行质量管理体系的整体设计

航天企事业单位应运用过程方法和系统工程方法,在前面所述内容的基础上,对质量管理体系进行整体设计,其主要内容如下。

(1) 体现落实上级质量管理的方针战略、管理规章和标准规范,体现落实本单位的使命、愿景、价值观和发展战略,体现落实质量文化理念内涵、质量方针和目标,体现落实质量管理体系在本单位战略发展和日常运营中的作用和定位。

(2) 落实和协调各相关方的需求和期望,尤其是以完成型号任务和满足顾客需求为首要目的,提出并实施应对风险和机遇的科学有效措施方法并形成标准规范。

(3) 适应航天产品和服务技术复杂、高风险、高可靠、高安全以及产品层级多、协作面广和系统工程管理等特点,以研制生产阶段为重点,并延伸到立项论证、运营和服务保障阶段,不仅能够满足当前型号任务的需求,而且能够面向航天新一代型号全寿命、全方位质量管理的需求。这一点尤其是对承担系统级任务的单位。

(4) 根据从事的航天产品研制、生产、试验和服务保障等任务,全面满足 GJB 9001 标准对本单位的要求。若从事军用软件或软硬件结合型产品服务、开发和维护,质量管理体系要融入并全面满足 GJB 5000 标准要求。

(5) 正确处理与上级和所属单位的质量管理体系的关系,使之能够有效履行在集团公司多级质量管理中的职能。把本单位的产品和服务过程融入航天工程或航天型号任务的大系统过程之中,实现质量管理体系要求与型号质量管理或产品保证相融合,梳理在型号任务中与其他单位质量管理体系相关过程的输入、输出和工作接口关系,参与构建和有机融入覆盖型号任务全寿命、多层级、跨组织的供应链质量管理体系。

(6) 系统梳理、确定质量管理体系各过程及其相互之间的关系,最好绘制一幅以产品和服务实现为核心过程的质量管理体系关系图,围绕产品和服务实现过程这一主线,系统策划并确定各项综合职能管理过程、资源保障过程、测量分析评价过程、改进和创新过程等过程的流程,尤其是开展梳理基于流程并面向岗位的质量管理活动和岗位职责,把产品和服务过程的质量控制要求展开、转换为对部门、岗位的质量职责。对质量管理体系及各过程均运用过程方法和 PDCA 循环,实施闭环管理。

（7）体现追求世界一流的战略目标,与先进的卓越绩效管理模式相融合,结合自身情况,引入卓越项目管理、系统工程、产品保证、并行工程、智能制造、供应链管理、精益六西格玛管理等方面国际国内科学先进的管理理念、模式和方法,系统地吸纳集团公司及本单位或同行单位工程和管理的成功经验和最佳实践。

（8）注重质量管理体系与其他管理体系,如人力资源、财务会计、保密、环境、职业健康、信息安全等方面管理体系的协调,从而既符合相关领域法律法规,又能保证质量管理体系的充分性、适宜性和有效性。

3.1.4.2 确定产品和服务实现过程

产品和服务实现过程,也可称为主过程,是科研生产和经营的主线。在最新版的质量管理体系标准中将"产品实现"一章改称为"运行"。这是因为,标准适用范围不仅是工业,还包括服务等领域。"运行"一词适用范围更广。对于航天产品和服务的提供单位,产品和服务实现过程既包括预研、论证、设计、生产、试验、采购、顾客培训、维修、重大任务保障、在轨运营服务等各类产品和服务过程,也包括外包、外协和外购过程,应对这些过程逐一加以确定。确定产品和服务实现过程的内容如下。

（1）采用绘制总流程图和子流程图的方式,系统梳理和描述产品及服务全过程以及各个子过程,确定各过程的顺序和相互关系,如工作前后衔接或上下从属关系、技术接口关系、专业支撑关系、产品协作关系、监督检查或测量评价关系等,同时,关注外部承担同一型号任务的相关过程,使本单位产品和服务过程与之相互协调。

（2）充分理解和识别各相关方对产品和服务各过程的具体需求和期望,首先理解顾客对产品和服务各过程具体、明确的要求。

（3）充分认识产品和服务各过程的内部和外部影响因素,尤其是人力资源、技术储备、经费保障、设备和设施、时间限制、接口关系、经验教训等,不仅考虑正向有利因素,更应考虑负向风险因素,落实和展开质量管理体系整体设计中应对风险和机遇的措施。

（4）结合产品和服务的特点,采用绘制流程图和表格化的方式,系统梳理和描述产品及服务实现的各过程流程,确定各过程的标准规范和具体要求等输入、采取的技术和管理措施、相关岗位责任和权限、人力资源安排、经费金额及其来源、设备和设施使用、时间节点、完成标志及判定标准、期望的输出及其接受者等。

第3章 航天质量管理体系的一般要求和特色做法

（5）展开和细化来自顾客和型号总体的产品及服务质量要求或产品保证要求，确定和落实组织自身的质量控制要求，确定各过程的质量控制文件依据、质量控制工作项目、负责和参与的部门和人员、质量控制方法和质量控制点、相应的质量记录及其管理要求、质量考核节点和考核指标及方式、质量监督检查等，并将质量保证或产品保证活动嵌入产品和服务主过程。

（6）充分考虑产品和服务过程实施数字化设计、创客设计方案招标和评选、异地协同和并行工程、虚拟制造、仿真试验、供应链保障、物联网保障等技术创新和管理创新对过程识别、设计和控制所带来的新问题和新要求，研究和应用相对应的过程控制方法。

（7）高度关注各过程的特殊要求，并形成详细的控制文件，建立并有效运行过程量化且实时的监控系统、多种介质组合构成的过程记录和证实系统，确保过程得到全面有效控制，使过程受控情况能够得到精细测量，及时追溯和充分证实。

（8）确定和应用对各过程及其节点进行监视、测量、分析和评价所需的准则、方法和绩效指标，对过程实施有效监控、科学评价和持续改进，必要时实施流程再造或重新设计过程。

（9）根据合同要求，接受顾客对过程的质量监督。

在梳理、确定、展开和细化产品和服务过程中，可运用工作分解结构（WBS）、质量功能展开（QFD）、系统图等方法。

3.1.4.3 确定管理过程和支持性过程

除了产品和服务实现过程，过程还有管理过程和支持性过程。将其进一步分为综合职能管理过程、资源保障过程、测量分析和评价过程、改进和创新过程等几类，具体讲，包括方针战略制定和展开、企业文化建设、质量管理（含产品保证能力建设）、人力资源管理、财务管理和资产运营、技术管理（工艺、计量等）、设备和设施管理、信息管理、文件档案管理、科技成果和知识产权管理、保密管理等过程。管理过程和支持性过程围绕产品和服务实现过程这一主线。由于资源管理起到对产品和服务实现的支持作用，最新版的质量管理体系标准将"资源"一章名称改为"支持"。

在确定质量管理体系及其过程时，应对管理过程和支持性过程逐一加以确定。其具体内容如下。

（1）把使命、愿景、价值观及质量文化理念内涵、质量方针和目标等逐一体现落实到这些过程中；

（2）充分理解和识别各相关方对这些过程的具体需求和期望，符合、适应和努

53

力超越上级对这些过程的要求和期望,尤其是战略规划、工作计划和管理规章中的明确要求;

(3) 充分认识这些过程的内部和外部影响因素,包括正向有利因素和负向风险因素;

(4) 确定这些过程对产品和服务实现过程的职能管理、资源保障和测量分析的关系,系统梳理这些过程之间的相互关系;

(5) 高度关注与上级、顾客和合作伙伴的相关过程及型号项目相关过程,使这些过程与其相互协调;

(6) 采用绘制流程图和表格化等方式,系统梳理和描述这些过程流程,确定各过程的输入、工作内容、岗位责任和权限、资源保障、考核指标、输出及其接受者等;

(7) 高度关注各过程的特殊要求,并形成详细的管理文件,实施规范化管理;

(8) 运用过程方法,定期实施测量、分析、考核和评价,尤其是实施 PDCA 循环,实施闭环管理和持续改进;

(9) 针对新问题和新要求,学习、研究和运用相关的先进管理理论方法和科学技术手段,大胆实施技术创新和管理创新;

(10) 注重经验教训的积累和知识提炼,提升对产品和服务过程的综合管理、资源保障、专业支撑的能力,提升质量保证能力和质量竞争力;

(11) 建立和有效运行记录管理系统,全面、系统、及时、规范地收集、传递、运用和保存过程记录,并按规定向单位外部提供有效证实。

3.1.5 质量管理体系文件的管理

3.1.5.1 运用系统方法构建质量管理的文件体系

构建质量管理体系一个重要的方式和载体就是建立健全质量管理的文件体系,即运用系统的方法来编制和管理质量管理文件,用文件来规定和表征质量管理体系。质量管理体系文件的范围应能够覆盖质量管理体系的全部要素和各相关过程。质量管理文件体系应层次分明、相互衔接、有机结合,不应覆盖面不全、零散、相互重复,甚至相互矛盾。正所谓,质量管理体系文件化和质量管理文件体系化。通常质量管理体系文件包括:

(1) 质量手册;

(2) 质量管理的红头文件、规章制度、程序文件、标准规范、作业文件、工程手册等管理和技术文件;

(3) 确定应执行的质量法律法规、上级规章制度、标准和规范等;

第 3 章　航天质量管理体系的一般要求和特色做法

（4）产品和服务质量记录、过程控制记录、内部审核记录、考核评价记录、资源保障的数据和信息等证实性文件。

在质量管理体系的文件体系中，质量手册是纲领性文件，是对外部质量承诺的文件，也是进行质量管理体系审核、认定和认证的重要依据。最新版的质量管理体系标准中，不要求一定要编制质量手册。这是由于质量管理体系标准对象范围越来越广，对于一些以前没有进行质量管理体系建设的小企业而言，编制质量手册可能要求过高了。而航天领域的单位，建立健全质量管理体系，应不断完善质量手册。质量手册的内容通常包括：

（1）质量管理体系的范围，包括对质量管理体系标准内容任何删减的细节和正当的理由；

（2）遵循的质量理念、质量管理原则和制定的质量方针、质量目标；

（3）对各相关方的需求、期望的理解和对各相关方的质量承诺；

（4）对组织结构的描述，包括质量管理、质量检验、可靠性试验等质量部门或机构和质量相关专业专家组织的介绍；

（5）质量责任制，包括各主要岗位、部门的质量职责、权限和对产品及服务质量的责任承担与追究方式等；

（6）制定和引用的质量管理及产品保证、软件工程化等领域的红头文件、规章制度、程序、标准规范、作业指导书、工程手册等构成的质量文件体系表和文件清单；

（7）对产品和服务过程在航天型号所处的产品层级和全寿命阶段定位及职能作用的表述，对产品和服务过程、管理过程和支持过程等质量管理体系过程及过程之间的相互作用的表述；

（8）质量管理体系建立、保持、改进的主要活动和方法的简要介绍等。

质量管理体系文件的介质采用纸质、电子版、多媒体都可以，各有优越性。近些年，电子版、多媒体的质量管理文件所占比例越来越大。建立质量管理文件体系，要防止两个极端：一是残缺不全、过时无效、无章可循；二是文件照抄照搬、过于庞杂、无法操作。应编制质量管理文件的体系表和目录清单索引表，并对其实施动态管理。其中，质量管理文件体系表的框架结构按质量管理文件的层级和专题构建，并注明文件类型、编制还是引用、正在使用还是有待编制或选用。质量管理文件目录清单索引表应给出现行有效的所有质量管理文件的名称、类型、发布机构、编制年代、获取全文的渠道和方式等。

3.1.5.2 实施严格规范的文件控制

实施质量管理体系文件控制，应建立文件管理制度，对文件的编制、审批、发布、提供、保持、使用效果评价、修改、废止、存档和销毁实施规范化管理，确保科研生产和服务现场从事产品和服务的人员获得所需的、现行有效的质量管理体系文件。具体讲，对质量管理体系文件应进行以下控制：

（1）文件发布前，进行充分沟通，征求相关方意见，进行必要的试用和评审，得到批准；

（2）设计文件、工艺文件、研究试验文件的签署分别符合相关标准的规定，确保图样和技术文件按规定进行审签、工艺和质量会签、标准化检查，落实签署人员的职责，保存会签中意见和建议及所采取措施的记录；

（3）明确文件更改标识、审批、分发、实施和保持的要求，并保留文件更改记录，确保文件的更改和现行修订状态得到识别；

（4）确保在使用现场可获得适用文件的有效版本；

（5）确保文件保持清晰、易于识别；

（6）确保质量管理体系所需的外来文件得到识别，其分发受控制；

（7）充分考虑多媒体文件新介质的特点和要求，确保三维数字样机、图样和技术文件协调一致，现行有效；

（8）符合型号和货架式产品研制生产和试验的产品数据包的要求；

（9）使本单位质量管理体系文件、记录与航天型号质量文件相协调，确保型号质量要求能够通过本单位的质量文件和记录得以落实和反映；

（10）对文件进行修订、更改需进行评审，并再次获得批准；

（11）对于需保留的作废文件进行适当的标识，以防止作废文件的非预期使用；

（12）规定产品和服务质量形成过程中需要保存的文件，并按规定归档。

3.1.5.3 实施全面、系统、及时的记录控制

记录既是支持控制的信息，也是实施质量保证证实的依据。应建立记录体系，从而为产品和服务符合要求及质量管理体系有效运行提供证据，并在相应的文件中对记录的标识、储存、保护、检索、保留和处置做出规定，使之得到有效控制。记录控制应与航天产品数据包工作有机结合，融入质量信息系统建设和运行工作。记录控制的主要内容如下。

（1）记录应保持清晰、易于识别和检索；

（2）记录应能提供产品和服务实现过程的完整证据，并能清楚地证明产品满

足规定要求的程度；

（3）符合型号和货架式产品研制生产和试验的产品数据包的要求；

（4）根据产品和服务及其科研、生产、试验过程的特点，明确和落实多媒体文件及记录等新介质的特点和要求，尤其是对不可测试的关键控制点和不能用文字、数值记录的关键、强制检验点，采用照相、摄像等方式进行记载；

（5）对实施表格化管理的项目，表格内容的填写完整、真实、准确，有量化要求的填写实测数据，表格签署完整；

（6）记录的保持时间应满足顾客要求和法律法规要求，与产品寿命周期相适应；

（7）对供方产生和保持的记录应提出并落实控制要求。

3.1.6 质量管理体系的变更

当市场需求、型号任务、技术领域、使命和职能定位、组织结构、产品和服务提供范围、质量管理体系覆盖的场所等外部环境和内部因素发生重大变化时，应及时考虑确定是否需要对质量管理体系进行变更。系统地实施质量管理体系变更的策划和管理，以确保变更后质量管理体系的完整性。其具体内容如下。

（1）分析变更的必要性和合理性，确定是否实施变更，明确变更的目的；

（2）分析变更的可行性和资源需求，确保变更的资源可获得性；

（3）建立变更控制管理流程，系统策划和有效控制体系及各过程、要素的变更；

（4）对变更应进行风险和影响性分析评价，明确变更的潜在后果，防止变更引发非预期的负面后果；

（5）及时与顾客和其他相关方就变更事宜进行沟通，对顾客提出的质量管理体系特殊要求在变更措施中做出安排，确保变更后能够满足顾客及其他相关方需求和期望，并及时将变更情况告知顾客及其他相关方，包括质量管理体系认证机构；

（6）建立、执行与产品和服务过程有关的变更控制系统，对产品和服务各环节及影响要素的相关变更进行评价，履行变更申请和审批程序；

（7）按变更策划、相关程序和批准的变更方案，实施机构调整、流程优化、责任和权限的分配或再分配、资源分配调整等变更事宜；

（8）记录并保存变更信息，对变更实施监督检查和效果评价，实施变更闭环管理。

3.2 领导者的作用

领导者的作用在各版质量管理体系要求标准中,都摆在重要位置。有些单位的最高管理者认为,质量管理体系建设只是一项质量管理基础工作,而且还是有效性不高的一项工作。没有认识到,质量管理体系有效性不高的主要原因或者首要原因就是最高管理者自身的质量意识不强,质量管理能力不够,其本身就想以走形式的方式来开展质量管理体系建设,或没有找到适合本单位提升质量管理体系有效性的途径。这正是质量管理体系建设的首要问题,是核心问题。

有一种说法,质量工作是"一把手工程"。也有一种说法,质量工作是"抓头头,头头抓"。这两句话很有道理。一个组织质量管理体系是否健全,是否有效,首先取决于最高管理者的质量意识和质量管理能力,有时也可以说,取决于最高管理者对于解决质量难题的决心、毅力和管理艺术。没有最高管理者的亲自参与和大力推动,就没有真正有效的质量管理体系。

3.2.1 最高管理者的卓越领导作用

GB/T 19000:2016/ISO 9000:2015《质量管理体系基础和术语》标准中明确最高管理者是在最高层指挥和控制组织的一个人或一组人。GJB 9001C—2017 标准则明确最高管理者是指组织的最高行政领导,即行政正职个人。在这里,最高管理者是指一个组织的最高行政正职领导,如研究院院长、研究所所长、工厂厂长、公司总经理等。

最高管理者应通过以下活动和方式发挥其对质量管理体系的领导作用,并证明能够代表组织对各相关方就质量管理、最终产品和服务质量、质量效益履行承诺和承担责任。

(1) 制定质量方针和质量目标、质量发展战略,明确实现质量目标的路线图和时间表,确保质量方针和质量目标能够适合内外部环境和战略方向,能够体现落实本组织的使命、愿景和价值观,能够满足所承担的航天产品和服务的需求和特点;

(2) 确定应遵循的质量理念、质量管理原则、质量行为准则等,亲自推动质量文化建设;

(3) 在决策和管理等活动中,贯彻落实法律法规、上级文件、标准规范、研制任务书和合同中的质量要求,建立健全质量管理规章、标准规范体系,在落实质量理念、质量方针和执行质量管理制度和相关标准规范等方面起表率作用;

第3章 航天质量管理体系的一般要求和特色做法

（4）所承担的航天产品和服务相关活动要贯彻以顾客为中心的原则，建立健全质量诚信管理系统，接受顾客的质量监督，确保顾客能够及时获得质量信息，包括产品质量问题的信息，确保组织的质量诚信；

（5）确保建立内部充分沟通的氛围和渠道，确保与员工及其他相关方就产品和服务质量、质量管理体系要求和质量措施等进行充分沟通，在组织内部创造有利于授权、主动参与、改进和创新、快速反应的环境，营造诚信守法的环境；

（6）建立健全质量责任制，明确和落实各岗位、各部门的质量职责和权限、质量考核方法、质量奖励与处罚、质量问题的责任承担与追究，并正确协调与型号项目领导的质量管理协同工作关系；

（7）建立健全质量管理组织系统、质量监督代表组织等，并确保其有效独立行使职权，确保单位内部任何人员有越级反映质量问题的权利；

（8）确保质量管理体系所需的人力资源、财务资源和基础设施等资源落实到位；

（9）确保质量管理体系与产品和服务实现过程密切结合，实施科学系统的风险管理，组织或参与重大质量问题归零；

（10）建立健全质量信息系统，使质量信息能够得到全面及时的收集、深入系统的分析、及时准确的传递和科学有效的运用，确保上级组织和顾客能够及时准确地获得产品和服务质量问题的信息；

（11）确定并保持与外部沟通的方式和渠道，包括与上级、顾客、合作伙伴、供方及其他外部相关方的沟通，全面、及时、准确地了解其需求、期望、要求、抱怨和变化，使之了解本组织的目的和要求、措施及效果、问题及其处理情况等；

（12）对质量管理体系的有效性和效率负责，对最终产品和服务质量、质量管理工作成效、质量保证能力的提升负责，确保实现质量管理体系的预期结果；

（13）主持召开重大质量问题分析会、管理评审，决策重大质量问题、质量事故的整改，领导形成质量管理体系的持续改进和创新机制，推动产品和服务质量、质量管理水平、质量保证能力、质量经济效益不断提高。

GB/T 19001—2016 标准/GJB 9001C—2017 标准取消了管理者代表的内容。GJB 9001C 标准增加了最高管理者在最高管理层中指定一名成员分管日常质量管理体系工作。从航天工业质量管理成功实践可以看出，质量工作应由最高管理者亲自抓，最好在最高管理层指定一名具有技术和管理能力的成员协助最高管理者分管质量工作。这里是"协助分管"，而不是代替、代表最高管理者。

3.2.2 以顾客为中心的管理和承诺

由于顾客是产品和服务质量最直接的利害相关方,如何对待顾客,如何处理直接与顾客相关的事宜,应由最高管理者亲自给予关注。因此,质量管理体系标准中才将"顾客为关注焦点"列入"领导"一章。航天产品和服务的顾客往往是国家战略发展的重要机构或国际上重要的顾客,最高管理者更应把追求顾客完全满意、顾客忠诚作为本组织追求卓越的重要内容,领导本组织通过以下活动和方式体现"以顾客为中心"的原则,履行对顾客的承诺:

(1) 识别顾客和潜在顾客并对其进行细分,确定、理解顾客的需求和期望,考虑竞争者的顾客及其他潜在的顾客和市场,满足顾客要求以及适用的法律法规要求;

(2) 促使顾客的发展规划结合有关的国家发展规划和技术发展趋势,必要时协助顾客开展立项论证,寻找为顾客创造价值的机遇;

(3) 建立并保持与顾客有效沟通的渠道和征求顾客意见的制度,通过多方渠道和多种方式倾听顾客意见,系统、量化地将顾客信息转化为工程和管理的要求和措施;

(4) 与重点顾客建立战略合作伙伴关系,维持和发展良好的顾客关系;

(5) 建立健全质量诚信管理体系,严格履行对顾客的承诺,接受和配合顾客及其代表的监督;

(6) 建立健全快速、高效的顾客投诉处理系统,确保顾客投诉得到有效、快速的解决,最大限度地减少顾客不满,并通过汇总分析顾客投诉信息发现改进和创新的机遇;

(7) 建立顾客应急保障系统,向顾客提供使用保障服务,及时处理使用过程中出现的问题;

(8) 开展科学量化的顾客满意度、顾客忠诚度测量评价,把测评结果用于改进和创新。

3.2.3 突出特色的质量文化建设

有些人认为:质量管理体系建设只是一项质量基础工作,甚至将其简单地理解为只是按质量管理体系要求标准建立一套文件并照此接受认证审核,而质量文化建设是一项锦上添花的质量工作。这样,就将两者割裂开来。在这里,质量文化是指一个组织的全体员工在质量方面所共有的价值观和行为规范及其表现的综合,包括在科研生产和经营管理活动中一系列有关质量的思想意识、价值取向、行为准则、思维方式及工作习惯等。承担航天任务的组织实施质量管理体系建设,应是建设追求卓越水准的质量管理体系,质量文化建设与质量管理体系密不可分,是融为一体的,这就需要最高管理者从顶层发挥领导作用。

近十几年来,质量文化建设成为航天领域质量管理工作的重要内容。最高管理者应作为质量文化建设的倡导者、组织者、推动者,把推进质量文化建设作为提升核心竞争力的重要方式,作为企业文化建设和质量管理工作的核心内容,领导制定和发布质量理念及质量行为准则,并努力结合工程实践不断总结提炼和丰富质量理念的新内涵,主持制定质量文化建设的实施方案,不断完善质量文化建设工作体系,并在经营决策、科研生产管理等活动中对落实质量理念和质量管理原则率先垂范。

开展质量文化建设,最为重要的是培育员工零缺陷的质量意识和严慎细实的工作作风,促使员工立足本职岗位保证和不断提高产品及服务质量的责任心,激发员工参与质量管理活动的积极性和创造力,尤其是参与质量管理小组、星级现场管理与评价、班组面向质量问题分析例会等群众性质量管理活动,系统、持续地开展质量管理新做法和新经验的总结提炼、交流推广。

开展质量文化建设,应采用灵活多样的方式,如有效开展全国"质量月"和"航天质量日"活动,编印和发布质量读物,举办质量主题活动,大力宣传质量理念、质量荣誉、先进质量事迹、质量管理知识和经验等,对内部营造浓厚的质量文化氛围,对外部宣传和树立卓越的质量形象。

开展质量文化建设,还应不断完善质量激励与制约机制,在人力资源管理、科研成果评定、成本价格核算、协作关系管理和技术改造投资等方面,充分体现质量激励的政策,把质量理念、质量方针和质量管理原则体现到相关的管理规章、标准规范之中,使质量文化建设融入科研生产和经营管理,以提高产品和服务质量为出发点和落脚点,不断提高质量管理水平和质量保证能力,确保质量文化建设工作落到实处,取得实效。

3.2.4 制定质量方针和质量战略

质量方针,就是明确本组织在质量方面的意图和方向,明确在质量方面的承诺和追求。质量方针应在质量管理体系最重要的纲领性文件中,用精炼、简洁、易记并反映特色的语言,明确阐述其涵义。质量战略,是指在质量方面的战略目标和实现这些目标的实施规划,包括明确质量提升的目标、路线图、时间表、重点项目、主要措施、资源保障等内容。质量战略既可以是一份独立的规划,也可是经营发展规划的一部分,总之,应与质量方针相协调一致,体现质量方面的目标及实现目标的规划和途径,并融入经营发展战略。

最高管理者作为一个组织的"一把手",制定质量方针和质量战略自然责无旁贷,应在使命、愿景、价值观中体现质量内涵,在发展战略和经营方针中把质量提升作为核心内容,结合所承担的航天任务的需求和特点,领导本组织贯彻落实上级的质量方针和质量战略,制定、实施和保持质量方针与质量战略。

承担航天任务的组织制定质量方针和质量战略,应当看齐世界一流航天机构和企业,落实国家航天强国和质量强国战略。

具体讲,最高管理者应确保质量方针适应本组织的宗旨和环境并支持其战略方向,为制定质量目标提供框架,包括满足对各相关方需求和适用法律法规等方面要求的承诺,也包括持续改进、不断完善质量管理体系的承诺,持续对质量管理体系的适宜性进行评审,根据环境和组织发展变化的需要对体系文件及时进行修订和再次批准发布,并保持发布和评审的记录。

制定质量方针和质量战略不是领导层成员几个人闭门造车式地苦思冥想和玩"文字游戏"。最高管理者在领导制定质量方针和质量战略的过程中,需要与广大员工进行充分沟通,并征求顾客和合作伙伴等相关方的意见,以得到理解和认可。

最高管理者应领导员工密切结合长短期规划和计划、承担的航天任务,科学、系统地展开、落实质量战略和质量方针。在适宜时,可向相关方提供、阐述本组织的质量方针。

最高管理者考虑实施卓越的质量管理体系建设,就必然要考虑把质量管理体系建设与品牌战略相结合,把品牌塑造工作作为一项战略工程,领导科学制定和有效实施以质取胜的品牌战略,把品牌作为战略性的无形资产,把质量作为品牌内涵的核心内容,开展品牌建设的顶层设计与统筹规划,健全品牌创建、宣传和维护的管理体系,塑造国内国际知名品牌。

由于长期以来航天科技工业主要实施计划经济管理,市场经营的程度不足,强化品牌管理是航天企事业单位经营管理一个较为普遍的弱项。其实航天品牌资源十分丰富,航天企事业单位应该发挥和维护"神舟""神箭""嫦娥"和"长征"等系统级产品的品牌优势,选择重点产品和服务作为品牌培植对象,实行统一、严格的品牌标志管理,开展与国内外同行著名品牌的对标,加强品牌营销管理,促进品牌建设与技术和经营发展相互融合,充分利用多种传媒手段,大力宣传产品和服务的品牌质量内涵,不断提升其知名度和美誉度,努力在国内国际塑造高技术含量、高质量形象的品牌,必要时运用行政、法律手段维护品牌形象。

3.2.5 实施质量目标管理

实施质量战略,一个重要的方式就是实施质量目标管理,包括质量目标的确定、展开、实施、监测和评价。

一个组织应该依据质量战略和质量方针,通过在内部和与相关方进行充分沟通的基础上,对产品和服务质量,质量管理体系的相关职能、层次和过程设定质量目标。质量目标应纳入经营发展目标。最高管理者应通过确定质量目标来体现在质量方面的追求和对各相关方的承诺。质量目标包括:

(1) 中长期和年度质量管理及质量能力提升目标,如员工质量管理培训目标、取得质量奖励目标等;

(2) 产品和服务的质量目标,如产品一次交付合格率、任务成功率、通用质量特性指标、技术性能满足合同要求的程度等;

(3) 顾客满意度和顾客忠诚度的目标,如顾客满意度测评指标提升、顾客抱怨投诉次数下降的目标;

(4) 质量经济效益的目标,如降低质量损失的目标等。

确定质量目标应与质量方针和质量战略保持一致,充分考虑和满足顾客及其他相关方的需求和期望,适应内部因素和外部环境的变化,确保能够提供优质的产品和服务,并与学习标杆和竞争对手进行对比,体现和落实对世界一流卓越水平的追求和零缺陷理念,具有科学性、系统性、可实现性和可测量性。承担航天任务的组织的质量目标与航天型号项目的质量目标应该有机结合,通过组织质量目标的实现,能够圆满完成所承担的航天型号任务。确定质量目标,还应该确定考核评价质量目标实现情况的准则和方法,通过与相关方充分沟通和决策程序,适时调整或更新。质量目标应该通过相应的正式文件予以发布。

应该对质量目标在相关职能、层次和过程上建立相应的分质量目标,按承担者、时间阶段等加以分解和落实,使质量目标能够从上至下逐级展开,从下至上逐级保证。其中,中长期和年度质量目标应分别通过中长期规划、计划和年度计划加以明确、展开和落实。

实施质量目标管理,在策划如何实现质量目标时就应确定:需要采取的措施和应用的方法;承担目标实现责任的相关部门和人员;需要的相关资源;质量目标实现的时间和标志;质量目标考核和评价的方式等。在实施质量目标管理的过程中,应该按计划对质量目标实现情况进行系统的评审,并根据评审结果对实现质量目标的计划进行必要的修订。可以通过绩效指标体系的确立和运行,实施对质量目标的展开、落实、监视和评价。应该保存质量目标实施和评价的记录。

3.3 健全质量责任制和质量组织系统

虽然质量责任制是一个经常应用的管理术语,但是目前尚没有一个公认的定义。质量责任制是指为了贯彻质量方针和实现质量目标,通过建立健全对组织、部门、项目团队(或型号队伍)和岗位的责任管理体系或制度,形成并运用质量激励与制约机制,对质量职责和权限、质量考核与奖惩、产品和服务质量责任的承担和追究等进行系统性管理,从而以工作和服务质量保证产品质量的一种管理模式。

在这里,质量职责是指各组织、部门、项目团队和岗位人员所承担的质量活动事项及其承担方式,是侧重从质量管理角度明确的部门、岗位职责的一部分。产品和服务质量责任是指组织、项目团队和岗位人员对产品和服务质量问题及事故造成的损失应承担的责任。人们通常所讲的质量责任,是这两部分的集合,即是指组织、部门、项目团队和岗位人员对应履行的质量职责及对产品和服务质量问题、事故及其造成的损失的责任承担。

在质量管理体系之中,建立健全质量责任制,除了树立质量责任意识,主要是指建立健全质量责任系统,即通过相关的规章制度、工作系统性地开展下列活动:

(1) 明确和落实质量职责及履行职责所需的权限;

(2) 建立质量考核指标体系并实施质量考核评价;

(3) 根据质量考核结果实施质量奖励和处罚,对产品和服务质量问题的结果承担和追究质量责任。

3.3.1 系统梳理岗位和部门承担的工作

建立质量责任制,首先需要明确各部门、各岗位的职责,而明确职责的前提是梳理流程,明确岗位和部门的工作承担,即通过梳理其承担的任务和产品特点等,进行岗位和部门的设计。在流程梳理时,应把按产品和服务实现过程、管理过程和支持过程中梳理出来的各项技术和管理工作系统性地转化为部门、岗位的工作职责,包括各项质量活动转化为部门、岗位的质量职责,明确对各项工作的领导组织、负责承担、配合参与、监督评价的责任者,并明确各部门、岗位之间的工作接口关系。这一步可以认为是建立质量责任制的第一步。

近几年,在航天科技工业的某研究院创造性地开展了"基于流程和面对岗位的质量管理",即系统梳理对产品和服务过程流程、产品层级的各项技术和管理工作,将其进行统一编码,再按岗位分类和工作的承担方式设置岗位代码,并将工作项目编码与岗位代码相对应以设置索引,在此基础上,明确各工作项目的承担者及承担方式,明确各岗位应承担的工作项目及其方法要求和责任承担。如果现行的岗位和部门的设置不能满足技术和管理工作的要求,就应对岗位和部门及时进行调整、优化,甚至重新设计。

3.3.2 确定和落实质量职责及其相应的权限

1. 确定和落实质量职责

建立健全质量责任制,一个核心就是明确、细化和落实各部门、岗位的质量职责,这是建立质量责任制的第二步,其要求如下。

(1) 覆盖产品和服务全过程,融入各相关过程,通过各项质量职责的履行,质量目标得以实现;

(2) 确定在每项质量活动相关部门和人员及各方的角色和作用,包括负责组织、配合参加、监督检查等,注重协调各部门、岗位在承担质量活动中的相互关系;

(3) 把质量职责纳入各项质量活动的工作程序、岗位工作标准、作业指导书或工作规范等,使质量职责的履行在范围、方法、时间、场所和资源等方面得到落实;

(4) 遵循责权利相符合的原则,把质量职责与工作权限、考核标准、奖惩办法、质量问题责任追究相联系;

(5) 使质量活动与其他工作有机结合;

(6) 随着部门、岗位的设置和质量活动的变化,及时调整质量职责,以保持其科学性及合理性。

2. 授予履行质量职责的职权

授予履行质量职责的职权是建立质量责任制的第三步。这也是责权利相符的原则。为科学、系统、有效地履行质量职责,应明确各部门、各岗位具有的相应职权,如在文件签署和审批、组织协调、人员调配和任免、产品检验、内部审核、质量考核等方面所享有的相应职权。分配与授予履行质量职责的职权应做到:

(1) 符合组织机构的隶属关系;

(2) 能够保证有效地履行质量职责;

(3) 与员工个人业绩、所承担的产品和服务质量责任相对应;

(4) 使各部门、岗位之间职权的范围及相互关系相协调;

(5) 形成书面文件并公布。

3.3.3 进行全方位和量化的质量考核

质量职责履行得如何,需要对其履行情况及效果进行考核和评价。这是建立质量责任制的第四步。具体讲,就是建立、保持并不断完善质量考核制度,确定质量考核的方法和程序,针对各部门、各岗位和各时间节点或任务节点,确定多层次、全方位的质量考核指标体系,按照规定的时间和方式实施全面、量化和严格的质量考核。

3.3.4 实施多种方式的质量奖励和处罚

建立健全质量责任制的第五步是依据质量考核的结果实施质量奖励和处罚。为此,一方面应建立质量奖励制度,确定质量奖励的方式和力度,对提高产品和服务质量、质量管理工作有突出贡献的部门、项目团队、班组、个人等给予表彰和奖励。实施质量奖励应采用精神奖励与物质奖励相结合的方式,建议设立质量先进科室(或车间)、质量信得过班组、质量标兵等奖项。最好设立质量奖励基金,使质量奖励的管理更加规范,并提供奖励资金来源保障。

另一方面是质量处罚。只有正向的质量奖励还不行,还必须有负向的质量处罚。在管理学界,将两者称为正激励和负激励。两者应相互对应。实施质量处罚,就是将考核结果直接与荣誉、职务和职称、经济收入等密切挂钩。否则,确定质量职责和实施质量考核就没有意义。尤其是当出现重大质量问题、质量事故时,质量考核结果应对综合考核具有一票否决的作用,这时即使其他指标考核合格,总体上综合考核也为不合格。对此,多年来我国管理学界和企业界称为"质量否决权"。

质量责任制的一个重要内容就是建立产品和服务质量责任追究制度,明确各部门、岗位对各类质量问题、质量缺陷、质量事故应承担的责任及其评定和追究的方式,如责任按其产生的性质和作用分为承担领导责任、直接责任、间接责任和连带责任等,追究的方式包括追究刑事责任、民事责任、经济赔偿责任等。确定各部门、岗位承担产品和服务质量责任应与其质量职责、权限和利益相对应,与质量考核标准、奖惩办法相对应。实施产品和服务质量责任追究及质量处罚,应在质量问题、质量事故的原因和责任清楚的基础上,追究直接责任人员的直接责任、领导者的领导责任、其他有关人员的间接责任,必要时追究相关部门、人员的连带责任。按照责任的性质,责任分为经济责任、行政责任、民事责任、法律责任等,根据有关规定采用批评教育、警告、行政处分和经济处罚等方式,以强化质量意识、改进质量管理、提高产品和服务质量。质量责任追究和质量处罚不是目的,而是为了促使保证产品和服务质量的方式和手段。这一手段不能少,不能虚,只能硬,对于具有系统工程特性的航天装备及其研制、生产、试验和服务保障过程尤其是如此。

3.3.5 建立健全质量组织系统

1. 构建质量管理组织系统的框架

建立健全质量管理体系的一个非常重要、关键的工作就是建立健全质量管理组织系统。这一系统不仅是指质量管理的职能部门，还包括质量工作的领导岗位、质量管理相关职能部门、质量管理的组织、型号质量主管人员和专职人员、质量专家组织、质量专业机构等。其中，质量工作的领导包括主管质量工作的行政正职和协助分管质量工作的副职、总质量师、型号总指挥、总师和型号分管质量或产品保证的副总师等，质量管理相关职能部门包括综合质量管理、质量检验、标准化、计量等职能部门。构建质量管理组织系统应有以下主要工作。

（1）根据组织的发展和型号任务需求，系统梳理现行质量组织系统的薄弱之处，按管理职责和工作流程系统梳理所需的领导岗位、部门和机构及其职责和人员配置，对构建质量管理组织系统进行系统策划，提出质量管理组织系统架构图，并融入组织整体的组织系统。

（2）明确提出设置质量管理相关的领导岗位、部门、机构，明确其人员配置及其职责、权限和工作接口关系。

（3）系统梳理和构建矩阵式的行政组织及其领导和部门与型号项目的领导、团队的相关职责和工作关系。

2. 科学合理设置质量部门

承担航天装备研制、生产、试验和服务保障等工作的组织应根据工作的性质和需求，设置综合质量管理、质量检验、标准化、计量等部门，也可合并设置质量部门，研究院及承担总体研制任务的组织可单独设置型号质量监督管理或产品保证部门。由于综合质量管理、质量检验、型号质量监督管理或产品保证部门等监督评价工作需要具有客观公正的性质，根据航天科技工业质量管理工作相关的历史经验和教训，不应并入其他部门，如成为科研管理部门的一部分，而应接受最高管理者的直接领导。最高管理者应确保其能够独立行使职权。航天质量管理的一条重要经验是强调设置独立的质量检验部门，即这一部门是受最高管理者或称为行政正职直接领导的一级组织机构。

设置质量部门并有效发挥其职能作用，就需要为质量部门配置相当数量、具有工程技术和管理方面知识与经验的人员，并赋予其相应的监督和处置权力。质量部门的职责、权限和与相关部门的工作接口应得以明确和落实，使之能有效组织开展综合质量管理，能深入产品和服务过程履行质量控制、质量监督和评价的职能。

有的组织质量部门的职责只限于综合质量管理,如组织编写质量管理体系文件并联系认证事宜、负责质量考核和奖励与处罚的落实、组织群众性质量管理活动等,产品质量及其过程质量的技术支持与监督把关职能放在科研生产部门等部门,而质量部门对此无权过问。有的单位不舍得把精兵强将放在质量部门,甚至给质量部门配备的人员不具有相当的工程技术知识。这样,质量部门的管理职能就虚了,其质量工作脱离了产品及其过程的质量。这也是质量管理体系"两张皮"的诸多原因之一。

质量管理部门应有以下主要质量职责:

(1)具体组织贯彻国家有关的质量法律、法规以及上级质量管理规章、文件和标准,组织制定质量管理的规章制度、企业标准,会同技术管理部门组织编制产品标准、设计和工艺规范等,并组织开展应用检查和效果评价。

(2)组织编制并监督贯彻质量方针、质量战略规划、年度质量工作目标和计划。会同相关部门,组织把质量目标逐级分解,落实到每个部门、岗位,使质量目标定量化、可检查。

(3)组织质量管理体系的策划、内部审核、自我评价等活动,协调各部门接受质量管理体系的外部审核。

(4)组织或参与制定合同中质量条款、技术评审、产品质量评审、技术状态更改控制等过程质量控制活动。

(5)参与组织质量问题技术归零,负责组织质量问题管理归零。

(6)负责建立和维护质量信息管理系统,组织开展质量问题的收集、分析、报告、反馈和利用。

(7)组织制定供方质量控制要求,建立健全供方质量监督评价制度,组织对供方质量保证能力审核。

(8)推进质量技术方法的应用,组织质量改进与创新活动,组织质量管理经验教训的总结提炼和交流。

(9)会同企业文化、人力资源管理等部门,组织实施质量文化建设,组织开展群众性质量管理活动,开展质量培训,落实质量考核和质量奖励与处罚。

(10)会同财务部门组织提出质量管理体系建立与运行的财务资源需求,开展质量损失、质量成本和质量经济效益分析。

(11)会同科研生产管理等部门组织或参与实施质量基础能力建设。

(12)会同相关部门组织实施顾客关系管理,处理顾客质量抱怨和投诉。

(13)协助调查重大质量问题和质量事故。

型号质量监督管理或产品保证部门应向型号研制队伍派质量监督管理人员或产品保证专业人员,其工作接受型号项目领导和派出部门的双重领导,履行对型号质量管理、质量监督和(或)产品保证专业支持的职责。

3. 不断加强质量专家组织建设

质量专家组织是航天科技工业重要的质量组织形式,建设质量与可靠性、软件保证、元器件保证、工艺保证等专题的质量专家组织并充分发挥其作用,是航天科技工业质量管理的重要经验,其具体要求将在3.4.9节详细阐述。

3.4 支持有力的资源保障

质量管理体系的资源保障是质量管理体系的基础部分。这里,资源包括人力资源、财务资源、技术资源、供应商和合作伙伴关系、信息和知识等。没有这些资源,质量管理体系建设无从谈起。在质量管理体系之中,有时将资源的生成和提供称为"支持过程",即为产品和服务的实现提供支持的过程。长期以来,高度重视质量保障基础能力建设是航天科技工业顺利发展的重要经验。

3.4.1 以人为本的人力资源

对于一项事业、一个组织而言,人是其生存与发展之本。人力资源是管理的第一资源。任何质量管理模式,如质量管理体系、卓越绩效、六西格玛管理、精益生产等,都把人力资源作为最为重要的资源。任何一版质量管理体系标准,也都把人力资源作为最为重要的资源。前面两节着重从对人员的激励、考核、责任的角度阐述了对人员工作质量的管理。本节依据"以人为本"的管理原则,着重从人力资源的需求,人员的意识及能力和培养、成长环境等方面阐述人力资源的招聘、培育和运用。

1. 人员的配置和资质管理

通过流程梳理和岗位设置,明确各部门、各岗位人员的能力需求,确定并配置所需的人员,确保人员数量、结构、责任心和能力满足组织的发展、产品和服务的需求。其具体内容及要求如下。

(1) 明确各岗位上岗人员知识、技能和经验的最基本要求,将其作为对人员招聘或岗位调整的依据;

(2) 了解待上岗人员的知识、技能、经验、心理素质、责任心、协调沟通能力等,以此确定是否符合上岗条件;

（3）充分考虑各岗位及岗位之间接口关系对人员的能力要求；

（4）将重要的管理岗位、对产品和服务有直接影响的岗位、专业要求高和技术难度大的岗位、质量问题多的岗位等作为关键、重要岗位，实施上岗资质管理，在人员配置方面加以保证；

（5）保留人员的招聘、配置和资质管理的记录。

2. 人员的意识、能力及培训

通过开展企业文化建设，尤其是质量文化建设活动，全面提升员工责任意识、质量意识、安全意识和保密意识等，培养和熏陶员工树立追求"零缺陷"的理念、严细慎实的工作作风、诚实守信的行为准则等，并将这些精神层面的内容转化为员工的自觉行动。

员工队伍应依据战略发展和型号任务的需求实施整体化建设，合理布局员工队伍的年龄结构、专业结构，使员工具有完全胜任本职工作的能力，员工队伍的整体能力不断提升。具体内容如下。

（1）使全体员工知晓：

① 本组织的质量理念、质量方针和质量目标；

② 本职岗位相关的质量目标和质量责任；

③ 本人所从事活动的重要性以及与其他活动的相关性；

④ 不符合质量管理体系要求的后果。

（2）确定各类人员，尤其是对产品和服务质量有直接影响的人员所需具备的能力，包括文化水平、专业知识、工程和管理经验、规章制度和标准规范的知悉情况、心理素质、组织协调能力、沟通和表达能力、分析判断能力和操作技能等方面的能力。

（3）采用严格选聘、基层锻炼、培训教育、鼓励自学、师傅带徒弟、交流考察、岗位调整等多种方式培养和选拔人员。

（4）针对产品研制生产和服务等任务对人员能力特定需求，采取有针对性的强化培训和考核。

（5）对关键、重要岗位人员进行重点培养、考核和评价，必要时，采用非常规措施进行领军人才、骨干人员的引进、挖掘和培养，开展各级各专业专家团队的建设并充分发挥专家团队的作用。

（6）对员工队伍的能力和员工队伍建设工作的有效性、效率和效益进行评价。

（7）保留员工队伍建设的记录，以此作为人员能力的证据。

根据发展规划、产品和服务的需求，实施系列化、规范化、有针对性的人员专业知识、技能和质量管理知识的培训。具体内容如下。

（1）建立规范化的员工培训制度，对各岗位人员上岗和转岗前培训、承担新任务前培训、定期在职继续教育、员工应掌握的专业知识和技能等做出明确规定。

（2）分析员工现有能力满足实现产品和服务需求的程度，以及与所在组织目前和未来需求的差距，并根据人员能力需求分析结论，识别和确定对人员培训的需求。

（3）制定员工培训计划，明确培训的目的、课程、对象、方式、时间、场地、资金、教师和教材等，将培训计划纳入人力资源发展计划及相关的科研生产计划和财务预算等加以落实。

（4）建立专职教师与兼职教师结合、内部教师与外部教师结合的师资队伍，尤其是注重选取具有丰富专业知识和操作技能的人员作为培训教师。

（5）针对各级各类人员的通用和特定的培训需求，选择或编写员工培训教材，注重在总结经验教训的基础上编写针对产品和服务过程具体需求和特点的培训教材，尤其是案例教材。

（6）面向型号任务和员工成长的特点和需求，灵活运用网络授课、参观考察、案例分析、交流等多种培训方式，开展质量管理规章及标准规范培训、专业知识和技能培训、质量管理知识和工具应用培训、质量案例教育等。

（7）明确并落实对各级管理人员、对产品质量有直接影响的人员，尤其是各级领导、型号指挥系统和设计师系统（即"两总"系统）人员应按规定时间间隔进行相应的质量管理和产品保证知识、岗位技能的培训。

（8）分析与评价培训策划的科学性、针对性及培训效果。

（9）保持人员知识和技能培训、考核的相关记录。

3. 人员的成长环境和工作氛围

贯彻"以人为本"的原则，很重要的一点就是不仅考虑员工个人为组织做什么，还要考虑组织能为员工个人成长做什么，为员工在工作和个人进步方面提供什么样的环境。对于一个追求卓越的组织而言，这一点十分重要，而这一点往往被认为不属于狭义的质量管理而不被重视。在最新版的《质量管理体系 要求》标准中，这一部分是重要内容。对于从事航天产品研制、生产、试验和服务保障的组织而言，更应如此。应通过以下活动营造员工满意的成长环境和工作氛围。

（1）合理规划和有效管理员工的职业发展，为员工提供针对性、个性化的支持，帮助员工实现学习、经验积累和能力提升，必要时，对骨干人员制定"个人职业生涯发展规划"。

（2）实施有效的激励政策和措施，充分发挥员工的主动性和潜能，鼓励员工积极参与多种形式的技术创新、质量管理活动等。

（3）在科研项目、质量改进项目团队内部发扬技术民主，开展各专业设计人员之间、设计人员与工艺人员之间的协同设计、技术交底，开展各部门、各岗位之间的技术和管理交流。

（4）建立领导与员工之间通畅的沟通渠道，听取和采纳员工意见和建议，营造和谐的工作氛围。

（5）通过开展形式多样的质量文化建设活动，营造追求"零缺陷"、严细慎实、诚实守信的工作环境。

（6）发扬团队精神和岗位之间的协调配合，保证单位的职能工作系统与型号项目管理系统协调运行。

（7）建立科学合理的薪酬体系，实施员工绩效管理，包括员工绩效的评价、考核和反馈，提供适宜的福利待遇。

（8）保证和不断改进员工的职业健康和安全条件，明确规定关键场所工作环境的测量项目和指标，确保对工作场所的紧急状态和危险情况作好应急准备，确保员工权益。

（9）为员工创造心情愉快的工作人文环境，保护员工身心，如预防过度疲劳、舒缓心理压力，促使员工队伍中无歧视、和谐稳定、无对抗。

（10）确定影响员工满意程度和积极性的关键因素以及对不同员工的影响，用科学的评价方法和指标测量、分析和评价员工满意程度，并及时做出反馈和处理。

4. 质量专业队伍建设

在这里，质量专业人员是指专职从事质量管理、检验、通用质量特性技术或产品保证、计量、软件评测、质量管理体系审核、质量监督等工作的人员。其中，通用质量特性技术人员是指专职从事可靠性、安全性、维修性、保障性、测试性、环境适应性的技术方法研究和推广应用、试验等工作的人员。

由于航天装备所具有的技术复杂、质量与要求极高等特点，航天领域历来比较重视质量专业队伍建设。随着航天装备越来越复杂，质量专业队伍建设将越来越重要。因此，应根据质量战略和目标、产品和服务的特点和需求，建立质量专业人员队伍。其主要内容：

（1）实施质量专业队伍上岗资质管理，通过培训、考核，按计划逐步实现持证上岗；

（2）对质量专业人员进行系统、规范、专业化的培训，使其能够清楚相关质量文件、标准规范的要求，掌握先进、有效的质量管理理论方法和专业技能；

（3）培养质量专业骨干人员；

（4）将年富力强、具有丰富工程实践经验的骨干人员充实到质量专业技术岗位；

（5）人员配置及业务能力方面满足顾客和型号任务对质量管理的需求；

（6）将相关工作纳入单位的质量战略和人力资源战略。

研究院和承担型号总体任务的单位应开展专业化的产品保证队伍或通用质量特性专业队伍建设，从有丰富航天工程经验技术人员中选聘人员，对其进行系统的专业培训，经考核合格后持证上岗，派驻型号项目团队，发挥专业支持和技术监督等方面的作用。

3.4.2 实施预算管理的财务资源

1. 质量管理体系财务资源的内容和范围

质量管理体系财务资源是建立和运行质量管理体系必不可少的资源。虽然，各版本的 ISO 9004 标准都会将其作为重要的质量管理体系资源，但许多单位建立质量管理体系主要是为了取得质量管理体系的认证证书，建立质量管理体系只依照 GB/T 19001 标准和 GJB 9001 标准，根本不学习 ISO 9004 标准。本书作者在 2005 年曾编写了《质量管理体系财务资源和财务测量》国家军用标准，并对上百家国防科技工业的企事业单位进行了宣贯培训。

质量管理体系财务资源，是指为建立质量管理体系并保持其有效和高效地运行，有效开展质量策划、质量控制、质量保证和质量改进等方面的活动，在人员、基础设施、工作环境、技术和管理活动、奖励等方面已经投入或即将投入的资金。也就是指为了建立和运行质量管理体系所花的钱，这些钱是建立质量管理体系并保持其有效和高效运行的基本条件。质量管理体系的财务资源主要包括：综合性质量管理活动所需的资金；产品和服务实现过程质量控制活动所需的资金；与质量改进直接相关的基础设施建设所需的资金；对外部质量保证所需的资金；质量奖励所需的资金等。

2. 质量管理体系财务资源的需求分析和确定

一个时期建立和运行质量管理体系到底需要多少经费，这些经费的来源渠道如何，明确这些问题，就需要对质量管理体系财务资源进行需求分析，在此基础上，确定这些经费的金额和来源渠道。确定质量管理体系财务资源应依据：

（1）发展战略规划；

（2）质量方针、目标及质量管理体系文件；

（3）管理评审报告；

（4）科研生产合同（或型号研制任务书）、产品质量计划（型号质量保证大纲、产品保证大纲等）；

（5）质量管理对财务资源的需求分析报告和概算；

（6）质量问题分析报告、质量改进方案；

（7）与质量管理、财务预算相关的其他文件。

确定质量管理体系财务资源的具体做法：

（1）建立和实施财务资源有效配置和高效使用的管理制度；

（2）由质量部门负责会同财务、科研生产管理、型号项目办公室等相关部门，进行质量管理体系财务资源的需求分析；

（3）由型号项目队伍分析提出型号任务及其质量保证或产品保证经费的需求；

（4）将需求分析结果纳入相应的财务资金预算、业务预算、科研项目预算、产品成本预算和固定资产投资预算等，并报最高管理者审查批准；

（5）由最高管理者负责审定质量管理体系财务资源的金额和来源渠道；

（6）将质量管理体系财务资源的确定作为质量管理体系策划和编制质量工作计划、项目质量计划的重要内容。

有些单位在进行下一年度质量工作计划时，对所需经费考虑不足，或所需经费只是在质量工作计划中有所反映，而没有纳入财务预算，这样，即使质量工作计划经过领导审批，在经费保证方面也是不落实的。

需要调整财务预算时，财务部门应会同质量部门及其他相关部门分析其对质量管理体系的有效运行、保证产品和服务质量的影响。否则，有可能影响质量管理体系的有效运行，这对降低成本和完成经济指标也十分不利。

3. 质量管理体系财务资源的提供和控制

质量管理体系财务资源在确定需求之后，如何提供这些经费，如何用好这些经费，既是质量管理工作的重要组成部分，也是财务经费管理的有机组成部分，应做到：

（1）最高管理者亲自负责保证质量管理体系财务资源的提供；

（2）通过预算计划、技术改造计划及项目经费计划等具体落实资金到位；

（3）各相关部门应按各自职能和质量工作计划，落实对资金使用的控制，确保经费专款专用；

(4) 定期对使用情况进行监督检查，对其充足性和使用效果进行分析、评价、考核，提高资金的使用率和效率；

(5) 严格遵守财务预算控制、会计核算、固定资产管理、技术改造投资管理的有关规定；

(6) 资金列入财务预算后不应移做其他用途；

(7) 对资金提供和使用中发现的问题，深入分析原因，及时向最高管理者报告。

3.4.3 保障充分的基础设施

基础设施是质量管理体系的硬件条件。基础设施包括：建筑物、工作场所和相关的设施；科研、生产、存储、运输等过程的设备(含工艺装备)及相关的计算机软件、通信或信息系统等。

航天领域就是硬碰硬地拼高科技，其中重要一点就是高科技的基础设施，基础设施条件不具备，就不能保证研制生产出高科技含量、高可靠水平的航天装备。尤其是应注重通用质量特性设计、分析、试验的设备设施和软件工具，检测、计量、化验的关键设备和设施，大型地面试验与在轨运行支持设备设施等。应确定、提供和维护航天产品与服务实现过程及其相关支持性过程所需的基础设施。其具体要求如下。

(1) 明确设计、生产、试验、交付和服务保障等过程在基础设施方面的需求，分析基础设施的现状及与需求的差距；

(2) 配置产品和服务实现过程，保证型号任务所需的基础设施；

(3) 制定并实施基础设施的预防性维护保养制度和计划，开展全面设备管理(TPM)，以保证其正常使用；

(4) 制定和实施设备设施的更新改造计划，实施技术设备设施的转型升级；

(5) 对大型地面试验与在轨运行支持设备设施等大型、关键基础设施的提供与准备情况进行评审，确保其符合规定要求；

(6) 对于通过租赁、借用等方式使用的稀缺、昂贵设备设施，落实其使用保养职责，保证使用过程的功能发挥和可靠性；

(7) 支撑数字化设计与制造、仿真试验等设备设施的深入应用和升级，支撑"互联网+"、大数据、云计算、虚拟现实等现代智能制造技术手段的应用，促使设计、生产、试验、服务保障的设备设施适应数字化、网络化、智能化的发展；

(8) 定期和针对重点型号任务,开展基础设施满足目标、型号任务需求的适宜性、充分性的评价；

(9) 保留设备设施及其购置、技术改造和使用维护等方面的信息；

(10) 预测和处置因基础设施而引起的环境、职业健康安全和资源利用问题。

3.4.4 科学有效运行的监视和测量装置

对于工业领域的单位,质量管理体系标准中"监视和测量"主要是指检测和计量,监视和测量装置主要是指专用和通用测试设备、计量器具、检验设备(含专用检测工装)及其配套的软件系统。在航天领域对检验和测量装置的量值溯源、周期检定、计量确认和使用维护实施控制的具体要求包括：

(1) 建立检测设备台账,制定设备周期检定和校准计划。

(2) 按照规定的时间间隔对测量设备进行校准或检定,确保量值能溯源到国际、国家或国家军用的测量标准。

(3) 若是不存在上述标准,可以采用适当的标准物质以及其他公认的方法进行校准或检定,并记录校准或检定的依据。

(4) 校准或检定过程中对测量设备进行调整。

(5) 对于用于检测的计算机软件,在使用前经过验证和确认,与硬件设备进行结合测试,并保留记录。

(6) 在周期检定或校准后,对其校准状态进行标识,以表明是否进行校准或检定及是否合格,并注明有效期。

(7) 在校准后,采取必要措施,以防止可能使测量结果失效的调整或损坏。

(8) 对于制造和检验共用的设备予以标识,在其用于检验前进行校准或验证,并做记录,以证明其能用于产品检验。

(9) 对进入发射场、试验基地的测试设备,在进场前进行复查确认,粘贴专用标识。

(10) 对处于使用状态的检测装置的符合性进行监督检查。

(11) 当发现不能满足测量要求或偏离校准状态时,包括损坏和失效的情况,对上一个计量有限期内的测量结果的有效性进行追溯和评价,对设备和受影响的产品采取适当措施,并保留记录。

(12) 对于不常用的测量设备,可在使用前进行校准或检定。

(13) 对于一次性使用的测量设备,使用前进行校准或检定,并保留记录。

(14) 对停用的检测装置,有停用的标识,并采取隔离措施,防止非预期的使用。

（15）保留作为监视和测量装置适合其用途的证据的记录,保存测量设备校准、检定结果的记录。

3.4.5　严格受控的工作现场物理环境和自然环境

这里,工作现场物理环境是指工作现场的物理因素,如噪声、温度、湿度、洁净度、电磁、静电、振动、照明、盐雾、空气流通、卫生、天气等。在质量管理体系的国家标准和国家军用标准中,工作环境还包括工作现场的社会因素和心理因素,本书中这些内容在人力资源部分进行阐述。应确定、提供和维护产品与服务实现过程及其相关支持性过程所需的工作环境。其具体内容如下：

（1）识别和确定研制、试验、生产、存储等方面环境的现状与需求。

（2）确保其工作环境符合适用法律法规的要求和适用标准的要求。

（3）确定工作现场环境控制与管理的要求和方法。

（4）按照人体工效学的知识设计、建设和控制工作现场,设置和运行有效的防护设备,确保人员职业健康和安全。

（5）对有洁净度要求的生产和试验现场,实施多余物预防和控制。

（6）对污染敏感、静电敏感、有害气体和液体敏感的产品,确定并采取专门的控制措施。

（7）开展"6S"(整理、整顿、清洁、规范、素养和安全)现场管理、星级现场管理、看板管理等活动,确保工作现场文明有序。

（8）保留对需要控制的工作环境进行监视、测量、控制和改进措施的记录。

3.4.6　互利共赢的供方和合作伙伴关系

承担航天装备研制生产和服务任务的组织,应按追求卓越绩效的思维,除了对供方组织及其产品和服务及其实现过程进行监督检查,还应建立互利共赢的供方和合作伙伴关系。

对于航天装备研制生产和服务保障而言,往往不是简单地对众多能够承担协作配套任务的组织进行选择和监督,而是只能依靠该组织。这时,就需要对其进行帮助,最终实现共赢。

1. 对供方的监督评价与合格供方名录管理

供方提供的产品和服务,就是本组织产品与服务的组成部分,直接影响着本组织产品和服务的最终质量水平,对于具有系统工程特色的航天装备尤其如此。因此,需要对供方及其所提供的产品和服务进行评价、选择和控制,如对供方实施准入评定、绩效评价和专项审核等。编制合格供方名录,将其作为选择供方及其产品和服务的依据,并根据供方提供的产品和服务情况对其实施动态管理,这是质量管理体系中控制供方及其产品和服务的系统、科学、有效的方法。这一点已经被普遍认可。应通过以下活动对供方产品和服务实施监督和控制。

(1) 建立和保持对供方评价、选择、监视和奖惩的文件。

(2) 建立健全供方管理部门,明确并落实其职责、权限、工作接口,开展供方管理人员队伍建设。

(3) 明确供方应在质量管理体系、科研生产许可、保密及军用软件研制能力成熟度等方面需具备的资质,据此进行供方资质认定。

(4) 当供方的企业性质、组织结构、产品和服务、生产能力等发生重大变化时,对其资质重新认定。

(5) 制定供方评价准则,对供方进行分级分类,对核心、重要供方的基本资质、技术能力、质量保证能力、产品和服务质量、产品成熟度、质量信誉、生产供货能力、服务保障能力、产品性价比、经济情况、交货期限、企业文化等进行定期评价,给出明确的评价等级结论。绩效评价不合格时,要求供方限期整改。

(6) 对顾客要求控制的外包外购产品,必要时,邀请顾客参加对供方的评价和选择。

(7) 选择、评价供方时,确保有效地识别并控制风险。

(8) 根据资质认定和评价结果,编制合格供方名录。

(9) 对出现质量问题和评价(准入评定和复评)为不合格的供方、较长时间没有提供产品和服务的供方,及时从合格供方名录中剔除或列入"黑名单",实施动态管理。

(10) 对于质量问题严重又不便从合格供方名录中剔除的供方,增加质量审核力度和专项检查频次,必要时给予帮助措施,并履行审批手续,确保其产品和服务质量;对于质量问题尚不严重的供方,采用通报、约谈、限期整改、减少订货量等措施。

(11) 建立供方管理信息平台和供方信息档案,对供方及其产品和服务的质量信息进行及时记录、收集、分析、上报、反馈、公布、交流,并确保信息安全。

(12) 保留对供方资质检查、评价、质量审核及合格供方名录发布与更改的记录。

2. 与供方和合作伙伴构建共赢关系

对于提供的产品和服务具有非常重要作用的、不可替代而必须依靠的供方,单纯依靠选择、评价和监督是不合适的。

合作伙伴,是指在完成型号任务过程中相互配合的,但又不属于供方的组织,如对于航天器研制单位而言,发射基地就是合作伙伴。对于重要供方和合作伙伴,应通过以下活动构建并保持与供方和合作伙伴的良好关系,以实现共赢。

(1) 向供方和合作伙伴传递航天质量理念、质量管理要求、本组织的需求和期望、产品和服务相关要求等。

(2) 适当时,为重要供方和合作伙伴提供支持(如提供信息、专项技术或技能、培训、设施设备、工作场地、专家咨询等),协助重要供方和合作伙伴提高技术能力、质量保证能力、生产能力、服务保障能力和降低成本等。

(3) 运用供应链理论,构建以型号项目任务链条为纽带、跨组织的质量保证体系(工厂、研究所际质量保证体系)。

(4) 明确和落实与供方和合作伙伴职责、权限和工作接口的协调和控制,共同提高过程的有效性和效率。

(5) 与供方和合作伙伴保持密切沟通,及时了解供方和合作伙伴对本组织的满意程度,据此改进与供方和合作伙伴关系管理。

(6) 与重要供方和合作伙伴建立战略合作伙伴关系,构建利益共享、风险共担的"供应链联盟"。

(7) 设立对优秀供方的奖励,对优秀供方采用通报表彰、增加订货量、优先付款等激励方式。

(8) 将本组织管理方面上的成功经验和先进方法向重要供方、合作伙伴及供应链上其他相关组织推广,带动其提升整体质量效益。

(9) 保存以上活动相关记录,建立供方和合作伙伴信息数据库。

3.4.7 具有信息时代特征的信息和知识

1. 信息管理

随着现代信息技术的迅速发展,信息数据已成为企业发展最为重要的资源。应建立并有效运行信息管理系统,全面、系统、客观和及时地收集、整理、分析、传递和利用各种研制、试验、生产、服务保障和经营管理信息。其主要内容如下。

（1）建立并保持信息管理的制度,建立收集数据和信息的渠道,明确信息种类及来源和信息化工作的职责、工作程序、要求等；

（2）编制信息化建设发展规划和计划,明确信息化建设和发展的目标及主要措施,统一策划科研、生产、质量、外包外购、试验、服务、项目管理等各专项信息系统建设；

（3）配备获取、传递、分析和发布数据及信息的设施,建立并运行集成信息系统,包括技术信息库、管理知识库、工程经验数据库等,实现信息内部网上及时、客观、准确地收集、分析、传递、共享和对决策的支持,并确保信息系统软件和硬件的可靠性、安全性、易用性；

（4）构建支持数字化设计、数字化制造的计算机数据管理系统,建立完成型号任务所必需的异地协同工作信息系统,尽量运用"互联网+"、大数据、云计算等先进信息化技术,提升信息的收集、分析、传递和运用的能力和效率；

（5）识别和开发信息源,确保获得和提供所需的数据与信息,确保数据、信息的客观性、准确性、完整性、可靠性、及时性、安全性和保密性；

（6）开展信息化建设过程量化检查,对存在问题采取有效措施。

2. 质量信息管理

质量信息是一个组织各种信息的重要组成部分,在质量管理中起着举足轻重的作用。GJB 9001C—2017标准中,把质量信息列为单独一条要求。质量信息管理包括对质量信息的采集、审核、处理、储存、反馈和传递、发布、共享、安全防护、知识升成等方面。实施质量信息的管理和利用,应按上级有关规定和标准要求,学习和运用先进的信息化手段,建立并有效运行质量信息系统,保证质量信息的客观性、准确性、完整性、及时性、可追溯性,支撑航天装备全寿命及产品和服务过程质量控制、提升质量管理基础能力和科学的质量决策。其主要内容包括：

（1）分析确定型号任务和组织发展对质量信息及其管理的需求,将质量信息管理及其手段建设纳入质量发展、技术改造、信息化建设等方面的规划计划。

（2）建立质量信息管理制度,明确相关部门和人员质量信息管理的职责,规定质量信息的采集、分析、处理、传递(上报和反馈)、储存、交流、共享和保密的程序和要求,建立相关工作体系。

（3）充分利用现代信息化手段,建设和运行质量信息网络平台,按相关标准实施产品数据包工作,实现航天装备全寿命及产品和服务全过程质量信息数据及时收集、迅速传递(上报和反馈)、科学分析、持续积累、共享应用、知识挖掘、安全管理,尤其是提升质量问题信息快报工作系统,按规定的时限和程序准确、及时上报质量信息。

(4) 建立覆盖各级各类产品的故障模式库、质量问题数据库、质量案例库、基础产品(元器件、原材料、标准紧固件等)数据库,对其实施动态管理,实现质量信息资源共享。尤其是建立产品故障模式、工艺故障模式、可靠性试验数据、在轨飞行试验数据等数据库,实现对通用质量特性设计、分析、试验、评价工作的数据支持。

(5) 支撑元器件批次性质量问题、靶场质量问题、在轨运行和使用服务保障质量问题等归零、举一反三快速反应和综合分析。

(6) 运用"互联网+"、云计算、大数据、物联网等新技术,实施质量信息网络平台升级换代,实现对关键、重要部位质量信息的实时采集,自动生成质量信息的统计分析、工程分析、综合分析结果和自主快速传递。

3. 知识资源管理

知识是组织的智力资产,包括人员的知识、见识和经验。最新版的质量管理体系标准,把知识管理作为一项新的重要内容。任何一个追求卓越的组织,都应是一个学习型组织,把技术知识和管理知识作为战略性的核心能力和基础资源,建立知识管理系统,科学、系统、持续、多种方式地识别、获取、积累、查找、利用、共享、传承、更新和保护组织的技术和管理知识。其主要内容为:

(1) 制定知识管理的制度,开展知识管理策划。

(2) 积极并系统搜集国内外相关技术信息和管理知识,分析其利用价值。

(3) 收集和传递来自员工、顾客、供方和合作伙伴的技术知识和管理知识。

(4) 深入总结和持续积累工程经验,尤其是从成功经验和失败教训两个方面总结提炼质量管理知识和禁忌,运用大数据等新技术,从技术信息和质量信息中进行知识挖掘。

(5) 发现挖掘、总结提炼和交流推广典型案例及最佳实践。

(6) 把产品和服务质量相关的法规、标准、文献、实践案例经验、技术方法工具作为必备知识,予以应用、保持并适时更新。

(7) 建立本组织的管理标准和技术标准规范体系,把管理经验和技术成果作为知识加以固化和推广应用。

(8) 实施必要的知识产权保护。

本组织产生的最佳实践是最好的知识。这里,最佳实践是指具有创新性、独特性、实践性、可推广性的典型案例及其成功经验。

3.4.8 勇于创新的技术资源

1. 技术创新管理

航天装备具有技术结构复杂、新技术采用多、涉及众多学科等特征。航天装备研制往往是率先把科学原理应用于工程实践。虽然,各版的质量管理体系标准中没有把技术资源作为一项基本的资源,但是,ISO 9004 标准在风靡全球的卓越绩效标准中都把技术资源作为一项重要资源。对于航天领域而言,技术资源是非常重要的一类资源,技术储备和技术管理是对产品和服务实现主过程重要的支持过程。

在这里,技术既包括直接反映功能特性的技术,如体现为载荷、精度等功能的技术,也包括与功能实现直接相关的通用质量特性技术、产品保证技术、风险识别和分析技术,还包括在产品实现过程采用的检验和测试、计量、简化和优化设计、试验、加工、信息采集和处理、存储、运输、维修等方面的技术。可以讲,真正掌握大量的新技术,就是为降低风险和提高质量做好了技术资源准备。

在研制、生产、试验和服务保障过程中的技术工作作为产品和服务实现的内容,放在下一节详细阐述。这里简要阐述预先研究、技术标准、技术成果管理等内容。其主要内容如下。

(1)技术预先研究、技术信息和知识产权等方面的制度建设。

(2)收集和分析相关技术信息、了解和掌握组织内外技术的现有水平和发展变化的趋势。

(3)制定与展开技术创新发展战略规划、技术开发和技术改造的目标和计划。

(4)建立专职兼职相结合的技术创新队伍,尤其是培养技术带头人和技术骨干。

(5)落实技术创新投入。

(6)开展技术合作,建立"产、学、研、用"相结合的渠道。

(7)开展相关专业实验室建设,配置相关人员、软硬件手段。

(8)发扬技术民主,组织开展技术攻关。

(9)研究和探索"互联网+"、大数据、云计算、虚拟现实等技术的应用。

(10)技术创新成效的测量分析和评价,掌握其工程应用的风险和机遇。

(11)技术成果的评定、归档和推介。

(12)技术专利申请、利用和保护等。

2. 技术储备

航天领域技术工作包括两个方面：一是预先研究，在航天装备型号立项论证前开展技术攻关，包括各专业技术按照自身技术型谱和产品型谱的技术发展路线图进行专业发展的预先研究以备以后型号研制选用；二是有型号立项背景的预先研究，在型号正式批复之前，对型号拟选用的技术实施技术攻关，以降低型号研制技术风险。因此，应根据型号研制任务、产品型谱及技术路线图，有计划地开展预先研究，加强技术储备。其主要内容如下。

（1）预先研究选题时考虑技术发展、顾客的需求和期望、未来型号需求；

（2）开展技术情报跟踪研究和与先进技术的对比分析，掌握技术发展动态；

（3）编制技术型谱和确定技术发展路线图，引领新技术的开发和应用；

（4）把掌握功能特性技术与掌握质量特性技术密切结合；

（5）开发新产品、新技术，尤其是原创产品和颠覆性技术；

（6）开展仿真分析和试验、原理样机演示验证，并实施其过程控制和结果分析与评价；

（7）形成技术诀窍与专利；

（8）开展技术成熟度评价，掌握新技术对于工程应用而言的技术准备就绪程度。

3. 技术标准规范

实施精益化、规范化管理的重要方式之一是标准化工作。除了管理标准规范外，产品和服务标准、技术标准是标准化工作的重要组成部分，对于航天领域尤其如此。技术标准规范有助于引进、借鉴国外先进的技术，可以巩固和推广应用技术成果、防范技术风险、强化技术管理。因此，应建立标准化管理制度，开展标准化总体策划，结合型号任务和产品研制生产工作，以国际先进技术为目标，积极开发、引进、消化、吸收国内外适用的先进技术和先进标准，尤其是美欧航天领域通用质量特性标准或产品保证标准，及时总结技术成果和管理实践并以标准或规范形式加以固化，制定和实施基于岗位、面向流程的标准或规范，建立覆盖产品和服务实现全过程的标准规范体系，这其中也包括质量管理、通用质量特性、产品保证等方面的标准规范。

4. 质量技术方法

在技术方法中，可以直接用于保证和提高产品及服务质量的专业技术，将其称为质量技术方法。质量专业技术包括质量管理、通用质量持性、稳健性设计、技术风险识别与分析、统计过程控制等方面技术方法。实施科学的质量管理，就应通过学习和应用质量技术方法来提升产品和服务质量。其主要内容为：

（1）把质量技术方法作为重要的专业技术纳入到技术创新管理，并提供资源保障；

（2）借鉴六西格玛管理中培养黑带、绿带人员的做法，落实研究和指导应用质量技术方法的专职或兼职骨干人员；

（3）学习和借鉴先进、适用的质量技术方法；

（4）确定各类、各项产品和服务过程应用的质量技术方法，并将其应用融入流程加以实施；

（5）开展通用质量特性、稳健性设计、风险识别与分析、统计过程控制（SPC）等方面先进、适用的质量技术方法的应用研究；

（6）总结提炼质量管理有效做法，形成具有特色的质量技术方法；

（7）引进或开发应用软件工具和数据库，构建多种质量技术集成型共用平台；

（8）选择或编写质量技术方法培训教材或应用手册，并开展相关培训；

（9）开展重点型号、分系统和关键单机的多种质量技术综合应用工程示范。

3.4.9 提供专业技术保障的质量专业机构和质量专家组织

1. 建设质量专业技术机构

建设质量专业技术机构，并充分发挥其在质量检测、质量分析、质量评价和监督等方面对产品实现过程的技术支持和技术把关作用，是航天科技工业发展的一条重要经验。这些质量专业技术机构包括质量管理和质量工程技术、可靠性及环境试验、元器件检测、失效分析、软件测评、标准化、计量、无损检测、理化试验、质量信息等方面的技术机构。这些质量专业技术机构是质量保证能力的重要标志。若是每个单位都建设全套的质量专业技术机构，既不可能，也没必要，应按承担的或即将承担的航天产品研制、生产、试验和服务保障任务开展这些机构的建设。也可按"不为所有，但为所用"的原则，通过依托组织外部相关技术机构开展这些质量专业的检测、分析、评价和监督等工作。

航天企事业单位，尤其是研究院这一级单位应根据承担的型号任务和发展战略的需求，实施下列质量专业技术机构的建设活动：

（1）识别和确定质量专业技术机构建设的需求，明确其职责和作用；

（2）对质量专业技术机构的建设进行整体规划；

（3）建立健全质量专业机构内部管理制度；

（4）为质量专业技术机构配备具有相关专业知识和岗位能力的人员；

(5) 实施质量专业技术机构软硬件条件建设,并保证相应的经费;
(6) 按国家和上级有关规定取得质量专业技术机构的相应资质;
(7) 运用专业技术方式和手段开展产品保证支持工作和质量技术监督评价;
(8) 开展质量专业技术机构之间的资源共享和专业协作;
(9) 开展对质量专业技术机构技术能力和运行状态的监督评价和动态管理。

2. 质量专家组织建设

根据承担的航天装备任务和针对质量问题开展专家组织建设,按照专职专家和兼职专家相结合、外聘专家和本组织内部专家相结合的原则,建立健全质量工程技术、通用质量特性、工艺保证、元器件保证、软件保证、标准化、计量、检验测试等专业领域的专家组织,其内容如下。

(1) 通过正式文件明确专家组织的建立,明确专家组织的组成、专家责任和权限;
(2) 建立专家数据库并实施动态管理;
(3) 充分发挥其在质量咨询、指导、监督和把关等方面的作用;
(4) 对专家履行职责在经费、时间、信息等方面提供相应条件;
(5) 对专家的能力、责任心和工作业绩等进行考核评价、表彰、奖惩。

由于研究所、工厂建立各相关专业专家组难度很大,研究院在建立健全质量管理体系工作中,更有必要、有条件建立门类更加齐全的质量专家组织。

3.5 产品和服务的精细化过程控制

由于质量管理体系标准是对于各行业的,最新版的质量管理体系要求标准第8章名称从上一版的"产品实现"改为"运行"。这一章是质量管理体系的核心,即产品实现过程是质量管理体系的主线,或称为"主过程"。

3.5.1 产品和服务实现的策划

对于航天产品而言,尤其是对于系统级产品,如运载火箭、人造卫星等,这一部分是型号研制生产全过程甚至全寿命的总体策划。

3.5.1.1 产品和服务要求的确定

1. 与顾客沟通

由于产品和服务的直接对象是顾客,应全面满足顾客需求,因此,产品和服务实现全过程的第一步就是要通过与顾客沟通,获取顾客关于产品和服务要求的信

息,主要包括:

(1) 产品使用和服务履行的环境背景,尤其是产品和服务在航天装备、航天工程中的地位和作用;

(2) 对产品和服务需求的信息,包括功能、性能、质量、价格、交货期等方面的要求或期望;

(3) 获取顾客反馈,包括顾客满意程度、顾客抱怨、处置或控制顾客财产;

(4) 处理问询、合同或订单、变更的相关情况,以及对项目、合同的风险,制定应急措施的特定要求。

2. 确定产品和服务的要求

在掌握顾客对于产品和服务要求信息的基础上,再考虑其他相关方要求,从而进一步明确提出产品和服务的要求。分析和确定这些要求的方式和途径是多样的,应通过与顾客沟通、市场调研、技术预测、产品型谱分析、型号总体要求分析、顾客潜在需求分析、顾客差异化分析等途径,依据型号任务和特点与需求,提出产品和服务要求,主要明确以下内容:

(1) 适用的法律法规要求及与产品和服务有关的安全、健康、环境等方面强制性标准;

(2) 对于产品和服务通常的基本要求,包括功能、性能、质量、过程控制、价格、交货期、验收准则和方法、服务保障约定等;

(3) 对各相关方,尤其是对顾客做出承诺的要求,如合同中承诺的内容;

(4) 风险管理和技术状态管理的要求;

(5) 向顾客提供与产品和服务相关文件与记录的要求等。

在这里,应明确最为直接的质量要求,包括产品和服务质量符合性指标、质量保证要求、通用质量特性指标要求、依据的标准、合同双方的质量责任等。

3. 评审产品和服务的要求

在产品和服务要求基本确定的基础上,为确保有能力向顾客提供满足要求的产品和服务,应在与顾客签订合同并向顾客做出承诺之前,对是否真正理解顾客要求、自身的能力等进行评审。这既是对顾客负责,也是对自身形象和长远利益负责,以防止发生"没有金刚钻,还揽瓷器活"。这就是建立和运行质量管理体系中的合同评审,是产品和服务实现全过程最早期的质量预防。评审内容如下。

(1) 顾客规定的要求,包括交付及交付后活动的要求;

(2) 顾客虽然没有明示,但规定的用途或已知的预期用途所必需的要求;

(3) 自身规定的超出顾客要求的要求;

（4）适用于产品和服务的法律法规要求；

（5）与先前表述存在差异的合同或订单要求（合同或订单变更后的要求）；

（6）识别的技术、质量、进度、经费等方面的风险及其应对措施，包括外包、外协和外购的风险及其应对措施。

应与顾客共同使合同中的各项要求明确、可执行，不存在的模糊或矛盾的事项。若顾客没有提供形成文件的要求，应对顾客要求进行确认。还应保留合同评审过程及结果的记录。

若是产品和服务要求发生更改，应确保相关文件得到同步更改，并告之相关人员。对于可能影响到顾客要求的更改，应征得顾客的同意。若需要对合同发生更改，则应在实施更改前对更改的项目、内容进行评审。

3.5.1.2 产品和服务实现的科学策划

在产品和服务的要求确定之后，就需对如何满足这些要求的活动和过程进行策划。在最新版的《质量管理体系要求》国家标准中，这一部分是针对全系统、全寿命的策划，是总策划，包括对产品全寿命中的论证、设计、生产、试验和服务保障等的策划。在 GJB 9001C—2017 中，将若干研制具体要求的条款作为特殊要求补充写入了这一部分。实质上，这一部分只是对产品和服务实现过程和方式所进行系统策划的控制，还不是对产品和服务过程的控制。承担航天产品和服务任务的组织，尤其是承担型号任务的总体单位，应面向研制、生产、试验和使用的背景和条件，对全寿命周期内各项活动进行系统策划，以实现产品和服务的要求。策划的内容包括：

（1）特定的产品和服务（型号项目）的总目标及质量目标和总要求及主要的技术、质量的要求和指标。

（2）本产品（项目）在航天工程（或航天装备）中的地位、作用和使用环境。

（3）全寿命周期各阶段划分及里程碑计划、节点、完成标志、技术状态基线设置。

（4）型号项目组织管理系统、各相关组织的职责、权限和工作接口等。

（5）论证工作计划、研制生产和试验的实施方案及其质量保证或产品保证活动和要求、使用保障初步方案。具体内容如下：

① 产品和服务实现的过程（包括过程的输入、活动和输出）及相关的管理过程和支持性过程；

② 新技术、新材料、新能源的运用；

③ 技术、质量、进度、经费等方面风险的管理，尤其是技术风险和质量风险的

识别、分析和控制；
　　④ 产品和服务的通用化、组合化、系列化和标准化；
　　⑤ 质量管理、产品保证的要求、方法和措施；
　　⑥ 外包、外协和外购的选择和监督控制，以及与合作伙伴的合作；
　　⑦ 产品和服务实现过程所需的文件和记录(产品数据包)；
　　⑧ 确定全寿命周期资源需求，包括产品使用者等相关方在使用和维护方面所需的资源。

产品和服务实现的策划最好运用质量功能展开(QFD)、价值工程(VE)、工作分解结构(WBS)、计划流程/工作计划编制、节拍控制等方式方法。

产品和服务实现策划的输出应适合产品和服务的特点，以组织和项目管理的需要来确定，其内容经评审后应纳入下列文件：
　　(1) 立项论证工作实施方案；
　　(2) 研制总要求、研制大纲(研制、生产和试验计划)及项目质量计划(质量保证大纲或产品保证大纲)、项目风险管理计划、条件保障计划；
　　(3) 大型地面试验和飞行试验计划；
　　(4) 使用保障计划等。

对型号项目(或宇航产品)实施产品保证管理，则应按照相关文件和标准开展产品保证策划工作，编制产品保证大纲作为策划的输出。可将产品保证大纲进一步分解为质量保证大纲、工艺保证大纲、标准化大纲、元器件保证大纲、原材料保证大纲、通用质量特性保证大纲、产品数据包清单等。

对产品和服务实现的策划的输出应进行评审，以确保策划结果的完整性、适宜性和可行性。在顾客要求时，策划形成的文件及调整应征得顾客同意。

3.5.2　顾客需求驱动的论证过程控制

论证是航天装备全寿命的源头。在质量管理体系要求标准中，设计和开发部分是包括立项论证的。但是在航天科技工业领域，人们常把质量管理体系标准中的"设计和开发"理解为型号立项论证之后的研制，尤其是设计工作。论证是在此前一个极其重要、相对独立的阶段，是产品和服务实现的第一阶段，最好单独阐述论证过程的质量控制。

这一部分总结近年立项论证的经验教训、借鉴国内外先进的相关做法，面向新一代航天型号的论证背景，既针对参与顾客方牵头的立项论证的投标，也针对自研项目的立项论证。

3.5.2.1 顾客和其他相关方需求分析

实施新航天装备立项论证,应科学、全面、系统地进行顾客和其他相关方需求分析,包括:

(1) 制定论证管理制度,编制论证项目计划,明确论证的程序和方法、征求意见的对象和范围等;

(2) 收集和分析国内外同类航天装备的信息,掌握国内外同类产品的技术性能、质量水平及发展趋势等;

(3) 调研、收集和分析任务提出方、合作伙伴和本组织的需求,尤其是最终顾客的使用需求,充分征求参与研制、生产、试验、运输、维修等各方的意见,分析运输、储存和使用的真实环境需求及其影响;

(4) 分析、确认在人员、经费、时间、技术储备、设备设施条件等方面的约束条件;

(5) 综合分析使用需求及相关信息,确认各方需求,提出总体和各部分需求。

最好运用顾客满意度测评、质量功能展开(QFD)、价值工程(VE)、层次分析法(AHP)、排序法(排队论)、三维模拟演示等方法支持立项论证需求分析,以保证论证工作的科学性、系统性。

3.5.2.2 新技术的选用、攻关和控制

技术和质量是密不可分的,甚至融为一体。技术对于质量是"双刃剑":一方面采用新技术可以消除原有的质量隐患和不稳定性而提高质量;另一方面新技术可能带来新的技术风险,从而影响任务成功。在立项论证阶段,一项十分重要的工作就是开展有立项背景的新技术的选用和攻关,既提高新型号的技术水平,又识别和控制技术风险。这一工作包括:

(1) 控制选用新技术的比例,开展拟选用新技术之间、新技术与成熟技术之间的相关性分析,分析新技术对立项型号的贡献;

(2) 开展对拟选用新技术的攻关;

(3) 对拟选用的新技术按有关标准开展技术成熟度评价,确保其达到相应的技术成熟度等级;

(4) 对选用的新技术进行充分试验或者验证;

(5) 开展对实现新技术及其关键部件的原理样机研制、试验和演示验证过程控制。

3.5.2.3 指标论证和综合权衡

立项论证还有一项重要的工作就是以保证和提高综合使用效能为目标,将必

要性与可行性相结合,科学、全面、系统地进行指标论证和综合权衡,不断优化论证方案。这一工作包括:

(1) 根据任务需求和使用环境,分析确定性能、进度、研制风险、寿命周期成本、保障条件等要求和约束条件;

(2) 开展功能特性指标和通用质量特性指标的论证和综合权衡,提出可验证、可考核的性能定性定量要求;

(3) 建立论证型号的质量特性指标体系,提出验证与考核方案;

(4) 开展工程可行性分析、经济可承受性分析;

(5) 充分考虑多方面风险因素,实施论证风险分析;

(6) 研究拟制多种可行的备选方案,并通过对比分析、综合权衡、优化组合、评审、仿真等方式比较各方案的主要特点和优劣,提出优选方案,或组成新的最佳方案;

(7) 分析各项质量特性要求对研制进度、费用、效能等方面的影响,提出航天装备质量要求、过程质量保证要求和服务保障要求等,并纳入研制总要求;

(8) 按照系统配套和保障配套的要求,开展人力、备品、技术资料、保障设备设施等保障资源的需求论证,提出系统性的使用维护保障要求,明确其使用方案并提出初始保障方案。

3.5.2.4 投标和评审

立项论证的结果需要通过投标和评审加以实现,实施航天装备论证投标和立项评审过程控制十分重要,这一工作包括:

(1) 制定论证投标、自评或接受评审过程控制的相关制度,明确相关部门和人员的职责、程序和要求,开展论证评审前对论证文件的检查,落实对论证文件的完整性、真实性、可实现性的要求;

(2) 在充分先期研究、系统分析、综合论证的基础上,准备投标方案,按要求编写投标书及相关的演示影视资料,并通过内部的预评审,详细阐述所论证的航天装备的使用性能、技术指标、总体技术方案、研制经费、进度安排、潜在风险等;

(3) 对于自研航天装备,组建相关学科齐全、专业知识和工程经验丰富的评审组,必要时请外部专家和潜在顾客代表进入评审组,落实评审职责,按规定的程序实施论证评审,确保评审专家具有代表性和公正性并充分了解评审内容,确保评审内容的针对性、真实性、充分性和先进性。

3.5.3 严慎细实的设计和开发过程控制

这里说的设计和开发主要是指航天型号立项论证批复之后的研制阶段中的设计工作。这一阶段是航天产品实现全过程的核心,是航天装备全寿命重中之重的阶段。由于质量管理体系标准有着广泛的适用范围,标准中这一部分内容对于技术复杂的航天装备及其具有系统工程管理特点的研制工作而言,过于简单。因此,航天装备研制单位建设质量管理体系,这一部分不能仅是依据标准应对质量管理体系认证审核,而应结合航天装备任务,开展研制过程质量管理,即不断强化设计和开发过程的控制。

3.5.3.1 设计和开发的策划

前面介绍过产品和服务实现的策划,是对航天装备全寿命而言的。设计和开发过程的策划是对产品和服务实现的策划在设计和开发阶段进一步细化,不应重复策划或两者相互不关联,甚至矛盾。对于只承担研发任务的单位,这两部分就是一回事。

设计和开发的策划应根据上级和本组织的发展战略、技术和产品型谱、法律法规和标准的要求,落实研制总要求及研制任务书、合同、型号研制计划和产品保证大纲等文件,对设计和开发活动进行系统策划。策划的内容如下。

（1）设计和开发阶段的划分,明确各阶段的工作内容、完成标志、验收方式和放行准则；

（2）各阶段和年度、各产品层级的设计和开发目标,包括技术、质量、进度等方面的目标；

（3）系统、分系统、单机研制单位的确定,研制队伍的组建,职责和权限的分配,相互的沟通方式；

（4）设计和开发的资源保障；

（5）依据的标准规范,应形成的文件和记录或产品数据包；

（6）邀请顾客、合作伙伴介入的活动；

（7）分析任务剖面和使用环境,确定技术风险控制、通用质量特性工作项目；

（8）采用的新技术、新器材、新工艺及其试验和鉴定；

（9）通用化、系列化、组合化工作,型号标准化工作；

（10）软件实施工程化管理；

（11）元器件、原材料等选用控制；

（12）产品特性分析,对关键特性、重要特性的确定；

(13) 技术状态管理,技术状态更改控制的程序;

(14) 数字化设计和仿真试验控制;

(15) 技术接口和技术协调;

(16) 优化设计技术、并行工程、人机工程、价值工程、供应链管理、虚拟现实等方法和工业互联网、大数据、云计算等现代信息技术的应用;

(17) 产品设计与工艺设计结合、工艺可实现性和工艺人员的参与;

(18) 图样、技术文件的校对、审核和批准,工艺、质量会签和标准化检查;

(19) 对设计和开发外包外协供方选择和监督控制;

(20) 评审、验证和确认活动及设计复核复算;

(21) 所有输出内容和形式(包括图纸、技术文件、试验验证的产品及相关保障资源等);

(22) 信息收集、传递、分析和处理的渠道和方法等。

对设计和开发结果应进行评审,并征求顾客及其他相关方意见,形成正式的设计和开发文件。

3.5.3.2 设计和开发的输入

设计和开发的输入应作为设计的边界条件和约束条件予以评审或确认,并保留其记录,以确保设计和开发工作及结果的协调性、充分性和适宜性,满足设计和开发目的。设计和开发的输入包括:

(1) 与产品和服务相关的质量安全、环境和健康等方面法律法规要求;

(2) 技术标准和规范;

(3) 任务书、合同协议、研制计划、环境规范、项目质量计划(产品保证大纲或质量保证大纲)、接口数据单等;

(4) 类似产品的技术资料;

(5) 禁限用元器件和禁限用工艺;

(6) 国内外典型失效案例等。

3.5.3.3 设计和开发的实施

在各版质量管理体系要求的国家军用标准中,对"设计和开发的控制"这一部分十分薄弱,只有半页纸。这对于复杂的航天装备而言,显然过于笼统。而这一部分内容是最反映航天特色的质量管理部分。质量管理体系建设中,这一部分薄弱,也正是质量管理体系建设与型号质量工作结合不够密切的"两张皮"问题所在。

第3章　航天质量管理体系的一般要求和特色做法

1. 技术风险的识别、分析和控制

型号工程不同于预先研究,技术认识不到位而导致的不成功,就属于质量问题。保证航天装备质量,就是要强调吃透技术,即真正掌握技术机理,摸透技术规律。也就是说,没有吃透技术导致的技术问题本身也就是质量问题。承担航天装备研制应开展全系统、全过程、全要素的技术风险识别和分析,以满足"吃透技术"的要求。其主要内容如下。

（1）开展故障模式、影响及危害性分析（FME（C）A）、故障树分析（FTA）、"九新"（新技术、新材料、新工艺、新状态、新环境、新设备、新单位、新岗位、新人员）分析、关键特性分析、数据差异性分析等方法,并注重各种分析方法的结合;

（2）运用风险矩阵图等分析工作,分析风险发生的可能性和后果严重性并据此确定风险等级;

（3）形成技术风险项目清单,提出应对技术风险的措施和预案、技术风险接收的准则;

（4）对所有识别出的技术风险实施技术风险控制表单管理;

（5）对于中等风险和高风险的项目,制定应对措施,将其落实在研制计划中,并作为节点控制和技术评审的重点;

（6）开展技术风险专项评审,对风险识别、风险等级、应对措施、残余风险进行确认,以确保型号转阶段、出厂前,有明确结论,残余风险应达到可接受水平。

对于技术复杂的航天装备而言,最好运用概率风险评价（PRA）、技术成熟度评价（TRA）、单点故障模式识别、质量问题隐患交集分析、飞行成功子样数据包络分析、飞行时序动作分析与确认等方法,开展技术风险分析。

对上述航天领域科研生产中总结提炼出的特色质量管理方法,简要阐述如下:

（1）质量问题隐患交集分析是指运用数学中集合的知识,识别同时具备多种质量问题隐患（如技术状态有更改、单点故障点、发生过质量问题等）的交集,开展关联分析并明确关注度。

（2）飞行成功子样数据包络分析是指在产品特性识别的基础上,收集产品飞行子样的成功数据,利用合理技术方法构建成功数据包络范围,将待分析产品的数据与对应的成功数据包络范围进行对比,判定待分析产品数据是否落在包络范围内,得到待分析产品数据包络状况,评价产品是否满足执行飞行及在轨运行任务要求的活动。其中,飞行成功数据是指经过飞行及在轨运行成功验证的产品在飞行、在轨运行及地面试验中的数据。

（3）飞行时序动作分析是指按照飞行或在轨运行时序的控制要求的产品动

作,对执行飞行时序动作的产品输入条件、输出结果、指标实现情况及设计余量、环境及相关影响、试验验证或工程分析情况进行系统梳理。

2. 通用质量特性

通用质量特性是指可靠性、安全性、维修性、测试性、保障性和环境适应性等复杂装备都具有的特性,以区别于精度、速度、载荷等不同装备专有的功能特性。对于航天装备而言,通用质量特性至关重要。这方面的文件、标准有很多,其内容许多是源于国外航天领域或我国航天领域自我创新的成果。应根据航天装备的任务剖面和通用质量特性具体要求,开展通用质量特性设计、分析和试验。其主要内容如下。

(1)开展通用质量特性工作的策划(包括各特性及一体化的策划),编制策划文件,如产品保证大纲或各特性专项保证大纲等,并纳入型号研制计划和流程,使其与功能的设计和开发同步策划、同步设计和同步验证,有机融合。

(2)编制通用质量特性各特性及一体化的设计准则,确定通用质量特性要求、指标和工作项目,实施通用质量特性建模、预计和分配,开展通用质量特性各特性及一体化的设计、分析、评价、评审、试验和验证工作,对功能特性、通用质量特性、进度、费用等要求综合考虑和权衡分析,把对外包、外协产品的通用质量特性要求及时、准确地传递给供方。

(3)在可靠性方面,按产品层级系统性开展FME(C)A。对关键项目产品,实施最坏情况分析、潜在分析(SA)、环境应力分析等。对新设计或技术状态有重大更改的产品通过可靠性增长试验,充分利用仿真技术提前暴露设计薄弱环节。可靠性验证试验应模拟真实的环境剖面。

(4)在安全性方面,全面识别一般危险源和故障危险源及可能引起的危险事件,对产品危险、生产和试验危险、使用与保障危险、职业健康危险等进行系统分析,进行危险的防护、隔绝、处理和防止误操作。

(5)在维修性方面,开展可达性设计、安装方法设计、标准化与模块化设计、抢修性分析等,确定最优维修策略,明确维修方式、维修周期、维修备件等,确定维修条件、维修时间、维修难易程度和维修速度的度量,以减少维修作业的复杂程度或难度,减少维修时间。

(6)在保障性方面,开展型号试验、使用与维修保障分析,把保障资源及费用纳入系统设计,制定保障方案,确定保障资源、使用与维修培训和技术资料的提供方式,使优化设计方案和优化保障方案有机结合。

(7)在测试性方面,开展被测单元和外部测试设备之间的兼容性设计、被测单元的机内测试(BIT)设计和被测单元结构设计等,进行测试性数据收集与分析,使产品具有实时和非实时的故障检测能力。

(8) 在环境适应性方面,获取与分析环境数据,进行环境条件分解,开展环境条件设计,对空间环境、电磁环境、振动环境影响因素进行分析,开展环境试验和环境适应性评定,进行环境预示和防护设计。

3. 优化设计技术的应用

优化设计技术,是指从正向角度,将数理统计和概率论、运筹学、系统论、信息论等引入到质量分析和控制之中,通过运用一系列科学、合理的技术方法,把用户需求转换成工程措施,在设计和开发过程中分析、优化设计要素。

开展设计与开发控制,最好结合产品特点,适当运用健壮设计(质量功能展开(QFD)、三次设计、实验设计等)、人机工程设计、精益设计(Lean design)、发明问题的解决理论(TRIZ)、防差错设计、容错设计、面向生产(工艺、装配和测试)的设计(DFx)、价值工程、效能与寿命周期成本(LCC)分析以及数字化仿真工具等方法和技术手段,优化设计方案,编写、开发或选定相应的应用指南、操作手册、培训教材、软件工具等,以提高运用优化设计技术的针对性、可操作性和有效性。

4. 通用化、系列化和组合化

通用化、系列化和组合化在航天领域简称为"三化",应在满足研制要求和合同要求的前提下,开展产品"三化"工作。其主要内容如下。

(1) 在充分考虑产品系列化和通用化需求的基础上,构建产品型谱;

(2) 在基本型基础上,通过更换或升级,衍生同系列的不同产品,满足顾客不同的需要;

(3) 确保产品接口、互换性要求,对某些零件或部件的种类、规格,按照一定的标准加以精简统一,使之能在类似产品中通用互换;

(4) 对于复杂产品和系统级新产品,编制产品标准化大纲;

(5) 按照标准化原则和组合化要求,设计中尽量按独立功能设置模块,根据需要拼合成不同型号产品;

(6) 元器件、原材料、机电组件/部件尽量选用标准规格产品;

(7) 产品升级换代时,尽可能保持产品接口不变;

(8) 开展设计方案"三化"评审。

5. 软件保证

在研制过程中软件质量保证至关重要,而软件产品质量控制比较特殊,问题也比较多,应按照软件工程化的相关文件和标准要求,开展软件设计与开发及管理工作。其主要内容如下。

（1）开展软件需求分析；

（2）将软件作为独立产品列入型号产品配套表，制定软件开发计划，将软件研制工作纳入型号研制计划；

（3）识别、分析和控制软件开发项目风险；

（4）开展软件系统设计与验证、软硬件协同设计与验证；

（5）按相关标准要求编制软件文档，规范软件开发工作；

（6）充分利用数字化应用支撑环境，开展软件可靠性和安全性的设计、分析与验证，并开展软硬件故障相互影响分析；

（7）对嵌入式软件进行软硬件接口的协调性分析；

（8）对软件重用的使用剖面进行分析；

（9）建立开发库、调试库、产品库，开展软件配置管理，对更改的软件实施回归测试；

（10）开展软件测试，对重要软件由具备相应资格的第三方软件评测机构进行确认测试；

（11）将软件及其开发过程作为转阶段评审的重要内容；

（12）在外购软件购置前对其进行论证和验证，评价供方资质，监督开发过程，并按准则验收；

（13）可编程逻辑器件等项目的开发参照软件工程化要求，实施分级分类管理；

（14）开展软件产品化工作，推进软件的模块化、标准化、系列化设计和生产。

6. 元器件保证

元器件是长期以来航天型号质量问题的多发点。航天工业质量工作针对元器件质量管控的特点，创造性的提出并长期有效实施了元器件"五统一"工作，即"统一需求规划、统一评价认定、统一选用管理、统一组织采购、统一质量保证"。开展元器件保证就是应坚持和深化"五统一"工作。其主要内容如下。

（1）编写型号元器件保证大纲（单独编写或作为产品保证大纲的一部分）；

（2）按合格供方名录和元器件选用目录进行元器件设计选用，确定选用的元器件品种和质量等级；

（3）对新型元器件选用和超目录选用进行充分论证，并上报和审批；

（4）新型元器件经鉴定和定型后，才能装机参加大型试验；

（5）明确元器件测试、装机等操作使用过程中应采取的防护措施；

(6) 执行"禁限用元器件"以及与元器件电装"禁限用工艺"的相关要求;

(7) 按研制计划,进行元器件选用专项评审;

(8) 进行必要的破坏性物理分析(DPA);

(9) 由具有资质的专业技术机构进行元器件复验与筛选、失效分析;

(10) 将元器件保证作为质量检查确认与评审的重要内容。

7. 工艺保证

产品的工艺保证应与产品性能和结构的设计工作并行开展,要求工艺人员参与产品设计。这不仅可以缩短开发时间,更有助于提高可生产性和保证质量。工艺保证的主要内容如下。

(1) 明确各阶段工艺工作内容及要求,并将工艺工作纳入型号研制生产计划。

(2) 开展设计方案工艺性分析、设计与工艺相互技术交底工作,在设计阶段协调解决重大工艺问题。

(3) 制定和实施工艺总方案,明确工艺路线、外协工序、关键工序和特殊工序。

(4) 对工艺风险进行识别与分析,制定应对措施。

(5) 按照型号研制需要提出并落实工艺技术改造方案。

(6) 提出工艺攻关计划,开展工艺攻关,攻关成果经鉴定和审批后,纳入工艺文件。

(7) 采用数字化模装、虚拟制造、虚拟维修等技术方法,实施设计的工艺验证。

(8) 开展工艺评审。

(9) 对产品设计文件进行工艺审查并会签,签署工艺文件,严格控制工艺审查后的产品设计和工艺更改。

(10) 进行工艺定型,确保工艺定型后才能正式转入批生产。

8. 关键环节控制

开展关键件、重要件(特性)和关键工序、特种工艺(特殊过程)识别、分析和控制。其主要内容如下。

(1) 结合以往质量问题对产品特性进行分类分析,识别和确认关重件(关键件、重要件)特性和关键工序、特种工艺;

(2) 编制关重特性/关重件明细表、关键工序目录;

(3) 编写关重件工艺规程和质量跟踪卡,策划并确定控制措施,确定控制点的设置,作为控制的依据;

(4) 在图样、相关设计文件和工艺文件、产品检验规范中进行规范标识。

9. 技术状态管理

对技术风险管理、系统工程管理、项目质量管理而言,技术状态管理都是重要内容。开展技术状态管理,其主要内容包括:

(1) 制定技术状态控制的文件;

(2) 编制和实施技术状态管理计划;

(3) 进行技术状态标识,确定技术状态项,审定技术状态基线,包括功能、分配和产品基线;

(4) 按计划进行技术状态纪实和审核;

(5) 按相关标准等要求实施技术状态更改控制,包括软件配置管理(在后面设计和开发的更改部分再进行详细阐述);

(6) 通过技术文件或合同向供方和合作伙伴传递技术状态管理要求,加强供方技术状态控制;

(7) 严格控制偏离许可,对其按照相关规定办理审批程序,必要时,还需得到顾客的批准;

(8) 型号转型阶段和出厂前,对技术状态进行系统清理并有明确结论。

10. 审签、会签和审查

实行对设计文件校对、审核、批准的审签制度(简称"三级审签"),工艺和质量会签制度(简称"两个会签")以及标准化审查制度。即技术文件管理方面,实行被人们统称"三级审签、两个会签和一项审查"的制度,主要包括:

(1) 建立审签、会签和审查的制度,明确程序、要求和签署人员的职责;

(2) 对设计文件输出履行审签、会签和审查的程序,留有充分时间,确保相关人员履行技术责任;

(3) 采用适合数字化设计和制造的设计文件审签、会签和审查的方式;

(4) 未按规定签署齐全的图样和技术文件,不能够用于投入生产、试验和归档。

11. 单机试验控制

在航天产品的研制过程中,对系统级、重要的分系统级产品,如发动机,进行大型地面试验、飞行试验或执行飞行任务,将在后面单独阐述。这里,阐述单机产品研制试验的质量控制要求。具体内容包括以下方面。

(1) 建立试验质量控制管理制度。

(2) 系统策划所需开展的试验(包括性能试验、环境试验、可靠性试验等),按研制阶段确定试验项目,制定试验计划,并纳入到研制技术流程和计划流程。

(3) 编制试验用技术文件(如试验大纲、测试细则、结果评定准则、表格化记录、应急处理预案等),明确试验的目的、内容、条件、方法、程序和要求,并按要求对其评审、批准。

(4) 开展试验准备状态检查,落实以下要求:

① 确保试验文件齐全,试验现场使用文件现行有效,制定了试验故障处理预案,试验方案经过评审;

② 试验岗位职责明确,试验人员按规定持证上岗;

③ 参试设施和设备在检定/校准的有效期内,对新选用试验设备的风险得到识别、分析和验证;

④ 试验用介质、供配电、供气、辅助材料及试验环境(温度、湿度、洁净度等)符合要求;

⑤ 用于试验的计算机软件经过验证和确认,并实施版本控制。

(5) 按照试验大纲和试验细则实施试验过程控制,包括:

① 实施试验岗位责任制;

② 实施试验操作过程控制、试验环境控制;

③ 按规定的表格、时机和方式采集试验数据,建立和妥善保留试验的原始记录;

④ 按规定的方法及时进行试验数据的判读、比对和分析;

⑤ 对试验中出现的非预期情况,按预案中止试验,在分析处理彻底解决问题后方可继续试验;

⑥ 通过试验数据的异常分析和故障处理,进行重新试验、补充试验或试验调整。

(6) 试验方案的变化纳入技术状态更改控制程序,得到试验大纲批准者的批准。

(7) 按规定的程序收集、整理、分析、评价试验数据,保证其完整性、客观性、准确性和可追溯性。

(8) 进行试验总结,编写试验报告,并及时上报和传送,必要时通报给顾客。

(9) 将试验文件、试验记录和试验报告作为产品数据包的组成部分归档。

12. 数字化设计质量控制

在航天产品研制中,已较为普遍实施数字化设计,但这同时带来了如何在其背景下有效实施质量控制这样一个新问题。开展针对数字化设计特点的质量控制,包括:

（1）补充、修订设计、工艺的管理文件和标准规范，以适应数字化设计及其管理的特点和要求；

（2）明确产品设计、产品数据管理等软件的规格、数据格式和存储方式等，保证协同研制条件下的数字产品统一管理；

（3）对使用的数字化设计软件的种类、版本、系统设置文件等设计环境进行控制，确保所用数字化环境状态确定；

（4）采用统一的三维标注、标识规则；

（5）实施产品数据技术状态控制；

（6）构建数字安全机制，采取防范措施，保证数据在转换与传递过程中的完整、安全和可追溯性；

（7）纳入标准库的产品三维模型通过质量检查，经过审批；

（8）对数字产品进行功能、性能、可靠性、维修性和安全性等仿真试验和分析；

（9）通过多学科数字化协同设计、模拟加工、虚拟装配等方式，发现设计缺陷，提高设计方案的可实现性；

（10）建立并执行数字产品版本审批流程，对数字产品实行版本管理并反映其可追溯性，确保使用有效版本；

（11）开展数字样机评审，确保数字样机状态受控，按研制阶段完成基于数字样机的模装、干涉检查、系统协调、质量特性计算、人机装配可行性验证、维修可行性验证、靶场流程仿真等。

13. 技术评审

技术评审一直是航天型号研制过程中质量控制的重要方式。近年来，如何提高评审有效性是一个比较突出的问题。技术评审应将通用质量特性、风险识别与分析、质量问题归零、技术状态控制、计算机软件、元器件、原材料选用等作为评审重要内容，对技术复杂、质量要求高的产品应就上述内容进行必要的专题评审，将评审结果作为型号转阶段、产品出厂的依据。其主要内容如下。

（1）制定技术评审制度，明确评审目的、程序、要点和时机，规范评审的组织管理、评审结论的给出及遗留问题跟踪处理等。

（2）按型号研制程序及产品的功能级别和管理级别，对各类技术评审进行系统策划，形成评审计划，并将其纳入研制、生产计划。

（3）按专业建立包括组织内部专家和外聘专家相结合的评审专家队伍，实施评审专家资质管理，建立评审专家信息库，对评审专家队伍实施动态管理。

（4）在独立于被评审项目研制团队之外选聘评审组成员，以同行同专业的专家为主、兼顾相关专业的专家,注重同一产品不同研制阶段的同类评审,评审组成员保持一定的连续性。

(5)建立并实施研究室或工程组的基层同行专家评审和技术咨询把关制度,确保提交评审的技术内容代表研制团队的水平。

(6)准备评审材料,保证评审资料的真实性和完整性,在型号评审前请评审组专家提前了解研制情况。

(7)通过听取被评审方技术负责人汇报、查阅评审资料、观看试验验证录像片、质疑和答辩、专家讨论及必要的现场考察等方式,开展评审工作。

(8)给出客观、全面、明确的评审结论,对评审所提出的建议及待办事项进行记录并经评审组长确认,对评审结论和建议的正确性负责。

(9)对评审结论中个别评审专家所持的不同意见进行必要的重新评审或补充评审,按评审中提出的问题及建议实施改进后,请原评审组主要专家重新评审或补充评审,对不予采纳的建议需经过必要的分析和论证,以书面形式反馈,并征得评审组的同意。

(10)保留评审过程、评审结果及遗留问题闭环管理的记录,建立评审信息库并实施动态管理。

14. 验证和确认

在航天产品研制过程中,除技术评审外,可采用设计复核复算、质量检查确认、仿真验证试验等方式进行验证和确认,以确保设计和开发输出满足输入的要求。验证和确认活动可单独进行或组合进行或结合型号的其他工程试验进行。验证和确认的活动和方式包括:

(1)通过样机测试、数字仿真和环境试验等活动,对设计和开发的输出结果进行验证。

(2)通过对产品加载实际使用条件,甚至极限条件进行试验验证,获取测试数据,与设计和开发要求、已证实的类似设计进行判据比对或评审。

(3)对设计验证试验的充分性和覆盖性进行分析和检查,包括分析和检查试件技术状态、试验项目和条件、测试数据处理等方面的不确定因素及后果,分析可测、可检项目的状态与产品实际工作状态的差异性及后果,分析地面验证试验的充分性和试验结果的离散性及后果。

(4)对重点型号、转正样阶段、首次飞行试验、首次地面试验、技术问题归零等,经过系统策划,采用其他同行专业人员、不同的设计计算方法、数字仿真模型和软件工具、数据核对等方式和途径,开展设计复核复算工作,以充分验证设计和开发的正确性。

（5）对验证或确认所采取的措施和结果进行跟踪，保留相关记录。顾客要求时，邀请顾客参加或监视验证，并将结论及采取措施的结果向顾客通报。

15. 质量问题技术归零

"质量问题归零"是指对航天型号在设计、生产、试验、服务中出现的质量问题，从技术上、管理上分析产生的原因、机理，并采取纠正措施、预防措施，以避免问题重复发生的活动。这里"质量问题"是指故障、事故、缺陷和严重不合格等。

质量问题归零是我国航天科技工作者从航天装备研制失败教训中总结提炼出来的一项具有我国航天特色的质量管理活动。由于质量问题归零工作要求从技术和管理两个方面开展，各有五条要求，故此，也称质量问题归零"双五条"。质量问题归零的做法和经验已经成熟，形成了国际标准、国家标准和航天行业标准。对发生的质量问题，应按相关标准从技术上依照"定位准确、机理清楚、问题复现、措施有效、举一反三"的要求，实施归零程序。

实施质量问题技术归零工作的要点如下。

（1）按规定和标准要求，履行质量问题技术归零的职责；

（2）应用"故障树分析"等方法进行质量问题原因分析和定位工作；

（3）通过必要的试验或仿真对故障原因分析结果进行证实；

（4）验证设计改进措施的有效性，在被证实有效后，办理更改审批手续，进行永久更改；

（5）在型号试验队组织和领导下，按有关规定和标准实施靶场和外场质量问题归零；

（6）其他型号开展举一反三归零工作，以发现类似问题并采取纠正和预防措施；

（7）对技术归零报告进行评审，并归档；

（8）与质量问题管理归零有机结合。

16. 产品数据包

航天产品数据包是指航天产品在设计、试验、生产、交付和服务保障中形成的有关产品功能和质量特性的各类文件、记录等信息的集合。产品数据包的主要内容包括产品基础数据、产品关键特性数据、产品功能性能数据。产品数据包工作是近年来航天科技工业推行的一项工作，是在成套技术文件管理和记录管理的基础上发展创新而来。开展这项工作，应依据研制生产流程和产品保证要求，确保其客观性、规范性、系统性、完整性和可追溯性。其具体内容如下。

（1）建立产品数据包的管理制度,明确其策划、生成、传递、确认、归档和使用等环节的工作要求并将其分解落实到相关岗位及责任人,明确数据包内容及其载体形式,如文件、表格、照片等,给出数据包模板。

（2）策划产品数据包工作,明确产品数据包项目及内容覆盖产品实现各环节所有的文件、记录、数据和影像等信息,编制产品数据包清单,经过评审和审批,并将其纳入文件管理要求中。

（3）按有关要求和数据包模板采集相关数据,分析、处理获取的数据,形成纸质文档、电子文档或影像资料等,对有量化要求的记录提供实测数据。

（4）对不可检测项目、不可逆过程的控制结果以及产品装配的最终状态保留可检查的客观证实资料,包括图像、影像资料。

（5）在产品出厂前,全面分析产品数据包,尤其是分析关键特性参数的量化记录,按有关要求随产品交付产品数据包。

（6）按型号任务产品层级逐级向下明确随产品交付的数据包项目清单和产品数据包内容,在产品验收过程中对产品数据包进行核查。

（7）以信息化技术手段作为支撑,将产品数据包纳入档案管理,并在质量问题归零等必要的情况下提供备查。

3.5.3.4 设计和开发的输出

设计和开发的输出应与设计和开发的输入相对应,其方式应根据顾客需求或明确的任务书要求、产品和服务的重要性、复杂性和成熟程度以及预计的风险等来确定。输出的形式包括设计图纸、技术报告、工程样机等。输出应经过验证和得到批准,应确保设计和开发输出。

（1）实现设计和开发的策划,满足设计和开发输入的要求;

（2）对于后续过程是充分的,如给出采购、生产、试验和服务的适当信息;

（3）符合技术状态标识要求,满足其所在研制阶段的技术状态基线要求;

（4）规定对于实现预期目的、保证安全和正确提供(使用)所必需的产品和服务特性;

（5）规定产品使用所必需的保障方案和保障资源要求;

（6）文件和记录的完整性、充分性和适宜性,文件和记录得到保留等。

3.5.3.5 设计和开发的更改

设计和开发的更改对于航天装备研制而言,主要就是技术状态更改,应按照上级或产品上层级的有关规定和标准等文件的要求,识别、评审和控制更改,避免由于更改产生任何不利影响,形成"小改出大错",确保技术状态更改的基线明确,产品符合要求。其具体要求如下。

（1）对于2、3类工程更改执行技术状态更改的五条要求(也称"五条原则",即论证充分、各方认可、试验验证、审批完备、落实到位)进行系统分析和验证,评价更改对产品的影响,确定更改所涉及的文件、产品范围和时限,履行审批程序并实施跟踪；

（2）对于不能通过实物试验验证的更改项目通过仿真、复核复算等手段以保证更改正确,并保留更改论证、实施、审批、跟踪的相关记录；

（3）软件的更改满足软件配置管理要求,对更改的软件进行回归测试。

3.5.4　覆盖供应链全链条的外协和外包及外购过程控制

由于质量管理体系各版标准对这一部分概念称谓的变化及各单位的理解不同,这一部分的概念比较混乱。在最新版的质量管理体系标准中将其称为"外部提供的产品和服务"。在航天科技工业领域,人们最常用的术语为"外协""外包"和"外购",三者有着明显区别。即通常外部提供的产品和服务,分为外包、外协和外购货架产品或成熟服务项目。其中:外包是指把一个相对独立的产品研制、生产或服务项目或子项目全部或主体承包给外部组织,外协是指由于没有能力去做或经济上不值得做等原因导致将部分研制、生产或试验的工作协作给外部组织,包括科研外协、生产外协等几类;外购分为采购定制产品、采购货架产品或采购成熟的服务项目。定制产品是指供方根据特定要求进行设计和或生产产品,是完全外包的一部分。货架产品、成熟服务项目是指选择供方现有类型的、无需专门开发的产品和服务项目。

结合航天任务特点,引入供应链管理的方法,注重科研外协、生产过程外协、服务外协、定制产品外包、货架式产品外购控制的区别,注重老供方与新供方的区别,注重在不同阶段、不同层级产品外包、外协和外购的区别,明确如何对供方分类进行监督评价和控制、明确提出监督控制供方的二次外协,严禁供方将全部协作任务转包,针对采用"互联网+外协外购"等新方式提出要求。

3.5.4.1　外包、外协和外购需求的分析和确定

哪些产品和服务需要去外包、外协或外购,不论是因为经济原因,还是技术原因,或研制生产手段、规模等原因,都需要进行系统地策划和分析。应根据产品和服务要求及其实现的策划、产品基线、产品配套表以及研制项目工作包等内容和要求,分析所承担产品和服务在技术能力、生产能力和费效比等方面的优势及不足,在确保产品和服务的功能、质量和交付时间的情况下,确定外包、外协或

外购的需求,包括分系统、单机的研制、生产、试验的外包和元器件、原材料等物资外购。

不论是供方提供的过程、产品和服务构成本组织自身的产品和服务的一部分,还是供方替本组织直接将产品和服务提供给顾客,或已经决定由供方提供过程或部分过程,都应将外包和外购的过程、产品和服务作为单位自身的过程、产品和服务一样加以控制。应根据外包、外协和外购的需求分析,制定外包、外协和外购的计划,对其进行评审,并将其纳入产品研制、生产和服务计划及财务预算加以落实。

3.5.4.2 供方及其产品和服务的选择及评价

航天产品研制生产过程中的外包、外协和外购,应由被授权的职能部门或组织(如研究院物流中心)进行,应按上级有关规定和标准,根据外包、外协和外购需求分析和相关计划,对供方及其产品和服务进行选择及评价,其要求如下。

(1) 在合格供方名录内选择供方,选用优选目录内的产品和服务,如需超目录选用,应进行充分论证并按规定审批;

(2) 对供方进行资质评定、绩效评价和必要的专项审核,对关键、重要的供方的质量管理体系进行评价和跟踪,优先选取评价等级高的供方,确保有效识别和控制供方选择带来的风险;

(3) 对于产品设计和开发方案进行多方案比较、综合、选择和评审;

(4) 采用"互联网+外购外协"方式,选择社会诚信度高的知名电子商务平台、知名企业、著名品牌的产品和服务;

(5) 按照"通用化、系列化、组合化"的设计要求,综合考虑外包、外协和外购产品和服务的功能特性、可靠性、安全性、可获得性和经济性等,确保有效识别并控制风险;

(6) 尽量将直接从事外协项目和外购产品的科研、生产的组织选择为供方,减少中间环节;

(7) 对科研外包或外协项目供方的选择和评价,重点对供方承担外包或外协项目技术负责人和技术团队的责任心、稳定性、投入精力、专业能力和工程经历等进行考察和评价;

(8) 初样阶段、正样阶段尽量选择同一供方,以保证产品和服务质量的稳定性,更换供方应重新评价和审批;

(9) 对选择的供方及其产品和服务进行选用评审,评审结果作为型号转型阶段的依据;

(10) 对拟选产品进行鉴定;

(11) 对供方的二次外协进行审核、批准；

(12) 根据顾客要求，邀请顾客参加对供方及外包外协过程的评价和选择；

(13) 保留对供方及其产品和服务选择及评价的记录。

3.5.4.3　提供给供方的信息

在实施外包、外协和外购之前，应根据其需求分析的结果，形成外包、外协招标和外购的信息，以适当的方式与潜在供方就这些信息充分沟通，并通过招标书、采购意向书等外包、外协或外购需求文件加以明确，以便于最终能够得到所需要的、供方能够提供的产品和/或服务。这些沟通并加以明确的内容包括：

(1) 供方所提供的过程、产品和服务及应符合的要求；

(2) 外协外购产品和服务的招标信息，包括对利用"互联网+外购外协"、创客招标和评选的信息；

(3) 对产品和服务的批准、实现方法、过程和设备以及放行决定权；

(4) 供方应具有的能力，包括所要求的人员资质；

(5) 供方与本组织的接口；

(6) 供方向分供方传递采购文件中的适用的要求；

(7) 本组织对于供方绩效的控制和监视；

(8) 本组织或其顾客拟在供方现场实施的验证或确认活动等。

外包、外协和外购的合同、技术协议书及其附件等应明确其产品和服务的性能指标及技术要求、质量保证要求（或产品保证要求）、保障要求、依据的标准、过程监督方法、相关信息及其沟通方式、验收准则和方法、质量责任等具体要求。这些要求应明确、合理、合法、可执行、可检查。这些外包、外协和外购文件应经过组织内部相关部门的会签，履行了审批手续，并与供方进行充分沟通，要求外包、外协和外购方逐条进行确认，确保双方理解一致，以便对供方及其产品和服务的过程及结果实施监督与验收。

对于关键、重要的采购产品，尤其是定制产品，应与供方进行详细沟通，包括的信息有：

(1) 产品的型号规格、性能指标、质量要求、数量、标识、交付方式及时间等；

(2) 图纸图样、标准规范、检验规程等技术资料的名称目录和适用版本；

(3) 关键件、重要件和关键工序及其相关的质量控制要求；

(4) 试验样件的制造方法、数量、储存条件和检验、验证、审核的要求；

(5) 生产现场监制、验收的规定，如设置强制检验点等；

(6) 不合格品及质量问题归零的程序和要求；

（7）交付和验收资料清单；

（8）通报有关产品和/或过程的更改；

（9）检查供方相关设施和查阅相关记录的权利等。

3.5.4.4 外包、外协和外购过程的监督控制

航天产品和服务的技术复杂、投入大、研制周期长等特点,决定着对于外包研制、科研和生产过程外协、定制化生产等,作为甲方的组织不能坐等最终成果。因为,一旦出现问题,在技术、进度、成本等方面就有着承担不起的风险,必须进行必要的过程监督控制。其主要控制活动如下。

（1）按外包产品或外协项目分为科研类、生产类、服务类的外包或外协,按所承担的外包、外协任务的重要程度分级,按是否第一次承担相同、相近的任务分为新供方和老供方,实施分级分类监督控制。

（2）结合供方质量管理状况、外协外购产品和服务特点和产品保证要求,对供方相关人员开展质量管理和(或)产品保证的程序、方法、标准和规范等方面的培训。

（3）审查科研类外包产品重要研试文件、项目质量计划和(或)产品保证大纲、工艺文件、检验文件等。

（4）监督控制供方的二次外协,严禁供方将全部协作任务转包。

（5）监督和指导供方开展风险识别、分析与控制工作。

（6）进行对科研类、生产类外包产品生产基线审查和技术状态控制,要求供方及时报告设计变更及生产条件的重大变更情况。

（7）明确外协试验的要求,指导试验策划,开展对试验过程、试验结果分析处理的监督控制。

（8）开展试制生产准备状态检查和评审,实施对工艺文件、关键和重要过程及关键和重要件、强制检验点、关键检验点的监督控制。

（9）对于承担重要任务、质量问题多发的供方,对高风险的、复杂的产品和服务实现过程,派驻工程经验丰富的质量监督人员、产品保证人员进行现场监制。

（10）要求供方对重大质量问题和质量事故开展质量问题归零,并提供归零报告。

（11）对供方科研(含试验)、生产现场、库房等场所进行综合或专项检查,对发现的问题和薄弱环节监督整改。

（12）要求供方提供产品质量审核、过程控制的记录或产品质量履历书,对供方质量记录、产品和服务数据包进行监督检查,必要时保存供方质量记录。

（13）顾客要求时，与顾客一同对供方实施联合最终验收。

3.5.4.5 外包、外协和外购产品与服务的验收

组织应根据科研生产的需求，外包、外协和外购产品和服务的特点，选择采取以下验收的方式：

（1）对从供方获得产品质量的客观证据（如合格证明、检验试验报告、过程控制记录等）进行证实；

（2）对重要的采购产品派人到供方监制验收；

（3）进行到货接收检验和复验；

（4）委托第三方检测、试验和认证；

（5）元器件、原材料、线缆和标准紧固件等采购产品到货后由专业检测机构或授权组织对其进行筛选检测或复验；

（6）对于创客设计和开发项目，采用在多方案比较、综合的基础上通过评审、演示验证等方式进行验收。

组织应按以下要求开展外协、外包和外购产品与服务的验收：

（1）建立健全外包验收、采购产品复验的制度，包括检验、评审、放行的方法和准则；

（2）进行到货复验的手段和条件建设，满足外协外购产品复验的要求；

（3）系统策划验收活动，根据检验规范和接收准则的规定及型号任务要求明确对各类外包外购产品和服务验收方法、时机、场地、要求和记录；

（4）对于科研外协、生产外包或外协项目，按有关规定、标准、合同要求通过评审、演示验证、测试或试验验证等方式进行验收；

（5）对于外购产品，按有关规定、标准、合同要求进行到货复验；

（6）型号产品总体对分系统、分系统对单机进行逐级验收；

（7）对于未按要求开展强制检验、关键检验工作的外协产品不得验收；

（8）杜绝外购、外协产品未经复验即投入使用，以防止不合格的外购、外协产品非预期使用；

（9）按规定请上级认可的专业机构实施，确认其资质，对采购产品质量问题进行失效分析，并保留委托验收的相关记录。

3.5.4.6 外包、外协和外购产品的保管

组织应确保通过验收的产品在转运、入库、储存和发放等过程受控。其主要要求是：

（1）确定外包、外协和外购产品保管要求、方式、时间、场所和责任者；

（2）按有关规定要求进行外包、外协和外购产品入库接收,办理入库手续;

（3）库房的存放环境、保管条件应满足外包、外协和外购产品储存条件要求,产品的防护措施应能确保产品性能和质量稳定;

（4）利用信息化管理手段,对库房外协、外购产品的品种、数量和状态等进行管理,并对分散在不同存放场所的外包、外协、外购产品实现虚拟的集中管理;

（5）对有保存期限和周期性复验要求的外包、外协、外购产品进行定期确认和复验,避免误用;

（6）外包、外协、外购产品在未被证实符合规定要求之前不得使用,必须先行使用的需进行有效的可追溯性标识和记录才能放行,以便追回;

（7）制定外包、外协、外购产品配送计划,按计划及时、准确、安全地将其送达使用现场;

（8）领取和发放已入库的外协、外购产品,按照相关规定审批,并办理交接手续;

（9）建立并保存外包、外协、外购产品入库、保管和发放的记录;

（10）库房保障条件建设和日常维护运行管理,推行库房"6S"现场管理。

3.5.5　精细量化的试制和生产过程控制

在航天工业领域,研制阶段的试制与定型后生产的质量管理有着明确的区别,但也有共同之处。在此将两方面合并描述,并注重其区别。

3.5.5.1　试制和生产的策划

航天装备试制和生产技术复杂,新内容多,协作涉及面广,因此,应加强试制和生产的策划,编制工艺总方案、生产计划、检测要求和生产过程控制要求等文件,对生产技术方案、生产过程的计划管理、质量控制、工装设备、原材料和在制品管理、人员管理、文件管理和现场管理等方面进行策划。策划时应考虑:

（1）相关的技术文件、图样、工艺文件、作业指导书、检验规程和测试规范等文件的完整性,其文件现场版本的有效性。

（2）配备具有质量意识、专业知识和技能的人员,尤其是关键岗位操作和检验人员的岗前培训和资格管理等。

（3）提供适用于生产的基础设施、工作环境和生产设备(制造、检验、测试、计量和运输设备等),生产使用的计算机软件是适宜的版本并经确认和审批,生产手段之间具有匹配性,确保其满足生产要求。

（4）元器件、原材料、辅料等的提供及投产前必要的检验。

（5）试制和生产准备状态检查，生产过程控制，现场环境控制，产品检验和测试，产品的标识、防护、放行、交付、不合格品管理等方面的措施和方法，包括统计技术、防差错技术和看板管理等方法的应用。

（6）需要明确的过程评审、验收准则，包括以清楚适用的方式(如文字标准、样件或图示)规定产品和服务技艺评价准则，特定的方法和程序的使用，以及产品质量记录的控制要求等。

（7）对顾客和供方参与生产的控制等。

3.5.5.2　试制和生产的实施

1. 试制和生产准备状态检查

在实施对系统级和分系统级航天装备、复杂和新研制单机的初样试制、正样和定型后生产之前，应对试制和生产的准备情况进行检查，主要内容如下。

（1）设计文件、图样(含数字化设计文件)、工艺文件、质量保证文件等齐备、协调、现行有效；

（2）开展工艺评审，评审提出的改进建议已经实现闭环管理；

（3）产品试制、生产技术风险识别和控制措施有效；

（4）产品的技术状态符合所处阶段技术状态基线的要求；

（5）关键岗位操作人员经过培训并持证上岗，理解试制、生产产品的相关要求；

（6）加工、计量、检测设备和生产工艺装备通过鉴定或校准并在有效期内，所使用的软件通过测试；

（7）外协控制措施落实到位，外购产品通过复验，零部组件通过检验和测试，准备就绪；

（8）使用代用的原材料、元器件等已经过验证、审批，其中影响关键或重要特性的已征得顾客同意；

（9）生产前，通过工艺鉴定和产品鉴定，完成了首件鉴定；

（10）现场环境条件满足要求；

（11）发现的质量问题已经归零，待办事项已经实现闭环，代料、更改、偏离和超差等方面的措施已经落实到位。

2. 批次管理和生产均衡性

生产不均衡和前松后紧的情况，不仅是进度管理问题，往往也是导致质量问题的根源。因此，应开展生产均衡性分析和控制，有效实施批次管理。

（1）系统地开展生产策划，重点包括：

① 确定所需的关键、引进元器件和材料配套需求，制定配套生产任务计划；

② 开展生产均衡性分析，分析设备、场地能够满足任务需求情况及可能存在的瓶颈；

③ 分析外购产品提供和外协服务保障情况，并与供方进行沟通。

（2）科学合理实施生产资源的配置、生产环节的衔接和生产能力的调整，完善批生产线。

（3）按照轻重缓急制定合理的生产、资源利用和保障计划，实现均衡生产。

（4）确定按批次建立生产记录和产品标识的方式，详细记录投料、加工、装配、调试、检验、交付的数量、质量、操作者和检验者，并按规定保存记录。

（5）实施首件检验，杜绝批次性不合格。

（6）充分运用成组工艺、制造成熟度评价、柔性加工等技术。

（7）对于批次性生产的产品，按规定实施产品的批次管理，做到"五清六分批"。

"五清"是指批次清楚、原始情况清楚、质量记录清楚、炉批号清楚、数量清楚。"六分批"是指分批投入、分批加工、分批转制、分批入库、分批装配、分批出厂。

3. 工艺控制

在设计和开发阶段工艺保证工作的基础上，开展生产过程工艺控制工作，以确保产品的一致性和稳定性，包括：

（1）按照航天产品禁（限）用工艺目录的规定，不得选用禁用工艺，尽量避免选用限用工艺，开展禁（限）用工艺专项检查，并将检查结果纳入系统级数据包管理；

（2）对常见工艺质量问题与隐患的控制情况进行检查；

（3）对工艺风险控制、工艺质量进行检查和确认；

（4）建立工艺纪律检查制度并严格执行；

（5）对通过设计定型的产品进行工艺鉴定，完善组批生产制造工艺；

（6）整理归档生产工艺文件。

4. 关键环节控制

根据在设计和开发过程就实施的对关键件、重要件（特性）和关键工序、特种工艺（特殊过程）识别和分析，在试制和生产过程对其实施控制。

（1）实施关键件、重要件（特性）过程控制，对关键工序实施定人、定方法、定设备（"三定"），包括：

① 对关键工序操作人员专门培训，考核上岗；

② 保证关键工序的工装、设备、仪器、量具处于良好状态；

③ 对关键件、重要件进行首件鉴定；

④ 运用统计技术,确认特种工艺过程能力,监控异常波动；

⑤ 实施强制检验点控制,关键件、重要件(特性)、关键工序实行百分之百检验等。

(2) 按规定审理关键件、重要件超差特许,正(试)样阶段的关键、重要特性不允许超差使用,从严审批代料,对涉及关键和重要特性的工程更改提高一级审批。

(3) 关键件和重要件出现严重不合格必须按标准进行归零和必要的评审。

(4) 按规定确认特种工艺所涉及的人员、设备、材料(含工艺介质)、工艺文件、工作环境和测试方法,依据策划结果实施控制,并证实实现所策划的结果。

(5) 对关键件、重要件(特性)、关键工序和特种工艺实施表格化管理,形成和保留实测数值、图像等记录,确保其可追溯性。

5. 数字化制造质量控制

数字化制造在航天产品试制和生产中已经很普遍,应加强适应数字化制造背景下的质量控制。

(1) 确定数字化制造所涉及的"人、机、料、法、环、测"的控制要求,建立设计、加工、检验和测量数字化信息无缝互联的软件平台。

(2) 对数字化加工和测量用软件的开发和控制,执行软件工程化的要求,包括软件开发流程管理、软件配置管理和软件质量保证等,通过验收后,按照要求办理出、入产品库和版本更新手续,从产品库中提出在用于生产前对软件进行确认,确保符合要求。

(3) 建立数字化看板生产管理系统,将所有的依据性文件、执行结果和签署记录等融入其中,包括生产用的设计文件、图样、工艺文件、生产流程图、物料清单、工装复验卡、关键工序质量跟踪卡、生产过程记录表、检验记录表、技术问题处理单、测试记录表等全部信息。

(4) 在数字化系统中运用可视化技术、防差错技术和统计技术,实时记录过程信息,确保在不同的终端上可对过程实施情况可检查、可追溯。

6. 多余物控制、静电防护和防污染

通常的质量管理体系要求只会笼统地提出运行环境的控制。航天产品研制生产和试验现场应根据相关要求实施多余物控制、静电防护、防污染。

(1) 制定这方面相关的企业标准或程序文件,规定需防护的产品、工作区域,提出控制要求和措施,明确相关人员职责。

(2) 开展相关人员在多余物、静电防护、防污染方面的培训和操作控制。

（3）配置多余物控制、静电防护、防污染所需的设备设施、工作场所。

（4）实施零件和标准件的数量控制,工具存放的形位控制,生产、运输和存储过程产生的多余物(焊锡、线头等)控制,产品的清洁处理等。

（5）进行防静电标识,配置防静电设施,落实操作人员着防静电服,使用防静电包装,开展防静电系统测试等。

（6）划定洁净工作区,注明洁净室(区)内洁净度级别及评定等要求,识别和分析污染源,实施洁净度控制和级别评定等。

（7）开展对多余物控制、静电防护和防污染的监督检查,并保留控制和监督检查的记录。

（8）提出并落实外包外购产品及其过程所需的多余物控制、静电防护和防污染措施,并实施必要的监督检查。

7. 产品检验

根据产品特性和检验要求,在制造、装配和总装流程中实施产品检验、验收,包括：

（1）设置合理的质量检验点,明确强制检验点(含与顾客或顾客代表商定检验项目)和关键检验点,确保所有的产品特性得到检验确认。

（2）确定检验依据、检验文件,对复杂的检验项目编制检验规程,明确各项检验活动的要求、内容、职责和程序,重点明确检验项目、检验基准、测量精度和方法、检验设备和环境、判定方法、检验记录和报告要求等。

（3）对首件产品进行自检和专检,并在首件上做出标识。

（4）检验人员严格执检验规程。

（5）按有关规定实施强制检验点和关键检验点控制,确保其检验结果由检验、相关部门和顾客代表共同确认并签署。

（6）对产品检验状态进行明确标识,标明产品是否经过检验和检验判定是否合格。在产品生产、装配全过程做好检验标识的保护。

（7）检验记录为实测数据,确保检验记录完整、客观、量化、表格化和可追溯。

（8）用于检验工作的设备、工卡量具不得与生产共用,并确保在检定/校准周期内。

（9）对于特种(特殊)工艺(如焊接、胶接、电镀和热处理等)的检验,选择制作同批次的工艺试件。

（10）严格控制检验印章的发放和使用,强化检验印章的管理和监督,确保检验印章正确、合法使用。

（11）对不能用文字和数值记录的关键检验点、强制检验点和不可测试项目所采用的照相、摄像，在产品验收时提供照片和光盘。

产品检验过程、检验结果应由顾客现场参与，并与设计、工艺、检验在现场共同确认并签署；"关键检验点"是指检验结果由检验、工艺或设计共同确认并签署的检验点。

8. 测试控制和不可测试项目控制

根据型号产品的特点和需求，按相关标准规定和测试文件进行测试控制。

（1）编写测试大纲和测试细则，明确数据判读准则，对其进行评审和质量会签。

（2）确保现场使用的文件是适用的有效版本。

（3）进行测试场地环境条件和技术安全检查。

（4）进行测试系统设备的联调。

（5）确保专用测试设备按校准规范进行校准、通用测试设备经过计量标定合格有效，并在有效期内。

（6）被测试的产品通过验收，已办理交付测试手续，确保其技术状态符合测试要求。

（7）用于测试的地面测试设备软件经过验收，验收后纳入产品库管理。

（8）严格按测试细则进行性能测试，测试过程中实时填写测试记录。

（9）对测试数据及时进行判读和比对，对其结果给出明确的结论，将异常数据及时上报或反馈。

（10）对临时补充的测试内容编写补充测试细则，经审批，并确认状态后，方可实施测试。

（11）测试过程中如发现测试条件不具备或不符合规定，立即停止测试，并报告。

（12）对性能测试的结果进行评价，按阶段要求完成测试总结报告。

由于航天产品技术复杂等原因，在型号研制中确实存在着许多不可测项目，应对其加以识别和分类，在试制和生产过程中实施严格的质量控制措施。

（1）编制不可测试项目清单；

（2）确定形成不可测试项目的工序为关键或重要工序；

（3）明确操作记录的内容和要求，对形成不可测试的关键操作进行录像或拍照记录，并在产品验收时提供电子版多媒体记录；

（4）在产品交付后的总装过程中，对含有不可测试项目的产品的装配制定详

细的工艺操作规程,确定检验方法和要求,并在总装结束后对此进行专题汇报;

(5) 必要时,在安装过程中请设计人员现场监督,并要求其对安装的质量情况在表格化文件中签署意见。

在各级产品交付前,按规定进行测试覆盖性检查和分析。

(1) 确认所有可测试项目都得到充分有效的测试;

(2) 确认所有不可测试项目都能间接获取到需要的测试数据并在装配过程采取了有效的控制措施;

(3) 确认过程质量记录及有关的客观凭证完整;

(4) 确认能有效保证不可测试项目产品质量满足设计要求;

(5) 编写测试覆盖性检查报告,包括不可测试项目的专项控制结果说明,纳入产品数据包并作为出厂(所)评审文件。

9. 产品验收、交付和放行

通过文件明确规定产品检验、试验,以及需顾客检验验收的项目、要求及需建立的信息等,按合同要求向顾客提交产品,对产品交付过程实施控制,接受顾客的验收,确保交付的产品质量,具体包括以下内容:

(1) 确保交付的产品是通过检验、测试的合格产品。

(2) 提供按规定签署的产品合格证明和有关检验、试验结果等文件。

(3) 确保能够根据标识追溯到产品和服务的批次、交付前的岗位和场所。

(4) 必要时,提供故障处理情况和有关最终产品技术状态更改的执行情况。

(5) 按规定提供有效的技术文件、使用手册、配套备附件、测量设备、工具和其他保障资源。

(6) 保留有关产品和服务放行的记录,包括符合接收准则的证据和授权放行人员的可追溯信息。

(7) 提交按规定形成的验收记录。

(8) 对交付和验收中发现的问题,查明原因,制定并采取纠正措施。

(9) 对顾客验收代表处理的质量问题有疑义时,按规定程序上报、处理。

在航天产品试制、生产过程中,有时会由于进度的原因实施紧急放行和例外放行,对此一定要从严控制,确保根据产品通过检验、验收的结果最终实施放行,具体要求包括:

(1) 在进货检验中,如因生产急需来不及检验和验证而需紧急放行时,应按规定履行审批手续,征得顾客同意,对该产品做出明确标识,并做好记录,以便一旦发现不符合规定要求,能够立即追回或更换。

（2）在过程检验中，当产品未完成所有要求的验证活动，需例外放行时，应按规定履行审批手续，征得顾客同意，并进行标识和记录，确保能立即追回和更换产品。

（3）按照最终检验要求，完成了生产阶段的全部检验和试验工作，且结果满足规定的要求，通过出厂质量评审后，方可放行交付顾客或进入发射场或其他试验场。

（4）除非得到有关授权人员的批准，适用时得到顾客的批准，否则在策划的安排已圆满完成之前，不应向顾客放行产品和交付服务。

为适应航天装备研制生产所具有的系统工程性质，应按产品层级实施逐级验收，制定和实施产品与服务逐级验收制度。在产品检验合格后，按规定履行总体对分系统、分系统对单机逐级评审验收，评审验收通过后，产品方可交付。总体对分系统验收时，应检查分系统对单机的验收情况。通过验收的产品与产品功能和性能相关的遗留问题应都得到解决，对遗留问题所采取的措施和结果应及时向验收方反馈。

10. 标识和可追溯性

在产品实现的生产、交付及服务的全过程中，实施产品标识管理，以确保具有可追溯性。

（1）使用适宜的方法识别产品，并对标识加以保护，以防止产品混用。

（2）针对产品的检验和试验状态，以适当的方式进行标识，表明产品经检验和试验后状态，并对标识加以保护，以确保只有通过规定检验和试验的合格产品才能投入使用。

（3）控制产品的唯一性标识，对标识加以保护，并保持相关记录。

（4）对软件产品的介质进行标识和版本控制。

11. 产品防护

在组织内部各过程和交付到预定的地点期间内的各过程对其提供防护，以确保符合要求。

（1）产品防护的控制要求纳入到技术文件，并保持记录，控制要求满足以下要求：

① 产品安全和防护要求；

② 预防多余物、洁净度和防污染方面的要求；

③ 标识方面的要求；

④ 敏感产品及危险产品的特殊要求执行相关标准规定的内容。

第3章 航天质量管理体系的一般要求和特色做法

（2）确定并明确提供防止产品损坏或变质的搬运方法，对卫星、运载火箭、导弹武器以及大型部(组)件和危险品的搬运、吊装应制定并执行相应的工艺文件，产品搬运装置的设计需满足产品力学环境和静电防护的要求。

（3）对装箱、包装和标志过程及所用材料进行控制，产品包装箱在使用前全面检查其功能和性能，搬运前进行状态确认。

（4）使用指定的储存场地或库房，以防止产品在使用或交付前受到损坏或变质，规定授权接收和发放的管理办法，按适宜的时间间隔检查库存品状况，产品储存区的洁净度、温湿度和安全性等满足有关要求，有明显的标识且只允许被授权的人员进入。

（5）对环境敏感产品、怕冲击产品和火工品按规定实施运输、储存、包装和防护。

（6）新设计的防护、包装和运输设备经过试验验证，满足使用要求。

12. 不合格产品和服务的控制

按规定对出现的不合格产品和服务实施严格的控制，正确处理不合格产品和服务控制与质量问题归零的区别与联系。

（1）按相关标准等制定控制不合格产品和服务的文件，明确不合格产品和服务的分类、控制及记录的要求、程序和方法、相关人员职责和权限等。

（2）建立不合格产品和服务的审理系统，并保证其独立行使职权，包括：

① 参与产品和服务的审理的人员，需经资格确认，由最高管理者授权。顾客要求时，征得顾客同意。

② 若改变其审理结论，需由最高管理者签署书面决定，并征得顾客同意。

③ 不合格产品和服务的审理结论，仅对当时被审理的不合格产品和服务事项，不能作为以后审理不合格产品和服务的依据，也不影响顾客对产品和服务的判断。

（3）对已识别的不合格品及时进行标识、隔离，并按规定通报不合格品信息。对报废、降级处置的产品，做出明显的永久性标记，或进行有效的物理上隔离，以防止非预期的使用或交付。

（4）分析不合格产品和服务的性质及其影响，采取针对性的纠正措施，并验证其有效性。

（5）严格控制不合格品的让步使用，包括：

① 对于试制、正样产品生产的让步使用需请负责产品设计的组织及人员处理不合格品，办理会签手续，进行必要的验证；

② 对正样产品、批生产产品关重特性的超差不允许让步使用；

③ 批生产过程中，对于不合格品的让步使用提高一级审批，并征得顾客同意。

（6）严重不合格品的审理有承担上一级产品研制的组织的代表参加，如需进入质量问题归零管理程序的严重不合格产品和服务，按照质量问题归零实施要求进行处置。

（7）保留对不合格产品和服务进行控制、审理和处置的记录。包括：

① 所采取过程质量措施的描述；

② 有关产品不合格的描述；

③ 获得让步接收的描述；

④ 处置不合格的授权标识。

13. 统计过程控制、大数据等技术方法和手段的应用

按照产品和服务及其实现过程的特点和质量要求，运用统计技术保证产品和服务质量的一致性和稳定性。统计分析技术的应用：

（1）收集相关信息数据；

（2）识别和分析风险和机遇；

（3）过程量化控制，如关键特性选择、工序能力分析和评定、异常波动识别和控制、鉴定试验等；

（4）确定产品质量检验的抽样方案，对检测结果的数据分析；

（5）不合格品、质量问题原因分析，尤其是分析共性、重复性、批次性问题，分析问题的规律性；

（6）供方质量保证能力评价。

运用统计技术应注意以下几点：

（1）针对不同的产品对象、控制因素和应用时机，选择适宜的统计技术方法；

（2）持续采集过程数据，注意数据的代表性、真实性和时效性；

（3）注重对相关人员的统计技术方法培训；

（4）加强专业统计技术软件工具的选择、开发和应用；

（5）不断总结提高统计技术应用效果，防止流于形式；

（6）与数字化设计与制造及应用大数据、云计算等现代信息技术有机结合，努力开展在统计数据基础上质量控制方面的知识挖掘。

3.5.5.3　顾客或供方财产的管理

在航天装备研制、试验、生产和服务保障的过程中，常常会使用顾客或供方的财产，包括材料、零部件、工具和设备，顾客的场所，知识产权等。组织在控制或使用顾客或供方的财产期间,应对其进行妥善管理,对顾客或供方财产的控制要求应在合同(协议等)中加以规定。

组织应制定并实施对顾客和供方财产的识别、验证、保护和维护控制要求,对使用的或构成产品和服务一部分的顾客和供方财产,按照控制要求应予以识别、验证、防护和保护。

若顾客或供方财产发生丢失、损坏或发现不适用情况,应向顾客或供方报告,并保留相关记录。

3.5.6 力求万无一失的大型试验和飞行任务过程控制

在航天领域,试验可分为两大类,一类是单机及以下产品的研制试验,这类试验的质量控制要求作为设计和开发过程控制的内容前面已经阐述,这里是指大型试验和飞行任务过程质量控制,即这一部分与GJB 9001C—2017中"试验控制"有所不同。

大型试验是指航天器大型地面试验(如发动机试车)、飞行试验、导弹武器定型试验等。根据航天型号及其研制的特点,这是一个相对独立的阶段,而且是非常重要的阶段。在这一阶段的质量控制主要有以下几个方面的特殊要求。

3.5.6.1 大型试验和飞行任务的策划和准备

承担大型试验和飞行任务的组织应依据上级有关文件、相关标准和任务的安排,开展试验和飞行任务策划及准备以满足试验要求。

(1) 按研制阶段确定试验和飞行任务项目和流程,制定试验计划,明确大型试验和飞行任务的目标、职责、质量控制点和控制措施、数据处理方法、试验结果评价准则、试验总结要求等,并将其纳入到型号研制技术流程和计划流程。

(2) 根据有关规定编制系统、规范的试验大纲及其他试验用技术文件,如试验任务书、试验方案、试验细则、操作规程、参试产品试验各阶段放行准则、数据采集和分析处理方法、结果评定准则、故障应急处理预案、表格化记录等,明确相关管理要求及保障方案,并通过评审确认和签署,确保现场使用的文件完整、现行有效。

(3) 在试验队内合理设置工作岗位,明确试验岗位职责和工作接口关系,试验人员经过培训考核合格且符合规定的资质要求,实施必要的操作演练,并成立试验质量控制小组。

(4) 按照运输方案开展参试航天装备运输监控,进行试验和飞行任务前对包装箱、内装产品及地面工装、设备等进行状态检查,做好运输全程和开箱检查记录,确保参试航天装备质量合格、技术状态符合要求,并得到有效防护。

(5)对设备设施质量状态进行复查和计量校准并标识,确保试验设施设备、计量监测精度、试验用介质、供配电、供气、辅助材料和环境条件等全面满足试验要求。

(6)用于试验的地面测试设备软件经过验收并纳入产品库管理,交付后发生更改的软件已完成更改影响分析并重新验收。

(7)开展上述内容的试验准备状态检查,对检查发现的问题实施闭环管理。

3.5.6.2 大型试验和飞行任务的实施

承担大型试验和飞行任务的组织应按相关文件和试验策划,实施发射场(武器靶场)总装、测试、转运、推进剂加注、飞行测控等工作过程控制,确保试验的充分性和有效性,确保大型试验和飞行任务的圆满成功。

(1)在发射场(武器靶场)总装、测试、加注等各阶段,对已完成的工作进行开展质量问题回想,对于后续工作的风险进行预想(简称"双想"),对于技术状态更改、质量问题、单点故障、不可测试项目、关键单机和超差等开展"质量问题隐患交集"复查活动,确认参试产品的技术状态,对出现的技术问题按有关标准等实施处理。

(2)按照试验大纲、试验细则、相关标准及作业文件(包括操作规程)规定的方法和程序进行试验。

(3)确保试验人员到位,试验岗位职责落实,对关键岗位实行"双岗制"。

(4)按照有关要求,对试验环境的洁净度和污染进行控制。

(5)开展试验过程中阶段总结并作为下一阶段试验的前提,在确认前一个试验工况的结果满足要求后,方可转入下一个工况试验,对试验工况和影响试验过程的各项因素进行监视控制和记录。

(6)执行技术安全管理规定,保证试验安全。

(7)及时、认真对试验数据进行判读和比对分析。

(8)对试验中出现的各类异常情况和质量问题,按预案中止试验,在分析、解决问题后,方可继续试验。

(9)对试验方案(或程序)的变化实施更改控制,试验过程变更按规定审批并得到上一级组织的同意。

(10)采用适当的方式(表格化、多媒体等)记录被试航天装备的各种状况、试验过程和试验结果,保证试验数据的完整性、准确性和可追溯性。

(11)顾客要求时,邀请顾客参加试验,试验过程变更应征得顾客同意。

3.5.6.3　大型试验的数据分析处理和总结

承担大型试验任务的组织应按规定要求及时分析、处理试验数据,给出试验结论,总结试验工作,确保试验数据分析和结论的全面性、正确性和及时性。

(1) 及时汇集、整理和保持全部试验原始记录,包括试验过程、结果及纠正措施的记录,作为产品数据包的组成部分进行归档。

(2) 按规定的方法开展试验数据判读和审查,确认试验数据的完整性和准确性,按规定的数据处理方法和评定准则分析、评价试验结果。

(3) 对试验过程和试验结果进行总结,编写试验报告,并按规定签署。

(4) 评价或确认试验过程、试验结果,评审试验报告,形成对试验的评价结论,并请相关组织参加评审活动。

(5) 顾客要求时,邀请顾客参加试验数据分析和试验结论的提出,试验结果向顾客通报。

3.5.7　顾客至上的服务保障过程控制

在质量管理体系的国家标准和国家军用标准中有"交付后活动"这一条款。这是产品全寿命的最后一个阶段。但是,服务不一定在交付后才开始,如为国外顾客提供通信卫星,对顾客专业人员的培训在卫星研制过程就开始实施。

根据航天装备的特点,这一部分把航天装备的服务分为三类:一是承担分系统、单机、零部件产品研制生产组织将产品交付给承担上一产品层级的组织,为其总装或组装后的服务提供支持,此时承担上一层级产品的组织就是顾客;二是为最终顾客使用和维护进行培训;三是为最终顾客使用提供技术保障。其中,第三类服务进一步分为,航天器在轨运行技术支持和维护,武器装备重大任务伴随保障、交付后日常使用和维护保障、质量评价支持等。对航天装备各类服务过程的质量控制要求应分别加以明确。

3.5.7.1　交付总装或组装后的服务控制

这是指上述第一类服务,其服务保障活动包括:

(1) 按照任务书要求或合同约定,为顾客提供产品运输、安装和维护;

(2) 根据合同规定或顾客要求,对顾客进行技术培训、技术咨询,提供备件或配件,对总装生产提供服务保障,在参加系统测试和试验中对相关组织的工作提供技术保障;

(3) 确保交付顾客的技术文件(含使用说明书或测试细则等)内容正确、完整,当文件发生更改后应及时与顾客沟通,修订顾客使用文件;

（4）按照合同规定,在产品保质期内定期为顾客提供维修保障,当产品超过保质期后,按照合同约定,为顾客提供有偿维修维护服务;

（5）当产品正式交付后因问题处理、产品升级等原因需要返回本组织时,需办理入库交接手续;

（6）当产品发生质量问题后,按照相关标准开展质量问题归零工作,包括协助相关组织开展质量问题归零工作;

（7）建立产品维修、服务、保障卡,保留服务过程记录。

3.5.7.2 为最终顾客提供培训的控制

航天装备研制总承包的组织、总装生产的组织应按合同规定向最终使用顾客提供使用和维护的技术培训。

（1）建立和保持向顾客提供航天装备使用和维护的技术培训的制度,明确培训的职责、时机、方式、程序、要求和效果评价等。

（2）充分了解和分析最终使用顾客在航天装备使用和维护的环境和培训需求,按照合同要求、航天装备特点等制订培训计划,确定课程设置、培训教师、教材、授课方式、时间和地点、考试(知识和操作)等内容,履行审批手续,并征求顾客意见。

（3）加强培训资源建设,包括组建教师队伍,开发培训教材,准备必要的培训场所及设施等,最好开发电子交互式培训教材、实物或半实物仿真操作系统、虚拟现实操作系统等,运用现代信息手段,以提高培训效果。

（4）按照培训计划实施培训,注重培训过程中与接受培训人员的沟通,及时征求接受培训人员的意见。

（5）变更培训计划需经过审批,并征得顾客同意。

（6）评价培训效果,掌握接受培训人员通过培训所具有的使用和维修航天装备的知识和能力,分析和确定课程设置、教材、教师、培训方式、培训条件等方面应改进之处,并实施改进。

3.5.7.3 航天器在轨运行技术支持和维护的控制

由于航天器都是大型技术复杂产品,其使用过程也是极其复杂的过程,因此,常常需要对顾客使用提供全过程的技术支持服务。承担航天器研制总体任务的组织应按合同要求,对航天器测控和使用提供技术支持。

（1）在航天器交付前,编写航天器在轨管理要求、使用手册、在轨故障预案等,并提供给承担航天器测控、使用的组织。

（2）组建在轨运行管理支持团队,明确职责和工作要求等,包括与航天器测控、使用单位的沟通要求。

（3）按合同要求和在轨运行策划，提供在轨运行维护的日常技术支持。

（4）航天器在轨运行出现异常时，与承担测控任务的单位密切配合，对在轨航天器进行维护或故障处理，开展在轨质量问题归零工作。

（5）按合同和有关要求，对在轨运行的所有文件、资料和记录进行整理归档。

3.5.7.4 武器装备使用和维护服务保障的控制

承担武器装备研制总体任务的组织应依照法律、法规和合同的要求，建立健全武器装备交付（或维修）后服务保障机制，开展使用、维护、延寿、退役的服务保障的控制。

（1）建立健全武器装备交付（或维修）后服务保障制度和工作系统，明确职责、程序、方法、要求、资源保障和效果评价等。

（2）依据合同制定交付后武器装备日常使用和维护保障质量计划，为使用部队提供售（修）后技术服务，及时解决交付后出现的质量问题，实现维修质量问题闭环管理。

（3）预先制定武器装备伴随保障和应急维修保障方案，明确并落实相应的人员职责和相关设施等资源，并与使用部队配合进行演练。在使用部队执行重大任务时，依照法律、法规的要求开展伴随保障和应急维修保障，协助其保持、恢复武器装备的质量水平。

（4）按合同要求，对使用部队开展武器装备质量评价提供支持，从中了解质量问题，配合分析原因和采取纠正措施，并举一反三，为改进同类或相似的武器装备提供信息。

（5）收集、分析和反馈武器装备使用和服务保障中的质量信息。

3.6 全方位的绩效评价

最新版的质量管理体系要求标准，借鉴并在一定程度上引入了 ISO 9004 标准和卓越绩效标准，将上一版标准中的测量、分析和评价等内容加以丰富。这里，在 GJB 9001C 标准中监视、测量、分析、评价的基础上，借鉴最新版的 ISO 9004 标准和航天质量奖评审标准，增加具有航天特色和引导追求卓越的内容。

3.6.1 运用科学、系统指标体系的绩效测量和评价

组织应根据使命、愿景、方针、发展战略、型号任务的特点和要求，建立并有效

运行绩效测量、分析和评价系统,以促使组织全面、持续地改进和提升绩效水平。

(1) 建立绩效测量、分析和评价的制度和工作系统,明确并落实绩效指标、覆盖范围、测量和分析方法、频次和周期、相关职责等,将质量考核作为其中重要内容。

(2) 将目标、相关方需求和期望、产品和服务要求等转化为关键绩效指标(KPI),构建绩效指标体系,确保其具有科学性、全面性、系统性、导向性、可实现性和可测量性。

(3) 关键绩效指标能够覆盖组织的各个方面和层级,包括型号任务完成情况、产品和服务实现过程受控情况、产品和服务质量、质量管理能力、经济效益、市场竞争力、顾客满意度、员工队伍建设、员工满意度、技术储备和技术创新程度、保密、安全、设备设施建设等方面。

(4) 将绩效指标的量化值层层分解到部门、项目组、班组和个人,并纳入其工作计划和考核工作。

(5) 实施绩效指标的数据采集、监视和测量,以监测各方面、各部门的日常运作,保持对组织内外部变化的敏感性。

(6) 对产品和服务实现过程,尤其是其关键、重要的特性、节点进行监视、测量、分析、评审和记录。

(7) 将产品和服务质量指标,如产品一次交验合格率、飞行任务成功率、外场质量问题数等,作为具有否决作用的关键指标。

(8) 开展绩效分析,如绩效指标的水平分析、趋势分析、因果分析,将分析结果传递到相关层级并用于以下方面:

① 发现资源不足、过程控制薄弱、工作效率低等问题点;

② 了解组织与同行先进组织、竞争对手相比的优势、劣势和差距;

③ 过程、产品和服务的风险评价;

④ 寻找资源利用率低的原因;

⑤ 确定改进的优先次序和创新机会;

⑥ 评价长、短期目标和实施计划的实现情况;

⑦ 评价组织的整体绩效和发展潜能;

⑧ 支持组织在战略、科研生产、经营等方面的决策。

(9) 定期对绩效测量系统进行全面评价,据此对绩效指标体系及数据收集、分析方式等进行调整,以使其适应组织内外部变化,与组织的战略规划和发展方向保持一致。当通过重大事件发现绩效测量系统缺陷时,及时对其进行动态调整。

3.6.2　基于顾客真实感受的顾客满意度和忠诚度测量评价

顾客态度就是产品和服务质量的表现。有两个最基本和最重要的概念,顾客满意和顾客忠诚。对这两方面进行测量、分析和评价,需要建立顾客满意度和顾客忠诚度两个指标。

顾客满意是指顾客在对所接受的产品和服务与其需求和期望进行对比后,表示认可的程度和需求、期望已被满足程度的感受。顾客满意度是衡量顾客满意结果的量化指标,是反映产品和服务质量的综合性指标。组织应建立对顾客满意度进行信息收集、测量评价及依据其结果实施改进的方法和机制,将其作为质量管理体系测量分析和持续改进的一种方式。

(1) 制定顾客满意度测量评价的制度,确定收集顾客感受信息的范围、收集渠道和方式、频次以及评价和利用其结果的方法。

(2) 针对不同类型产品和服务、不同类型的顾客或顾客群(如订货方及监督代表、最终使用方、上一级产品的承制组织等)建立相应的顾客满意度测量评价的指标和方法,确定顾客访谈的时机和内容。

(3) 用于测量评价顾客满意度的信息包括(但不限于):

① 产品和服务的性能、特征和质量;

② 进度管理和按时交付情况;

③ 与顾客信息沟通的及时和充分情况;

④ 专项经费使用和其他资源保障情况;

⑤ 服务保障情况;

⑥ 顾客抱怨和纠正措施等。

(4) 通过请顾客填写顾客满意度测量评价表、与顾客座谈、走访产品使用现场等方式,定期或按产品批次或针对重点产品和服务项目收集顾客感受信息,开展顾客满意度测量评价。

(5) 梳理顾客感受信息,分析顾客满意度测量评价结果,识别导致顾客不满意的技术缺陷和管理薄弱环节,据此提出有针对性的改进措施并纳入质量提升计划加以实施,以实现顾客满意,追求超越顾客期望。

顾客忠诚是指顾客在对产品和服务满意的基础上,将其作为再次购买的首要选择,以及积极向其他顾客推荐该产品或服务的表现,能承受有限的涨价和抵制其他同类产品和服务促销诱惑的态度。顾客忠诚度是衡量顾客忠诚情况的量化指标。作为追求卓越的组织,应该建立顾客忠诚度测量评价指标,开展顾客忠诚度测量、评价和顾客转向原因分析,以支持采取留住顾客、赢得顾客的措施。

3.6.3　注重实效的内部审核

组织应按照策划的时间间隔进行质量管理体系内部审核,评定其是否符合:法律法规、上级文件和标准规范的要求,顾客要求、产品和过程或特定问题相关的特定要求,质量管理体系的其他要求等。

开展质量管理体系内部审核是组织对体系的完备性、有效性和效率进行自我检查,以确保质量管理体系持续有效和持续改进为目的。这如同中学生对学习情况进行自我检查。可是许多组织对这一点认识不到位,因此开展内部审核工作存在走形式的问题。这不仅是对顾客不负责任,而且是对组织自身的生存与发展不负责。对此,最高管理者及相关人员应清楚地认识到内部审核不是为了应对质量管理体系的外审,而是为了保证质量管理体系的有效运行。

(1) 制定内部审核的制度,明确内部审核的要求、频次、职责、判定准则、方式和程序、审核人员要求、审核结论及上报和传递、不符合关闭、相关记录等,以及如何与日常质量管理体系的实施和保持相融合。

(2) 选择或开发用以内部审核的方式和工具(如检查单、过程流程图等),其适合程度由内部审核过程的有效性和整个组织的业绩来衡量。

(3) 建立内部审核员选聘程序和能力评价准则,从科研生产骨干人员中选聘专职或兼职的内部审核人员,必要时外聘审核人员,保证审核人员的专业范围覆盖质量管理体系要素、产品和服务所需的专业,对内部审核员实施系统培训和资质管理,确保其具有相应的专业能力和审核能力。

(4) 依据有关过程的重要性、对组织产生影响的变化、以往的审核结果、顾客投诉等,对每一次审核制定审核方案。其内容包括:

① 审核依据的标准或要求、审核准则;

② 审核的体系要素和范围,明确审核的具体部门、体系要素、产品和服务过程等;

③ 审核的方式(全要素审核或滚动审核)、方法和程序,以及与其他相关活动的结合;

④ 审核活动及日程安排;

⑤ 审核人员应与被审核范围无直接责任关系,以确保其在审核过程具有客观性、公正性。

(5) 按照审核计划和审核方案,通过查阅资料(技术和管理文件、记录)、现场检查、与相关人员交谈(质疑和答辩)等活动,并结合其他相关质量活动,实施审核。

(6)根据质量管理体系运行情况、产品和服务及其过程的重要程度,开展面向质量问题、重要产品和服务(尤其是新产品和服务)、重要岗位(新岗位和新人员)、关键过程的专项质量审核,尤其是从质量问题出发,并与管理归零相结合,反推式查找质量问题在质量管理体系上的薄弱环节。

(7)编写内部审核报告,明确提出:

① 上一次内部审核和外部审核发现问题和不合格的解决进展情况;

② 对质量管理体系要求的符合和不符合之处、可能带来的风险以及改进机会;

③ 与组织目标、标杆组织的对比与分析;

④ 需要采取的纠正措施和预防措施或深入分析的专题。

(8)对审核报告进行评审,及时报送最高管理者并传递到相关部门;

(9)根据审核中发现的不合格项,分析其产生原因、影响范围和严重程度,采取纠正和纠正措施,验证其有效性,在相关范围进行举一反三,及时将不符合关闭的情况上报最高管理者并传递到相关部门。

(10)保留审核方案、审核记录、审核报告和不符合关闭的记录。

3.6.4 适应发展战略和内外部环境的管理评审

最高管理者应按策划的时间间隔亲自主持、组织实施,就质量方针和质量目标对质量管理体系的适宜性和充分性有效性及效率进行定期的、系统的评审,以不断提升质量保证能力和质量绩效水平,使之与组织的战略发展和承担的型号任务相适应。当发生重大质量问题和质量事故时,组织应及时进行专题管理评审。

组织可将管理评审作为单独的活动来开展,也可将其与其他相关活动,如战略策划、管理年会等一起开展。

组织策划和实施管理评审时应考虑下列内容:

(1)以往管理评审所采取措施的实施情况。

(2)与质量管理体系相关的内部和外部因素的变化,包括组织的质量方针、质量战略和质量目标的调整。

(3)上级组织的质量监督检查和质量管理体系评价的结果。

(4)型号任务对产品和服务质量及质量管理的要求。

(5)有关质量管理体系绩效和有效性的信息,包括:

① 绩效测量、分析和评价的结果；

② 顾客满意度和其他相关方的反馈；

③ 质量目标的实现程度；

④ 标杆对比分析的结果；

⑤ 过程绩效以及产品和服务的符合性；

⑥ 不合格以及纠正措施；

⑦ 检验、测试、计量、试验的结果；

⑧ 质量管理体系内部和外部审核的结果；

⑨ 质量管理体系自我评价的结果；

⑩ 供方和合作伙伴的绩效。

（6）资源的充分性。

（7）应对风险和机遇所采取措施的有效性。

（8）质量改进的机会。

（9）质量经济性分析结果。

组织管理评审的输出应包括与下列事项相关的决定和措施：

（1）新的质量目标的建立或原质量目标的调整。

（2）需要抓住的质量提升或质量改进的机会，包括：

① 质量管理方式的改变、加强或调整；

② 质量管理工作系统和质量组织的调整；

③ 新采取或加强的质量控制措施；

④ 质量保障资源的投入或调整；

⑤ 落实顾客要求的改进。

（3）补充选择、更换供方或改变对供方监督方式、与合作伙伴的合作方式。

（4）质量考核、奖励和处罚。

（5）质量管理体系所需的变更，包括范围、要素的扩展或调整等。

组织应保留作为管理评审结果证据的演示文稿、会议纪要或报告等。

3.6.5 "以评促建"的质量管理体系自我评价

组织应依据相关质量管理制度、标准和规范，采用定性和定量相结合的方式，对质量管理体系的有效性和成熟程度进行评价，从中发现质量管理体系的薄弱环节，挖掘、总结和推广最佳实践，并使其与内部审核、管理评审等活动相融合，从而通过"以评促建"以提升产品和服务质量及质量管理能力。

（1）建立质量管理体系自我评价制度,明确职责、内容范围、方法和程序、评价结果的形成、工作要求等。

（2）结合型号任务,落实上级组织要求,针对上次评价和其他方式发现的薄弱环节、已发现和潜在质量问题,制订评价工作计划,将评价与内部审核结合策划,确定每次评价的内容范围及重点、评价组组成、评价时机等。

（3）组建由具有丰富管理和工程技术经验人员组成的评价组,落实评价组职责,对评价组就评价标准、方法等内容进行培训,建立评价专家数据库,对其实施动态管理。

（4）采用查阅资料、质疑和答辩、现场检查、走访内部和外部顾客、指导和咨询等方式,进行成熟度定量化现场评价,尤其是采用从质量问题暴露的现象寻找和分析相关的质量管理体系薄弱环节的反推式评价,同时挖掘最新有效做法、成功经验、最佳实践案例等。

（5）与被评价部门就拟定的评价结论、发现的薄弱环节、改进要求及闭环管理等进行沟通和确认,给出正式评价结论,对改进和/或创新进行优先排序,提出有效做法、成功经验的总结、固化和推广建议,并报最高管理者作为管理评审的重要输入。

（6）详细记录现场评价查阅的资料、评价过程、发现的薄弱环节和有效做法、与被评价部门的分歧等,并保留记录。

（7）现场评价后,针对评价中发现的薄弱环节和主要问题及建议实施质量改进并举一反三,对评价中发现的成功经验和有效做法进行总结和推广。

组织应根据质量管理体系评价结论等相关信息,制定、实施质量管理体系年度改进计划,并对完成情况进行评价。

研究院应建立两级（研究院、工厂或研究所）组织质量管理体系评价机制,组建院级评价专家队伍,在对所属的工厂、研究所评价的基础上,开展对研究院质量管理体系的评价。

质量管理体系评价的方法、程序、注意事项等,详见第5章中5.5节有关内容。

3.6.6　学习和赶超先进的标杆对比

组织应该运用标杆管理法（Benchmarking）,建立并长期保持对竞争对手、先进的标杆组织进行信息跟踪、对比分析和努力赶超的机制。

（1）根据组织发展战略和目标、竞争地位、产品和服务的特点,对组织整体及各经营管理要素、科研生产要素、产品和服务项目分别确定其竞争对手和学习标杆组织,尤其注重选择国际同行一流组织作为竞争对手和学习标杆。

(2) 确定与竞争对手和学习标杆组织进行对比的主题范围和指标体系,其中产品和服务质量、质量管理水平和质量保证能力的指标作为重要的内容。

(3) 制定数据收集方案,通过查阅资料、调查问卷、考察走访等方式收集竞争对手和学习标杆组织的对比指标数据和信息,建立并维护对标管理数据库,并纳入知识库。

(4) 将本组织自身绩效指标数据与竞争对手、学习标杆组织绩效指标数据进行对比和分析,明确优势、劣势和差距,发现改进空间,支持确定对其进行赶超的方案和措施,确定努力方向、新的标杆和目标。

(5) 在组织内部也可一些针对活动、过程等开展学习和追赶先进的标杆对比活动。

(6) 标杆对比工作得到最高管理者的支持,有相应的经费支撑,实施必要的保密措施。

3.6.7 以货币为表现形式的质量经济效益分析和评价

追求卓越的组织,应以货币金额为表现形式进行质量经济性数据的收集、分析,并将分析结果有效应用。

(1) 建立质量成本的数据收集、分析和报送或传递的制度。

(2) 设置质量成本明细项目,充分利用会计资料和统计资料以及产品成本核算的基础工作(如工时定额、材料消耗标准、成本核算管理网络等),收集、整理产品(全部产品或主要产品、产品系列、产品批次、零部件)各过程(或部分过程)的质量成本的数据,或一次质量事故、重大质量问题的质量损失数据。

(3) 针对工程技术和研制生产管理特点、需求和问题,结合具体的质量预防、控制和改进活动,灵活地运用多种方法分析质量成本数据,如质量成本指标分析、质量损失排列图分析、质量投入与质量损失的因果分析、质量投入回报分析等。

(4) 将质量成本数据及其分析结果作为质量信息报告给最高管理者,并传递到相关部门,为进行质量决策和实施质量改进提供依据。

(5) 运用质量成本数据及其分析结果:

① 发现影响产品和服务质量的关键因素和质量管理的薄弱环节;

② 评价产品和服务质量、质量管理水平及其对经济效益的影响;

③ 评价质量改进项目的经济性和有效性;

④ 支持质量意识教育；
⑤ 评价质量管理体系的有效性和成熟度；
⑥ 对外部证实质量保证能力。

组织应该分析通过提升产品和服务质量，导致的降低质量损失、提高价格和增加销售量等带来的经济效益，以支持进一步质量改进和提升活动。

3.7 改进、学习与创新

最新版的质量管理体系要求标准中，这一部分主要是讲改进，包括持续改进、不符合和纠正措施的要求。这里，比 GJB 9001C 标准中"改进"一章的内容更加明确、细化、丰富。追求卓越的组织，都应把质量管理的学习、改进与创新有机结合，强调领导亲自参与和大力推动，强调全体员工积极参与。GB 19004 标准和中国航天卓越绩效（组织类）评价标准都有这方面的内容，在此，本书在借鉴 GB 19004 标准和中国航天卓越绩效（组织类）评价标准的基础上，增加一些内容。一方面改进机制建立和推行的面向产品质量问题分析、质量问题归零管理、共性质量问题的梳理和解决作为较为强制性的内容；另一方面质量管理小组活动、标杆对比、质量管理模式和方法的学习与创新作为推荐性内容。

3.7.1 灵活多样的质量管理小组活动

质量管理小组（QC 小组）活动是基层群众性质量管理活动。虽然质量管理体系标准没有对开展这类活动提出要求，这里也将其作为改进与创新的重要内容和方式。

组织应该开展质量管理小组活动，包括：

（1）制定 QC 小组活动实施指南，明确 QC 小组活动的组织管理、职责、程序、方法、要点、注意事项等。

（2）选题围绕着提高产品和服务质量或改善管理，尤其是针对重复性问题、人为责任故障、顾客抱怨和投诉等突出质量问题，控制选题的难度，注重 QC 小组项目与重点技术攻关的联系与区别。

（3）QC 小组人员组成采用自愿结合或与行政组织结合的方式，鼓励设计人员、工艺人员、操作人员、管理人员相结合，充分发挥基层人员的主动性和创造性，必要时，吸收顾客代表、外部专家参加，对 QC 小组成员进行相关知识的培训。

（4）对 QC 小组进行注册登记，对 QC 小组活动过程及其有效性进行指导和监督,并提供必要的物质和技术保障条件。

(5)遵循 PDCA 循环,根据"问题解决型"和"创新型"等各类 QC 小组的特点,密切结合技术和管理的实际问题,灵活运用质量技术方法,尽量用数据说话,取得实际效果。

(6)开展 QC 小组成果的总结、成效验证、交流、成果申报及评选和发表、表彰奖励等活动,将 QC 小组成果纳入有关管理制度、标准规范等加以固化和推广。

3.7.2 逐级开展的面向产品质量分析

最近几年,航天科技工业创新性地开展了称为"面向产品质量分析"的活动。这里,面向产品质量分析,是指把发生的质量问题按产品进行归属,深入分析产品发生问题的原因,在产品的设计、工艺过程及管理等方面查找薄弱环节,以便采取针对性的纠正和预防措施,改进产品质量,提升产品的成熟度和质量的稳定性的分析活动。其中最主要的活动方式就是自下而上逐级定期开展质量问题分析例会。

组织应按有关文件要求,开展面向产品的质量分析。

(1)建立分级的面向产品的质量分析制度,明确各级质量分析工作所需的质量信息、相关部门及人员的职责、分析方式和要求等。

(2)定期开展自下而上的逐级(班组、研究室或车间、型号项目团队等)质量分析例会活动,活动主题面对产品及其质量问题,相关层级的主管领导高度关注和积极参与,充分发挥科研生产一线人员的作用,密切结合其他分析活动(如靶场质量问题分析会等),并保留分析活动记录。

(3)以全面、客观的产品质量信息为基础,重点围绕产品质量问题及原因,对其进行归类和深入透彻分析,将关注点聚焦到共性、重复性、批次性、多发性质量问题以及关键和通用类产品,找出导致质量问题发生的深层次技术和管理原因。

(4)制定针对性的纠正和预防措施并加以落实,实现闭环管理。

3.7.3 彻底闭环的不合格和纠正措施

组织应对多种渠道发现的不合格进行全面收集、梳理和分析。不合格来源包括:内部和外部审核发现;管理评审的输出;顾客及其代表发现的问题、顾客的抱怨和投诉;上级组织及派驻的质量监督代表进行的质量监督检查;研制过程和靶场质量问题归零;检验、测试、试验、计量发现的不合格产品、异常现象;质量经济损失;

不符合法律法规要求;供方问题(如未按时交付、进货检验);员工发现的问题;交付后的保修、退货、索赔等。这里还需要区分不合格品管理和质量问题归零管理。

组织应对出现的不合格问题及时采取措施予以控制和纠正,以消除产生不合格的原因,对纠正措施进行闭环管理,避免其再次发生或者在其他场合发生。

(1) 运用多种方法(如问题导向团队解决方法(8D)、故障树分析、因果图等),分析不合格现象及其原因,确定是否存在或可能发生类似的不合格。

(2) 实施针对不合格原因的纠正措施,并防止产生负面影响,建立并有效运行产品和服务故障报告分析及纠正措施系统,必要时,变更质量管理体系范围等。

(3) 当确认供方对不合格负有责任时,向供方提出纠正措施要求,并监督其实施,或更换供方。

(4) 根据合同要求,向顾客或供方、合作伙伴通告不合格情况,将与最终产品和服务质量有关的问题及其纠正措施向顾客通报。

(5) 采用适当的方式(如产品检验和测试、观察过程绩效、评审相关记录等),评审、验证纠正措施(包括供方的纠正措施)的有效性。

(6) 在评审纠正措施后,考虑尚未确定的风险或机遇,必要时,更新策划期间确定的风险和机遇。

(7) 保留不合格情况、纠正措施及其结果的相关记录。

3.7.4 质量工程技术支撑的六西格玛管理

组织宜学习、借鉴和开展六西格玛(6σ)管理,以推行先进的质量技术,降低质量损失,持续改进和提高产品和服务质量。

(1) 借鉴国际通行的培养六西格玛大黑带、黑带、绿带人员的做法,通过相关知识培训和实践案例,系统、规范、分层次培养掌握质量技术方法的领军人才和骨干人员,并依靠这些人员开展质量技术的应用研究和推广应用。

(2) 有效开展六西格玛改进活动,包括:

① 针对管理薄弱环节、瓶颈和质量问题多发领域,选择六西格玛改进项目;

② 针对不同类型的改进活动,确定六西格玛改进的流程(如"确定-测量-分析-改进-控制",DMAIC流程);

③ 灵活运用顾客满意度测评、平衡记分卡、卡诺模型、新老七种质量工具、质量经济性分析(质量损失或不良质量成本(COPQ,质量投入回报率分析等)、关键

质量特性分析、测量系统分析等方法,进行质量改进需求、改进过程和改进效果的分析和度量;

④ 六西格玛改进与 QC 小组活动、现场星级管理、量化过程控制、面向产品质量问题分析、质量问题归零、共性质量问题识别和解决等活动有机结合,融入这些质量活动之中。

(3) 开展六西格玛设计(DFSS),包括:

① 针对不同类型的产品和服务设计活动,确定六西格玛设计的流程(如"识别-定义-设计-优化-验证",IDDOV 流程);

② 灵活运用质量功能展开、三次设计、实验设计、面向制造与装配的设计(DFMA)、价值工程等相关技术方法,优化设计;

③ 将六西格玛设计工具和方法有机融入产品研制流程,密切结合通用质量特性设计和分析、技术风险控制等工作。

3.7.5 技术与管理"双五条"的质量问题归零

质量问题归零管理,包括技术归零和管理归零,是航天工业质量管理的有效做法和成功经验,已被国防科技工业广泛应用,并形成了国家标准和国际标准。当发生严重质量问题时,组织应按有关文件和标准开展质量问题归零工作。技术归零工作要求在前面设计和开发部分已经阐述。管理归零依照"过程清楚、责任明确、措施落实、严肃处理、完善规章"五条要求实施。

(1) 查明质量问题产生的过程,分析原因,找出管理上的薄弱环节或漏洞,并确定相关部门、人员应承担的责任,若质量问题涉及几个组织且本组织负责提供最终产品,则负责管理归零工作的分解和协调。

(2) 针对管理上的薄弱环节或漏洞,采取纠正措施和预防措施,制定或完善相关的规章制度、标准规范。

(3) 透彻分析造成质量问题管理上的深层次原因,从中吸取教训,加强对相关人员的质量意识教育和相关制度、标准规范和技术方法的宣贯与培训。

(4) 根据质量问题的性质、情节和后果,对相关责任部门、人员按照有关规定,给予相应的处罚。

(5) 编写管理归零报告,并履行审查和签署程序。

组织开展质量问题归零工作,应把技术归零和管理归零工作有机结合,把解决当前型号质量问题和提升质量保证能力有机结合,其要求如下。

(1) 制定本组织质量问题归零管理的实施细则,明确技术归零和管理归零工作的职责、流程和要求。

（2）明确本组织及部门、研制团队的行政负责人是质量问题归零的第一责任人。

（3）相关各部门、研制团队及人员落实岗位职责，主动查找自身薄弱环节，主动承担责任，主动解决问题，准确传递归零要求并落实闭环措施。

（4）不得以问题说明和问题分析代替归零工作，不能以技术归零代替管理归零。

（5）明确对外包外购产品质量问题的归零要求，监督和指导供方归零工作，并要求其提供归零报告。

（6）对于靶场或外场的质量问题归零工作制定具体的实施要求或细则，明确职责分工、工作程序和工作要求（含后续工作要求）等，并有效实施。

（7）按研制阶段对质量问题归零工作进行清理和审查，形成质量问题归零情况清单，制定完成质量问题归零及后续工作的计划，对待办事项的落实情况进行跟踪管理。

（8）对于重大质量问题和重大质量事故明确技术管理责任，提交技术归零报告和管理归零报告。

（9）开展质量问题教训和归零工作经验的提炼，填写按产品及专业设置的质量问题线索表，完善故障模式库，提出在设计、工艺、试验、管理等方面应遵循的准则或禁忌。

（10）针对质量问题的原因，从技术、管理和保障条件等方面制定纠正措施和预防措施，修订完善相关的规章制度、标准和规范，积累工程技术和管理知识，形成通过质量问题归零实现质量提升的管理机制。

承担型号总体或分系统任务的组织在归零工作过程中发挥牵头、协调、把关和督促落实的作用。承担抓总任务的组织不得以承担配套任务组织进行的问题归零代替自身归零工作。

3.7.6 共性质量问题的梳理和解决

共性质量问题是指在一段时间内同一组织不同产品发生的同类质量问题，或不同组织发生的同类质量问题。组织对来自面向产品的质量问题分析、质量管理体系内部和外部审核、管理评审、质量管理体系成熟度评价、质量监督代表现场监督等多种渠道发现的，具有共同性质、共同表现形式等共性质量问题，应开展共性质量问题的梳理和解决活动，建立共性质量问题的研究、解决的闭环管理机制。

（1）建立共性质量问题梳理、研究和解决制度，明确有关部门、人员的职责，确定其工作流程。

（2）从产生原因、责任主体、表现形式、影响程度等方面对共性质量问题进行梳理和分类，识别共性质量问题并形成清单。

（3）在分析共性质量问题各自原因的基础上，进一步挖掘共性的技术和管理原因，研究和制定有针对性的解决措施，并纳入科研生产计划，确保人员、经费和进度等得到落实。

（4）对于解决难度大、周期长、影响程度高的重大共性质量问题，制订专题工作计划，并组织实施。

（5）对于本组织无法解决或涉及其他组织的共性质量问题，及时上报上级组织。

（6）按计划检查共性质量问题的解决情况，固化有效做法和成功经验，形成或完善相应的文件、标准和规范，防止类似问题的重复发生。

3.7.7 质量管理模式和方法的学习与创新

虽然质量管理模式和方法具有较为普遍的适用性，但由于航天装备及其研制生产和服务保障任务的特殊性，承担航天装备任务的组织，作为追求卓越的组织，应该不断地从先进质量管理理论知识、其他先进组织质量管理的成功实践、本组织的成功经验和失败教训中学习，建立质量创新机制，实施质量管理模式和方法创新，将此作为建设学习型、创新型组织的重要内容。

（1）结合航天工程的发展，总结提炼和理论提升质量管理最佳实践和成功经验，提取管理和工程的禁忌，总结反思失败教训，透彻分析成功与失败之后的深层次原因，收集、分析和编写成功与失败案例，不断提出具有特色的质量管理新理念、新方法和新措施。

（2）结合组织及产品和服务的特点与需求，学习和跟踪研究国内外先进质量管理理论方法，尤其是国外宇航工业领域的通用质量特性、产品保证、技术风险识别和分析等理论方法。

（3）系统策划和推进实施质量管理制度、过程质量控制、质量技术方法等方面的应用性研究、试点、软件工具开发和推广应用。

（4）研究并实施并行工程、供应链管理、数字化制造、精益生产等现代制造模式中质量管理理念、方法和措施的新发展，适应数字化、网络化和智能化的发展需求。

（5）完善质量管理理论方法的学习、研究、试点、推广、交流与评价的工作系统和管理机制,作为组织技术和管理创新的重要组成部分。

（6）结合组织内外部形势变化、新的任务和发展需求,建立质量管理的创新思维,识别质量管理的创新需求,识别质量管理创新的机遇,把握质量管理创新的方式和时机,识别、分析和控制创新的风险,科学、有效地实施质量管理的理念创新、制度创新和方法创新。

第4章 航天企业集团母子公司型的多级质量管理体系建设

4.1 对多级质量管理体系的认识

4.1.1 构建多级质量管理体系的必要性

航天企事业单位质量管理体系建设二十多年调查研究表明：航天质量管理体系建设虽然取得了很大的成绩，在保证航天装备研制生产等活动方面发挥了重要作用，尤其是基础性作用，可以说航天科技工业领域质量管理体系建设在国内，在国防科技工业算是比较好的，但与航天装备科研生产的需求和特点相比，与航天企事业单位母子公司型多级组织管理特点的适应情况而言，在构建质量管理体系方面还不够系统，还有一定的改进和提升空间，需要按系统工程的思想和方法对各个单位的质量管理体系进行整合、拓展和提升。

目前，我国有两大航天企业集团公司，即航天科技集团有限公司和航天科工集团有限公司。两大集团共同的前身经历了国防部第五研究院、第七机械工业部、航天工业部、航空航天部航天系统、航天工业总公司等。这种从军队部门、政府工业部门、国家行政性公司及其直管企事业单位转制而来的大型国营高科技企业集团，具有较为完整的行业体系，其主要职能是承担航天装备的论证、研制、生产、试验、运营服务和国际贸易等国家战略任务。如何建立、保持和不断完善其体现系统工程特点的质量管理体系，使其适合国防建设、经济发展、科技创新的需求和航天科技工业管理体制创新发展一直是一个难题。

在我国航天工业发展的成长期，虽然，管理体制不断发展变化，航天领域总部领导机关名称也随之有所不同，但总体上都是政府部委一级的管理机关。国务院有些工业领域的部委机关主要实施行业管理，而航天工业领域总部领导机关对所属企事业单位和科研生产实施直接管理。1998年国防科技工业体制改革之后，航天工业的政府管理职能转到当时成立的国防科工委(后改为国防科工局)，两大航天集团公司从行业性公司转为真正的大型国营高科技企业集团，履行航天型号科研生产管理、战略管理、企业文化建设、人力资源管理、资产管理等职能。

按照质量管理体系的基本原理,航天企业应该建设质量管理体系。虽然,两个航天集团公司在多年航天科研生产管理中形成了一套比较完整的管理体系,包括其中质量管理体系,但还需要按照国际上通行标准的基本思路和方式进一步健全全集团的质量管理体系。一方面,质量管理体系建设通常都是针对一个组织,对于多级组织,没有现成的样板,需要结合航天企业集团的特点进行大胆探索,这有着相当的难度和工作量;另一方面,集团公司的领导和机关承担着大量的科研生产管理等职能工作,在建立质量管理体系时,应该把自己摆在其中,而不只是对所属单位的质量管理体系提出要求和进行监督检查,其实集团领导和总部机关在质量方面的职责、资源提供的权限、信息传递和管理、考核与奖惩程序和方式等都是质量管理体系的重要组成部分。

质量管理体系的基本原理表明,质量管理体系建设应与组织的科研生产经营管理及其产品的特点相适应,与组织的结构和管理方式相适应,覆盖产品和服务实现全过程。航天科技工业质量管理体系主要是指处于集团公司第三层的研究所和工厂的质量管理体系,研究院质量管理体系基本上是指院机关的院本部质量管理体系。虽然,研究院也建设了本部或本级质量管理体系,但都把所属单位作为外部供方单位来看待,而不是建设与集团公司、研究院、研究所或工厂三级母子公司型组织结构相对应的质量管理体系。这显然不符合航天集团公司三级组织是一个有机整体的情况,影响有效支撑跨研究院、跨研究所和工厂的航天装备论证、研制、生产和服务保障全寿命系统工程,这是造成质量管理体系与型号质量工作"两张皮"的原因之一。

在这里,质量管理体系是对航天产品和服务的。因此,我们不太赞同将集团公司总部作为一个实体组织,而把产品定义为服务,把下属单位定为外协式的质量管理体系。这是把标准中的质量管理体系模式简单地套在集团总部的头上。我们主张健全集团公司整体的质量管理体系。航天企事业单位质量管理体系建设的深入开展,需要创新性地探索建立适应航天企业多级组织和型号研制生产矩阵式的组织结构的,符合航天系统工程特点的,集团公司整体性多级、母子公司型的质量管理体系。也就是说,建设航天企业多级质量管理体系是适应其管理体制、组织结构和职能定位的需求,能够有效地支撑跨研究院、跨研究所和工厂系统工程管理的需求。这是打造航天质量管理体系升级版的重要内容和方式,是从管理实践中提出的一个重大的管理创新的命题。

4.1.2 多级质量管理体系的界定和模型

质量管理体系有这样一个概念,即一个单位即使没有按质量管理体系标准建立质量管理体系,也不能说没有质量管理体系,只是这个体系没有依据质量管理体系标准进行系统性的梳理,不够规范和完整,在一定程度上不被人家认可。航天企业,包括集团层面、研究院层面及所属的研究所、工厂,不是没有三级质量管理体系,这个体系客观存在着,包括质量文件系统、质量信息系统、质量考核评价系统等都是存在的,只是这个三级质量管理体系不完全符合质量管理体系标准的要求,有待于进一步规范,体系的系统性、有效性有待于进一步得到科学、全面的证实和认可。

按质量管理体系标准的思路,质量管理体系应明确质量方针和目标,建立健全质量管理文件,明确产品和服务范围,建立健全质量责任系统和质量信息系统等。描述航天企业集团公司质量管理体系首先是把集团公司作为一个经济实体,要充分考虑多级纵向组织结构上下隶属、横向跨单位的型号项目的左右前后协作及专业机构和队伍的技术支撑。

1. 覆盖范围

多级质量管理体系应从集团公司的使命担当、战略定位的高度,围绕所承担的主业航天装备,其覆盖范围从产品和服务的角度应包括:

(1) 重大航天工程、航天装备论证、研制、生产、试验、运行和服务保障等型号任务。

(2) 重大技术创新和预先研究,包括基础研究和有型号立项背景的关键技术攻关。

(3) 技术基础工作,如标准化、计量、科技成果管理、科技信息管理、质量管理、通用质量特性技术。

(4) 供应链全链条、全级次、全过程。

(5) 以航天装备为核心的决策管理、科研生产管理、在轨运行和服务保障、人力资源管理、财务会计管理、信息知识管理、市场营销等职能管理。

多级质量管理体系的覆盖范围从人员和部门的角度应包括:

(1) 集团公司的领导和职能管理机关,包括战略规划、科研生产组织、质量管理、人力资源、财务会计、物资供应、市场营销、技术改造、信息化管理等职能部门,以及设在集团公司机关的航天工程项目办公室。

(2) 集团公司科学技术委员会及专业组和质量相关专业的专家组,如元器件、软件、质量可靠性、综合保障等专家组。

(3) 承担航天装备任务的研究所、工厂、试验站、预先研究中心、物流公司、维修保障机构等。

(4) 集团公司认可授权的标准化、计量、理化试验、软件测评、工艺技术、材料失效分析、质量和通用质量特性研究、质量信息管理、人员培训等专业技术机构等。

2. 组织结构

集团公司质量管理体系中的组织结构应与集团公司整体实际的组织结构相一致，并随其改革变化而变化，其特点如下：

（1）职能直线式的纵向三级组织机构，即：集团公司领导和机关为一级，称为集团级；研究院领导和机关为一级，称为研究院级，此外，还要考虑与研究院具有同等地位的航天贸易公司、航天器在轨运营公司等；研究所和工厂为一级，称为厂所级；个别研究所、工厂还有下属的组织机构，如技术服务中心等。

（2）按型号项目的横向、跨单位的航天工程项目组织、型号"两总"系统，并与研究院及研究所、工厂等纵向组织构成矩阵式组织结构。

（3）集团公司、研究院科技委及专业组、专家组。

（4）专业机构，虽然其行政隶属关系为研究院或所属的某个研究所或工厂，但实际上是集团公司、研究院挂牌授权的、为集团公司提供专业支撑的技术机构。

构建集团公司多级质量管理体系时，应把集团公司作为一个科研生产及经营实体，把其所属的研究院及研究所、工厂看作是基层的研究部门和生产部门，如同研究室、车间及班级。

3. 产品和服务

设计或描述一个组织的质量管理体系，必须明确其能够提供的产品和服务是什么，即输出是什么。多级质量管理体系的产品和服务是集团公司向集团外顾客提供的产品和服务，主要是指作为系统级产品的航天装备，如人造卫星、运载火箭，及其相关的使用培训、维修、在轨运营支持等服务保障和技术资料、备件配件等。

4. 过程

过程包括管理过程、产品和服务实现过程、支持过程这三类过程。以产品实现过程为核心，为主过程。航天产品，尤其是系统级航天产品的实现过程是全寿命的各阶段，主要从研制、生产向立项论证、服务保障前后两头延伸。对各大阶段进一步细分，如立项论证进一步细分为国内外技术跟踪、申请立项、研究攻关、演示验证等过程。管理过程主要是从规划策划、组织协调、资源保障、监督评价等角度实施职能管理，包括战略管理、人力资源管理、科研生产管理、财务会计、质量管理、物资管理、信息管理等。支持过程主要是从专业技术的角度对产品和服务实现过程实施技术支持和技术监督，包括标准化、计量、工艺、检测等。在集团公司层面，产品实现过程主要是总体把握、监督。管理过程主要是集团中观层面的管理活动。支持过程主要是集团公司专业队伍和专业机构的技术支撑和技术把关。

航天企业集团公司多级质量管理体系建设和运行的基本模式如图4-1所示。

图4-1 航天企业集团多级质量管理体系模型

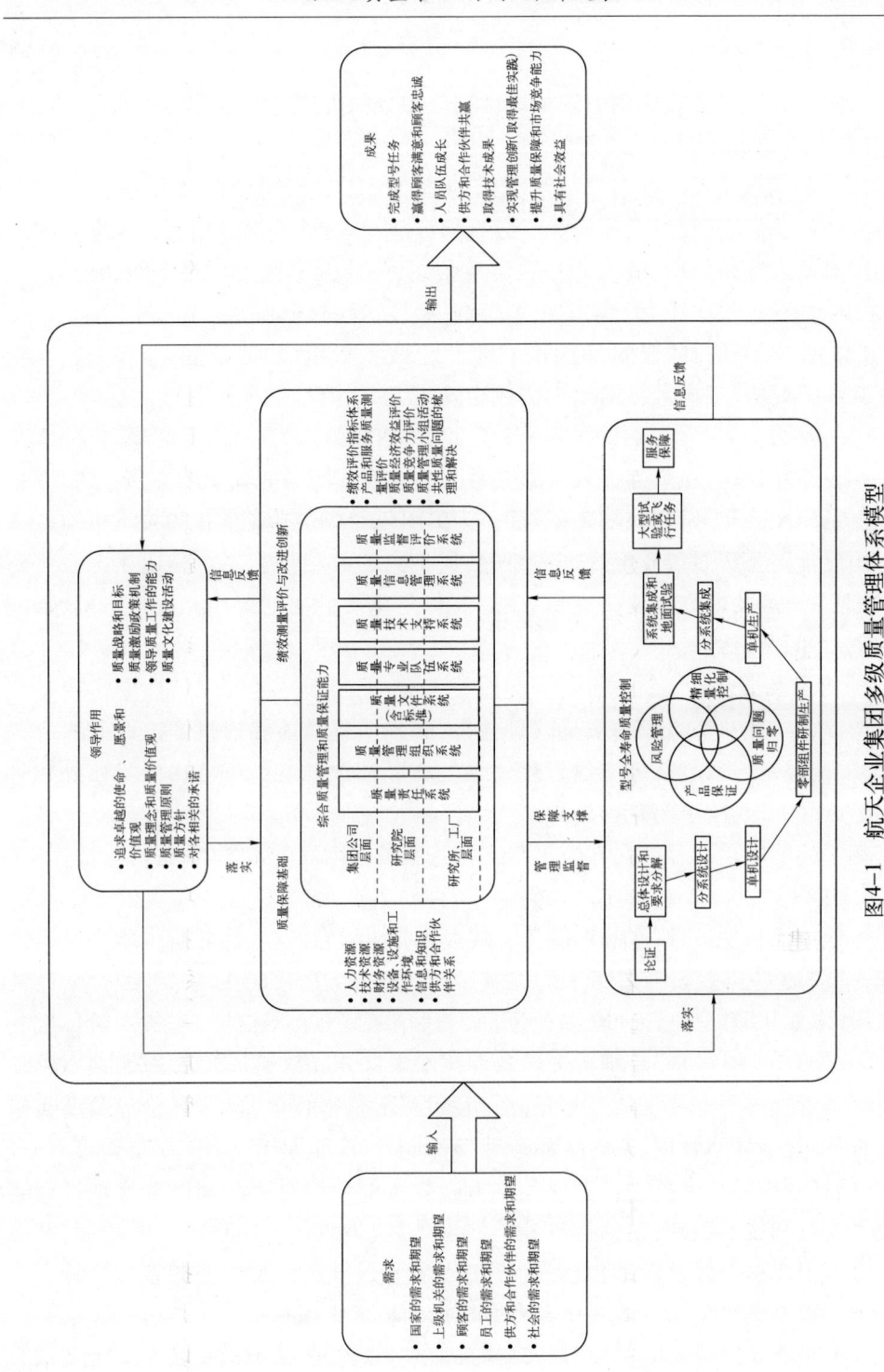

4.2 构建多级质量管理体系的思路和要点

4.2.1 以系统工程方法总体构想多级质量管理建设

构建航天企业集团公司多级质量管理体系,涉及管理和技术的许多因素,是一项没有现成模板的管理创新,是一个极其庞大、复杂的系统工程,需要用系统工程方法对其进行总体策划,明确实施这一重大复杂管理工程的基本思路。

开展航天企业集团公司多级质量管理体系建设不是在一张白纸上绘画,不是在平地上建筑新的大厦。各研究所、工厂的质量管理体系建设和研究院院本级质量管理体系建设已经取得的成绩是这一工作的基础,集团公司、研究院及航天装备项目已经形成的质量管理文件和标准规范、质量组织系统、质量信息系统等工作系统也是这一工作的基础。建设集团公司整体多级质量管理体系就是对此进行梳理、整合、拓展、提升和创新。

经过多年专题研究,认为航天企业集团公司多级质量管理体系建设的总体思路是:遵循系统工程管理和全面质量管理的思想,以追求卓越的质量管理标准为主要依据,以提升航天装备质量保证能力为主要目标,在集团公司整体的管理体系框架下,适应外部发展环境,弘扬航天质量文化,体现落实集团公司的发展战略及质量战略,紧密围绕航天装备研制生产、服务保障等战略任务,充分借鉴国内外标杆大型企业集团先进做法和成功经验,以健全基层单位质量管理体系为基础,以型号研究院整体质量管理体系建设为突破口和重点工作,统筹协调各项质量工作及相关资源,以建立健全覆盖集团公司各层面质量责任制为核心要素,按体系要素构建跨各级的质量管理体系的若干工作系统。大胆探索、勇于实践、系统策划、精心组织、分级落实、分步实施、远近结合、软硬结合,争取用五年或更多一些的时间,基本建成具有世界一流水准、适应航天装备发展需求和现代制造业发展及集团公司战略发展、覆盖航天装备全寿命、集团公司多层级组织一体化、现代管理与工程技术有机结合具有当代中国航天特色的质量管理体系。

4.2.2 多级质量管理体系建设要点

实施航天企业集团公司多级质量管理体系建设在总体上应把握以下几点:

(1) 适应外部发展环境和落实发展战略。航天企业集团公司是国家战略性的大型企业集团,构建航天企业集团公司多级质量管理体系必须密切关注国际和国家外部环境的变化及其对集团公司战略发展、日常科研生产与服务经营及其质量工作的影响,体现国家利益至上的价值观,制定集团公司的质量战略和质量发展规划,明确未来一个时期集团公司质量工作的战略方向和目标,能够支撑集团公司的发展规划和管理机制调整,提升集团公司整体的质量管理能力。即通过这一管理体系建设,使集团公司发展战略、质量战略和质量发展规划得以落实。

(2)立足集团公司整体的多级管理体系框架下。航天企业集团公司多级质量管理体系是集团公司整体管理体系的有机组成部分,侧重在质量管理方面发挥作用。因此,必须立足现有的集团公司管理体系,适应集团公司、研究院及其所属研究所、工厂三级科研生产组织管理体制,同时,注重航天装备科研生产主体单位与航天装备市场营销、在轨运营服务、技术基础支持等相关单位质量管理体系有机结合和发挥作用,并与集团公司相应的管理体制和机构改革相适应,这就需要探索建立母子公司式的多层级质量管理体系。

(3)遵循系统工程和全面质量管理的思想。建设质量管理体系应该树立落实"零缺陷"理念,遵循全面质量管理中"全员参与、全过程控制、全方位管理"等一系列质量管理思想、原则等。关键是航天企业集团公司的质量管理体系涉及多级具有法人资质的组织,涉及航天装备全寿命周期和总体、分系统、单机等多个产品层级及型号组织,并要适应航天企业集团公司行政三级组织与航天型号项目组织形成的矩阵式组织形式和工作体制。为此,必须遵循系统工程管理思想和方法。

(4)按照质量管理体系标准,但不局限于此。ISO 9001 和 GB/T 19001—2016《质量管理体系要求》标准是建立质量管理体系依据的最基本要求,而且由于面对各类产品和服务,其内容阐述也过于笼统。GJB 9001C 标准也是面向各类武器装备及其配套产品和服务的。建立航天企业集团公司整体的质量管理体系自然要按照质量管理体系标准,但集团公司多级质量管理体系建设不是以通过认证为目的,没有必要过于死板地对应上述标准条款,也不可能直接在标准中找到建设方案的现成答案。这需要在领悟质量管理体系建设的基本思想和基本原理的基础上,结合集团公司的特殊情况进行大胆探索创新。充分反映航天特殊要求和充分汲取航天领域的经验教训。同时,还应该学习借鉴 ISO 9004《质量管理—组织的质量—持续成功指南》标准和 AS 9100《航空航天和国防组织的质量管理体系》标准。

(5)把集团公司领导和机关摆在"龙头"的位置。在集团公司这一级,抓质量管理体系建设,通常就是对产品研制生产基层单位质量管理体系进行监督评价。建设集团公司多级质量管理体系,首先应该把集团公司领导和机关摆进去,放在"龙头"的位置,强调集团公司领导和机关的质量认知、质量责任担当、质量管理能

第4章 航天企业集团母子公司型的多级质量管理体系建设

力,强调以身作则、率先垂范,尤其是处理好质量与效益、质量与进度等相互关系,明确集团公司层面的质量理念、方针,制定质量战略和质量目标,建立健全质量责任制、质量文件和标准、质量组织及质量工作系统,对重大关键航天工程、航天装备任务组织实施具体的质量管理和监督。

(6) 以航天装备全寿命各阶段过程质量控制为中心。航天企业集团公司多级质量管理体系建设应紧密围绕航天装备任务,适应航天装备科研生产和服务保障及其质量管理的需求和特点,解决单位质量管理体系同型号质量管理不密切的问题,突破各生产厂、研究所的质量管理体系不能及时和有效地解决型号研制生产全过程质量保证的困境,统筹协调各项相关工作和各方资源,使之覆盖型号全系统、全层级、全寿命,尤其是以解决体系与型号脱节的问题为目标把向,使职能管理、资源保障和测量评价等方面的质量管理体系要素都围绕这一中心。这是出发点和落脚点。不要说脱离航天型号工作,就是与航天型号工作结合不够紧密,就表明质量管理体系存在重大问题。

(7) 以提升航天装备质量保证能力为目标。构建集团公司多级的质量管理体系,不仅是保证目前航天型号质量,而且要从人员、设施、技术和管理等方面不断提升质量保证能力,要高度注重标准化、计量、检验和试验、工艺、质量技术研究与推广、元器件筛选、软件测评等方面技术体系建设,尤其是质量专业队伍和专业机构的建设。航天领域推行的产品保证工作,其中非常重要的是产品保证能力建设,主要是指产品保证各专业的队伍和机构建设。在研究所、工厂这一层面的质量管理体系,产品保证队伍和机构建设能力有限,而在集团层面、研究院层面就有必要、有能力实施产品保证能力建设。因此,集团公司及研究院整体的质量管理体系,自然也要将产品保证能力建设融入其中。

(8) 借鉴国内外标杆大型企业集团做法和经验。虽然,至今国内外没有完全相同的航天集团有限公司多级质量管理体系建设标准模板和可照搬的成熟做法,但还是应该努力借鉴国内外标杆大型企业集团做法和经验,尤其是波音公司、诺马公司等国外大型航天企业集团公司的质量管理模式。国内海尔集团等多级大型企业集团质量管理体系建设的经验也应学习借鉴。

(9) 实施系统性的顶层策划。航天企业集团公司质量管理体系整体建立和运行与集团公司层面对质量管理体系的策划和引导推进能力关系密切。要强化集团公司层面的总体策划,明确集团、研究院及工厂和研究所三个层级的职责和相关要求,明晰集团总部与集团所属研究院在若干质量工作系统方面的接口关系,要强化集团公司总部质量管理和质量监督的力度,更加强化集团公司层面在集团公司多级质量管理体系建设中引导、推动和监督评价作用。

（10）以研究所、工厂等基层单位质量管理体系为基础。航天科技工业领域从事航天产品研制生产的研究所、工厂等基层单位的质量管理体系，从贯彻《军工产品质量管理条例》到贯彻几版质量管理体系国家军用标准，有三十年的历程，并通过质量保证体系考核和质量管理体系认证被用户和第三方认可，这是集团公司多级质量管理体系建设的坚实基础。集团公司多级质量管理体系建设，应充分利用这一基础，不应该、也不可能、更没必要另起炉灶。

（11）以型号研究院整体质量管理体系建设为突破口和重点工作。承担航天型号研制生产和服务保障任务的研究院，其产品和服务覆盖型号研究生产的全过程或大部分主要过程。是研究院这一层级组织整体才研制生产出航天装备。研究所、工厂只是承担研究生产过程的一部分。因此，整合和提升质量管理体系，首先最为重要的就是在研究所、工厂和院本级质量管理体系的基础上，建设研究院整体的质量管理体系。

（12）以建立健全覆盖集团公司各层面质量责任制作为核心要素。覆盖全集团公司多个层级，包括集团领导、科技委和总部职能部门及所属的研究院、专业公司、直属机构等，在系统梳理航天装备研制生产和服务保障各阶段的业务流程的基础上，明确集团、研究院及研制所、工厂各管理层面的领导岗位、部门（单位、项目组织、专家组织等）的主要质量职责、权限、工作接口、考核指标和方法、质量问题的责任承担等。

（13）按体系要素构建贯通各级质量管理体系的若干工作系统。注重质量管理体系要素在各层面之间的接口关系，注重质量要求在各层面的逐级分解落实。尤其是形成集团公司自上而下相互协调的质量责任系统、质量管理组织系统、质量文件系统、质量专业队伍系统、质量技术支持系统、质量信息管理系统、质量监督评价系统等集团公司质量管理体系的工作系统。

（14）注重质量管理体系监督评价和持续改进机制的建立。要确保集团公司质量管理体系的适宜性、充分性和有效性，就要充分利用企业现有的管理和技术条件，健全对质量管理体系的监督评价、持续改进的机制，分级、分层次地开展质量管理体系监督、审核、成熟度评价等工作，通过行政渠道和依托质量专业技术机构、质量专家队伍开展对集团公司所属单位质量管理体系、航天装备任务的质量监督，开展质量管理体系成熟度评价及最佳实践的挖掘、提炼和推广，通过对质量问题的识别、整理、分析以及对质量管理先进做法和成功经验的总结和推广，不断完善集团公司的质量管理体系。

4.3 整体构建集团公司质量工作系统

如何在以研究所、工厂等基层单位为主体的质量管理体系基础上,进行整合和提升,以此来构建航天企业集团整体化的、母子公司型多级组织形式的质量管理体系并使之有效运行,一个重要方面就是要注重质量管理体系要素在各层面之间的纵向衔接关系,尤其是通过航天企业集团各层面的质量管理体系建设,形成自上而下相互协调的质量责任系统、质量管理组织系统、质量文件系统、质量技术支持系统、质量信息管理系统、质量监督评价系统等集团公司质量管理子系统。这几个质量管理子系统实质上也是质量管理体系建设和运行的核心内容及需要研究的主要问题。这些质量管理子系统实际上是客观存在并运行的,通过这些质量管理子系统的规范建立和有效运行使集团公司的质量管理工作自上而下成为一个有机整体,集团公司各层面的质量管理体系相互协调,为保障航天产品和服务的质量发挥更大的效用,提升集团公司整体质量管理能力。

4.3.1 质量责任系统

建立健全质量责任系统,通常称为建立健全质量责任制。建立健全质量责任系统,在集团公司层面,最为重要的一是建立质量责任的文化氛围、政策导向和体制机制,二是把集团领导和机关摆进去。由于质量管理体系标准对质量责任系统不够明确和具体,依据标准开展研究所、工厂的质量管理体系和研究院本部的质量管理体系建设,一个很大的不足就是没有系统地梳理和构建质量责任系统。集团领导和机关、型号两总、专业机构和专家组织的质量职责、权限、接口关系和责任承担等都不是十分明确、系统,建设多级质量管理体系的首要工作就是建立健全质量责任系统。

(1) 梳理、明确集团公司各级领导和机关、单位、型号项目两总、专业机构和专家组织等的质量责任,包括质量职责及履行职责的权限、接口关系和质量问题或事故的责任及承担方式,如承担领导责任、直接责任、管理责任、连带责任等,协调各岗位、部门的质量责任关系,制定质量责任管理制度。

(2) 确定针对各领导岗位、单位、部门、型号项目组织、专业技术机构、专家组织等的质量考核评价指标体系,明确考核的时机、方式和程序、注意事项等。尤其是在综合考核评价中,实施质量指标一票否决权。

(3) 系统梳理、修改企业文化培育、人力资源管理等方面的相关规章制度、工作方式,使质量责任制与企业文化培育、人员考核评价、奖励和处罚等工作有机结合。

(4)在集团公司、研究院层级上设立质量奖,建立质量奖励基金,依据考核结果,对产品和服务质量及质量管理工作做出突出贡献的单位、部门、型号两总、专业技术机构、专家组织等进行表彰和奖励,对于造成质量问题、质量事故的责任人、责任单位,按相关规定进行处罚,追究其应承担的责任。

4.3.2 质量文件系统

集团公司的质量文件系统是由集团公司顶层的质量战略、规划、制度、标准等构成的集团公司层面的质量管理文件体系,并与所属研究院及研究所和工厂等各级组织的质量管理文件、跨单位的航天型号项目质量保证文件加以协调和整合,构成上下密切衔接、左右协调相联、展开到底到边的有机整体。

建立健全集团公司质量文件系统的作用:一是用于集团公司内部落实质量方针和政策、质量管理原则,发布和展开质量战略和质量目标,规划和规范质量管理工作,明确质量管理要求,总结、提炼和推广质量管理的有效做法和成功经验,推行国内外先进、适用的质量管理方法;二用于对集团公司外部进行质量宣传、质量承诺和质量证实;三是部分质量文件或若干质量文件的部分内容也用于选择、评价和监督供应商。

集团公司总部领导及其相关职能部门和专业机构,也就是集团公司层面应组织建立并不断完善集团公司的质量文件系统,主要是指以满足集团公司承担的航天装备任务的需求为出发点,依据集团公司发展战略和规划,体现落实集团公司的质量方针,构建集团公司质量管理规章和标准规范体系框架,制定集团公司质量工作的规章制度和标准等文件。集团公司层面在质量文件系统建设中的主要工作包括:

(1)贯彻质量管理和质量监督方面的法律、法规、上级规章和标准。当前,最为顶层的质量法规就是国务院和中央军委公布的《武器装备质量管理条例》,还包括军队装备管理部门下发的质量规章和规章性质的文件、国务院国防科技工业主管部门下发的质量规章和规章性质的文件、国务院其他相关部门下发的相关质量规章和规章性质的文件等,标准的范围包括国家标准(GB)、国家军用标准(GJB)、航天行业标准(QJ)等。集团公司对于上级质量文件,不仅要及时转发,更为重要的是组织学习,结合自身特点和任务需求,及时将上级及本级的有关要求纳入质量文件中。尽快补充完善现有的质量管理规章和标准,并逐级展开、细化,逐级落实。

(2) 制定质量战略规划。紧密围绕战略发展规划及型号科研生产和服务保障对质量工作的需求,通过制定质量战略规划,如航天科工集团公司制定了"质量制胜"的战略,航天科技集团公司制定了质量提升工程,明确集团公司未来一个时期质量工作的方针、目标和重点任务,明确实施质量战略的指导思想、基本原则、发展目标、主要任务和保障措施等。

(3) 构建集团公司质量管理文件体系框架。根据上级质量管理的要求,依据集团公司的质量战略规划,密切结合承担的航天装备论证、研制、生产、试验和服务保障任务,梳理现行的质量管理规章、标准等,系统地构建集团公司多级质量管理文件体系整体框架及集团公司、研究院、研究所或工厂各层面质量管理文件体系框架,包括质量管理规章体系、标准规范体系,其中标准体系注重相关国家标准、国家军用标准、航天行业标准和集团公司及研究院企业标准的结合,努力使质量文件体系达到层次合理、结构优化、上下左右接口协调配套,实现文件在内容上相协调,具有科学合理性、可操作性和可检查性,并注重将质量文件体系与其他职能管理文件体系相协调和整合,使质量管理文件与人力资源管理、技术创新管理、财务资产管理、设备设施管理等其他管理职能的文件相协调,防止其他管理职能的相关文件的有悖于质量管理体系建立与运行。

(4) 根据不同的需求和内容的成熟度采用适当的文件形式。集团公司层面文件根据不同需要,以规章、红头文件、标准和手册等形式发布。对于针对某些薄弱环节、特定质量问题和管理目的提出的质量工作要求,尤其是着重针对眼前最为突出的质量问题,要求时间急,力度大,而暂不具备制定集团公司质量规章条件的,以集团公司红头文件的形式发布和实施。对于相对比较成熟,需要在集团公司范围明确实施的质量管理要求和加以推广的质量工作最佳实践,以集团公司质量规章的形式发布和实施,管理规章用于更加系统、规范地实施质量管理。对于已经很成熟,比较明确具体的质量管理要求和质量技术方法应用指南,需要将其固化成标准来规范化地贯彻实施的,以集团公司质量管理标准的形式发布和实施,或编制和发布管理手册和工程指南,如产品保证、质量绩效评价等方面的管理手册和工程指南。红头文件、管理规章都具有强制性。标准则是在总结和推广成熟的做法,明确细化的要求,给出更加具体的实施指南,更加具有指导性。可采用几种文件形式结合应用,即以红头文件、管理规章提出要求,再通过标准、手册提供应用细则或指南。应注重红头文件、标准及规范的区别与联系,注重最基本要求强制性与引导追求卓越的指南性的区别与联系,防止文件之间的不协调和内容重复。

（5）强调质量文件的针对性和前瞻性。制定质量管理规章和下发质量文件应强调针对性，注重在质量文件制定过程中的广泛调研和深入研究，在总结经验和教训的基础上制定，防止内容过于空泛，注重针对不同的内容分别把握质量管理文件的详细程度，既要明确要求，又要为研究院制定更为具体详细的内容留有必要的空间。集团公司、研究院层面的质量管理体系文件还要注重克服单纯对所属组织提要求，应把集团公司、研究院领导和总部机关自身摆在体系之中。制定质量文件时，应在学习研究先进的质量管理和总结提炼质量管理先进有效做法及成功经验的基础上，尽量努力使质量文件具有一定的前瞻性，不能只是被动地由质量问题牵着鼻子走。

（6）构建集团公司质量管理的标准体系。针对集团公司及其型号产品研制生产和服务保障质量管理的特点和需求，有计划、有组织、有经费保障地开展跟踪研究和学习借鉴国际航空航天和国防组织的质量管理标准，NASA 和 ESA 等国外航天机构质量管理文件和标准规范、国外航天组织和国外先进航空航天企业质量管理方法及其标准，构建集团公司质量管理标准体系框架，据此明确哪些标准直接采用和哪些标准需要制定，制定集团公司质量管理体系的标准，将其作为集团公司质量管理的顶层标准，其内容不仅包括质量管理要求，还包括质量管理原则、质量术语、质量技术方法应用推荐和指南、业绩持续改进、质量管理体系评价、第二方认证审核等；该标准既用以指导、规范集团公司及其所属组织开展质量管理体系建设，又可用于对供应商的质量审核和第二方认证。在此基础上，结合集团公司质量管理体系要求标准中的有关要求，制定一系列支撑性标准，形成并不断完善集团公司质量管理的标准体系。

（7）建立健全质量管理文件系统制定和不断完善的动态管理机制。学习借鉴国际航空航天和国防组织的质量管理系列标准，总结提炼我国航天装备论证、研制、生产、试验和服务保障中的先进有效做法和成功经验，及时将上级以及集团公司有关要求和总结的最佳实践纳入质量管理文件中，制定和宣贯标准规范和应用手册等，建立健全质量管理标准跟踪研究和预先研究、试点应用、编制、配套文件制定、宣贯培训与应用指导、信息服务平台建设与运营服务、实施监督检查、应用效果分析评价、定期清理等一整套相关制度和管理方式。

4.3.3 质量管理组织系统

在我国大型企业集团中，即使在军工集团公司中，航天企业集团的质量管理

第4章 航天企业集团母子公司型的多级质量管理体系建设

部门也是比较健全的,并有效地发挥作用。主要体现在三个方面:一是集团公司总部、研究院、研究所或工厂各级的质量管理职能部门独立设置,人员配置和工作经费落实,职责和权限比较明确;二是三级质量管理职能部门形成了完整的树状组织结构;三是既承担质量管理职能,又参与质量直接相关的技术管理工作,如技术状态控制、技术评审、质量问题技术归零等工作;四是各级质量管理职能部门与质量专业技术机构、质量专家组织密切配合,形成了完整的质量组织系统。

质量管理部门之所以在经历了一系列管理体制改革之后没有被取消或削弱,而是不断加强。一方面是航天装备及其研制、生产、试验和服务保障的特点和需求来决定的;另一方面也是航天科技工业的历任主要领导通过认真总结成功经验和反思失败教训在组织管理体制方面形成的一项具体化表现结果。

虽然航天企业集团多级的质量管理组织系统比国内其他大型企业集团健全,但就与其自身的使命定位、战略发展而言,就与航天工程系统工程的特点和需求而言,还有很大的强化、优化、整合和提升的空间。

我们多次去海尔集团的质量检测公司沟通交流,十分欣赏海尔集团建设这样一个将综合质量管理、申请质量管理体系认证和产品认证、可靠性试验、供应商评价和审核、采购产品检测等职能融入一个实体化的质量机构,实施市场化运作,并以此为核心系统性设置全集团的质量机构。海尔集团在集团层面设置这样专业化、市场化质量机构的做法值得我们借鉴。

航天企业集团多级的质量管理组织系统是由集团公司、研究院、研究所或工厂各级质量管理部门以及型号各级质量保证组织组成的系统。

集团公司层面在质量管理组织系统建设和运行方面的主要工作如下。

(1) 从集团公司总体角度,实施集团公司质量管理组织整体化设置和系统性运作。这绝不仅是指集团公司总部质量管理部门的设置,而是从集团整体战略发展和航天装备任务的特点进行质量组织的系统性考虑和布局。应该以纵向多级质量管理职能部门为主线,纵向质量管理职能部门与横向型号项目质量管理组织密切结合,明晰质量管理部门同型号质量管理组织的职责界面,避免其质量职责、权限的不清晰和重复,并保证人员配置满足需求。还需注重质量部门与其他部门,如规划计划、科研生产管理、人力资源管理、财务会计等部门的职责分配、接口关系。同时,把各级质量管理职能部门与各类质量专业技术机构的设置和运作有机结合,甚至是一体化的设置和运作,以进一步实施行政的质量监管与质量技术监督的有机结合。

（2）加强质量管理部门接受本级行政正职和上级质量管理部门双重领导和直接汇报的体制设计和制度建设。一是各级质量管理部门都应是在行政正职，即公司董事长和总经理、研究院院长、研究所所长、工厂厂长等的直接领导下工作，而分管质量工作的副职只是协助正职组织开展质量管理工作；二是各级都要建立独立的质量管理部门，在生产企业要设置独立的质量检验部门，接受最高管理者的直接领导，确保这些部门独立行使职权；三是各级质量管理部门同时接受本级最高管理者和上级质量管理部门的双重领导，向双向领导汇报工作。

（3）不断强化集团公司总部质量管理部门的职能。集团公司总部应在全集团的质量工作中发挥引导、组织、推动和监督作用，组织开展集团公司质量工作的总体规划、设计和过程监督管理工作。集团公司总部质量管理部门的设置与运行非常重要，既要组织实施全集团公司范围的质量方面的战略管理，还要具体组织实施集团公司日常质量管理工作，参与重点型号质量问题处理和质量把关。集团公司总部质量管理部门的主要职责如下：

① 贯彻实施国家有关的质量法律、法规和上级质量管理规章、文件和标准；

② 组织编制集团公司质量发展的规划、计划以及质量管理的制度和标准；

③ 会同企业文化建设、人力资源管理等部门，组织实施集团公司的质量文化建设；

④ 组织实施集团公司的质量基础能力建设；

⑤ 组织指导所属单位质量管理体系建设，并组织对其有效性进行评价和监督检查；

⑥ 组织开展对型号质量工作的监督管理；

⑦ 参与重大工程和重点型号研制关键节点的评审；

⑧ 建立集团公司质量信息管理系统，组织开展集团层面的质量问题信息分析；

⑨ 组织调查重大质量问题和质量事故等。

（4）加强和改进航天装备项目或项目群（或称为型号或型号系列）的质量管理组织建设。目前，各研究院根据型号项目的特点和管理要求或管理习惯的不同，型号项目质量管理组织也各不相同，有的是设置型号质量总师和质量主管，有的是设置产品保证经理和助理；等等。我们认为还是设置产品保证经理和助理的方式更为科学，更符合航天装备研制的特点。集团公司层面应加强对型号项目或项目群质量管理组织的设置与运行指导、监督、组织交流。

4.3.4 质量技术支持系统

质量技术支持系统是由集团公司各级质量专业技术队伍、质量专业技术机构、质量专业标准规范和相关的软硬件设备工具等有机组成的系统。

1. 质量专业队伍建设

质量专业队伍系统由集团公司各级组织的质量专业人员及各级质量专家团队组成。其中,质量专业人员包括了各级质量管理部门人员、型号质量管理人员、通用质量特性工程技术人员、质量检验人员、软件评测人员、专职质量监督人员、质量管理体系审核人员、质量专业技术机构中专业人员和质量专家组织中的专家等。

集团公司开展整体多级质量管理体系建设,提升型号质量保证能力和国内国际航天市场竞争能力,就必须更加重视质量专业队伍系统化建设,尤其是下决心从型号研制队伍中抽出一批中青年骨干人员充实到专职质量专业技术队伍中,努力打造一支世界航天领域一流的质量专业技术队伍。

在质量专业队伍系统中,集团公司层面和研究院层面的质量专家组织是重要组成部分。集团公司层面的质量专家组织,包括科技委质量与可靠性专业组和元器件、软件、工艺、质量与可靠性、综合保障等专题的专家组,其主要职能是为集团公司制定质量方针、质量战略规划及实施计划、质量规章和标准和进行质量决策提供技术咨询,为识别和控制航天装备任务的技术风险和质量风险提供技术支持和实施把关。

集团公司层面在质量专业队伍系统建设和运行方面的主要工作包括:

(1) 掌握质量专业人员的现状和需求。调研和掌握集团公司质量专业人员的现状,分析研究集团公司质量战略和航天装备研制生产及服务保障等任务对于质量专业队伍的需求,系统梳理和明确集团公司各级、各类质量专业岗位的能力需求,包括专业知识、技能、经历等。

(2) 构建质量专业人员培训和成长的人力资源管理体制。编制或补充完善相关的人力资源管理等方面制度文件,建立健全集团公司质量专业人员的资格管理体制,建立质量专业人员的专业序列和成长通道,建立质量专业人员选聘、培训、考核、晋升、奖励和处罚的管理机制,鼓励有型号工程经验的人员从事质量专业工作,逐步分级实行质量专业人员注册管理,使质量专业人员做到持证上岗。实行注册管理的质量专业人员可考虑包括:研究院及研究所、工厂的总质量师、质量首席官、质量处长、检验处长等专职从事质量工作的中级及中级以上管理人员,型号总质量师或产品保证经理及重点型号质量主管、产品保证助理、质量监督代表、质量专业技术负责人员及具有检测试验结果签字权的人员等。

（3）实施全面、系列、规范的质量专业人员培训。制定集团公司质量专业人员的知识体系大纲和培训制度，明确集团公司质量专业人员培训的有关要求及质量专业人员中各类人员培训的具体需求，组织编写或选用各专业规范化、系列化、具有针对性和行业特色的培训教材，建立培训试题库，建立集团公司层面质量专业人员的培训师资队伍，依托专业技术机构建立质量专业培训机构，利用内外网络平台，组织开展对从事综合质量管理、型号质量管理、通用质量特性工程技术、质量检验、软件评测等质量专业人员进行系统化和规范化地培训，尤其注重把航天质量案例编入教材，强化质量案例教育。

（4）完善质量专家组织和专家数据库。进一步完善集团公司层面的质量专家组织和专家数据库，尤其是出台相关政策，吸引有型号工程经验的人员进入质量专家组织，对其实施动态管理，明确质量专家组织的职责、权限和责任承担，落实质量专家组织建设的经费及其他保障条件，充分发挥质量专家的作用，以支撑集团公司层面质量发展规划的制定以及相关质量工作的策划和组织实施，支持重大型号质量把关，并指导研究院层面质量专家组织建设。

（5）构建质量专业人员学习、交流的平台。通过研讨会、技术交流会或论坛等形式，充分利用相关专业报刊和内外网络平台等，为集团公司范围内质量专业人员的交流研讨搭建平台。

2. 质量专业技术机构建设

质量专业技术机构是指专职承担质量管理研究、质量监督把关、质量保证基础和质量技术支持等方面的专业技术机构。目前，质量专业技术机构主要包括质量与可靠性研究、质量信息、标准化、计量、电磁兼容、失效分析、工艺和材料、无损检测、元器件检测、软件评测、理化试验、紧固件检测等机构。这些机构有些是实体性的研究所，大部分是研究所、工厂内的专业技术机构，自身不是一个行政实体，但在质量管理中发挥重要作用。虽然，这些机构的行政隶属关系还设置在一个研究所或工厂内，但被航天两大集团公司或研究院授权认可为集团公司或研究院在某一专业领域的技术机构，在全集团、研究院范围的该专业发挥技术攻关、技术指导和技术把关等作用。

在研究所、工厂这样一个基层单位中，可能会设置计量室、理化试验室等机构，但不可能，也没有必要设置太多、太全的质量专业技术机构。而在集团公司层面、研究院层面就有能力、有必要设置这些质量专业机构。因此，集团层面开展质量管理体系建设，质量专业技术机构就是其中的重要内容，需要在集团公司层面统筹规划专业技术机构建设,整合资源,保障投入,提升能力,确保专业技术机构在产品保证和技术服务以及监督评价方面的能力和水平。

集团公司层面在质量专业机构建设和运行方面的主要工作包括:

(1) 规划设计集团公司层面的专业技术机构布局,明确其定位和职能,健全集团公司对专业技术机构的管理制度,明确专业技术机构应取得的相应资质,加大对专业技术机构的投入,加强其能力建设,对其实施动态管理。

(2) 紧密结合型号质量保证需求,系统梳理型号研制生产全过程应用的质量专业技术,研究建立集团公司质量专业技术体系,包括质量控制技术、通用质量特性技术、检测技术计量技术等,制定面向集团公司的质量专业发展战略、规划和计划,建立质量专业技术体系。

(3) 明确经费渠道,加强质量专业机构在设备、设施、工具和手段等方面的条件建设,健全各质量专业的信息库,确保质量专业机构在产品保证和技术服务以及质量监督评价方面的能力能够满足航天装备任务的需求。

(4) 完善质量专业机构与业务工作相适应的内部管理制度,强化质量专业机构专业技术队伍建设,规范业务活动。

(5) 依托质量专业机构,大力开展质量专业技术的研究、试点和推广应用,编制一系列具有实用价值的质量专业技术的实施指南、手册、标准,开发质量管理软件工具,开展质量专业技术培训、技术交流和国际合作。

(6) 整合和提升质量专业技术咨询和服务的能力,支撑集团公司开展面向单位和型号的质量技术监督与评价。

4.3.5 质量信息管理系统

质量信息管理系统是由集团公司、研究院、研究所或工厂各级的质量信息管理平台、质量信息管理人员以及相关的质量信息管理制度有机构成的,能够有效支撑集团公司各级组织机构和型号项目质量管理纵横相交的管理系统。

随着现代信息化技术的发展,工业制造业加快了数字化、网络化、智能化的进程,尤其是高端制造业伴随"互联网+"、大数据、云计算、虚拟现实、智能制造等正在进行跨越式的转型升级。航天科技工业是典型的高科技工业,正面临着的技术换代升级和管理模式的重大变革,信息化管理的手段和运作模式必然是其中重要的组成部分,再加之新一代航天装备对质量提出了更高的要求。因此,集团公司质量信息管理系统的建设与运行就不只是在原有技术与管理层级上的修补和完善,而是面对新的背景和需求,充分适应和运用现代信息化技术实现跨越式转型升级,以助力航天科技工业及其质量管理跨上新的台阶。

集团公司层面在质量信息管理系统建设和运行方面的主要工作包括：

(1) 开展质量信息管理系统背景和需求研究。调研当前质量管理信息系统及其运行的问题，面向航天质量管理及基础能力的发展，研究新一代航天装备及其全寿命质量管理提出的需求，研究"互联网+"、大数据、云计算、虚拟现实、智能制造等对航天科技工业的机遇和挑战。

(2) 系统性地加强质量信息管理系统建设的整体规划。依据集团公司发展战略及其质量管理、现代信息化的发展规划，系统性地制定集团公司多级的、支撑面向新一代航天装备全寿命质量管理的信息系统建设的整体规划，明确其战略定位和基本作用、建设和运行的总体思路和基本原则、任务目标及其分解、相关责任主体及其职责与权限、平台建设和数据管理、经费等资源保障措施等，并将其纳入各级战略发展规划及质量管理、信息建设、技术改造等专项规划、计划中加以落实。

(3) 跨越式提升质量信息管理系统的软硬件条件。整合集团多级的质量信息管理系统平台，打通质量信息系统的"肠梗阻"和消除信息"孤岛"，加快实现软硬件升级换代，构建质量信息快速响应网络平台，实现质量信息能够通过各级组织机构、型号项目之间纵横相通信息网络及时有效收集、分析、传递和共享，在此基础上，尽早升级现场质量信息实时采集、异地传输、安全防护、统计分析、知识生成等信息管理智能化、网络化的软件硬件手段。

(4) 建立健全质量信息管理制度规则和运行机制。贯彻执行上级质量信息工作的规章制度，健全集团公司质量信息工作的规章制度、标准规范和工作计划，适应集团公司战略发展及航天装备对质量管理的需求，并指导研究院、研究所或工厂修改、完善、细化其质量信息管理制度，明确各级质量信息管理部门的职责以及上下级的接口关系，明确质量信息管理的方式和程序，尤其是制度和标准内容上要强调强化关键质量信息及时、真实地采集和报送及对其监管力度。

(5) 有效运行多级组织机构的质量信息系统。运用质量信息系统，对航天装备全寿命各阶段实施质量监视、测量和评价，建立健全质量问题数据库、质量管理工程经验库和故障案例信息库，强化质量信息的数据积累，加强对各研究院质量信息工作的支持、指导、监督及考核，组织开展全集团范围内的质量信息的综合分析和信息共享，加强质量信息的案例提炼和知识挖掘，使质量管理，尤其是质量决策建立在及时、有效的质量信息支持的基础上。同时，注意不应过多强调区分这两级质量信息的详细程度，不应是质量信息经过筛选和屏蔽之后再上报。

第4章 航天企业集团母子公司型的多级质量管理体系建设

（6）全面支撑航天装备全寿命、全供应链质量控制。对航天装备全寿命各阶段、各产品层级、供应链全链条各过程，客观、精准、规范、高效地实施质量信息的采集、审核、处理、储存、传递、安全、共享、通报等职能，尤其是强化关键质量信息及时、真实地采集和报送及对其监管力度。对于质量问题、质量事故和重大质量活动信息实施及时报告、规范传递、动态分析、实时跟踪。对于航天企业集团外部组织承担航天装备研制任务的单位，由任务提出单位负责监督其按规定的要求进行质量信息的采集、处理、储存和传递，并按要求报送。既强调按航天装备系统层级供应链逐级向上报告质量信息，又强调运用现代信息系统向型号"两总"和总体组织直接、及时、客观准确地上报质量信息。

4.3.6 质量监督评价系统

质量监督是指为了确保满足规定的质量要求，对产品、过程或体系的状态进行监视和验证，并对其记录进行分析的一系列活动。质量监督主要是指通过采用监视、检查、验证等方式对被监督的事项，如过程、产品或其部分特性，甚至整个管理体系等，判定是否达到标准、合同等规定的要求。也就是说，质量监督是判定是否符合标准、是否达到规定要求，即判定是否达到最基本要求，是符合性的检查和评判，应具有明确的判定依据和公开、合理、可行的监督程序，强调承担监督工作的部门、人员独立于被监督的部门、型号队伍，强调具有强制性、客观公正性，掌握专门的技术，具有质量把关的性质。

航天工业长期以来一直比较注重质量监督。20世纪90年代，航天工业学习借鉴美国麦道公司"红帽子队"质量监督方式，建立质量监督代表制度，成立了专职的质量监督代表队伍，在型号研究院设立质量监督代表室并按权限派驻质量监督代表，代表集团公司实施独立于型号研制、生产系统的外部质量监督，并一直坚持到今天。最近，航天科技工业学习借鉴国外宇航工业和国内造船、重型设备和工程建设监理的做法和经验，开始探索试行质量监理。此外，对于部分军贸产品，实施质量监督，并站在用户角度模拟验收。

航天科技工业质量监督主要有几种方式：一是上级组织机构对下级的行政质量监督，体现落实到各级组织的管理职责之中，即质量监督的职责就是各级组织管理职责的重要组成部分；二是型号系统内按产品层级上级对下级的型号质量监督，是各级型号组织工作职责的重要组成部分；三是针对重点、多发的质量问题的专题质量监督；四是专业技术质量监督，即专业技术机构、专家队伍运用技术及其工具手段，发挥被赋予的质量监督职责和权限所实施的质量监督，如产品检测、软件独立测评、元器件筛选、重大专项独立评估等;五是质量部门或产品保证部门向型号研制队伍派质量主管、产品保证经理等,向派出机构汇报质量情况;六是质量监督代表的质量监督,即设置独立于研制生产队伍之外的质量监督人员,其中质量监理是一种针对复杂项目质量监督的方式。

质量监督系统,是指由集团公司、研究院、研究所或工厂各级质量监督职能部门、质量监督专业机构和专家队伍、质量监督手段以及质量监督机制组成的系统。

质量评价与质量监督既有区别,也有密切联系。不同于质量监督仅是判定是否符合规章、标准和合同的质量要求,质量评价通常需要预先设定一个多等级评价标准或称为成熟度等级,按一定的方式和程序进行成熟度等级评价,看实际达到了哪个等级。另外,质量评价不仅是通过评价发现产品质量问题、质量隐患或质量管理中的薄弱环节,还要努力发现、挖掘质量管理中的最佳实践,以便推广。最近几年,航天科技集团公司连续组织开展的质量管理体系评估,就是一种针对研究院、研究所或工厂两级组织质量管理体系的成熟度评价。

通常质量评价有四种:一是质量管理体系成熟度评价,即依据质量管理体系标准及相关标准、文件,按质量管理体系的范围全面性、运行有效性等建立质量管理体系成熟度等级判定准测、量化评价方法和评价程序等,据此采用定性和定量相结合的评价方式实施评价;二是产品和服务质量等级评价,设立评价指标体系、评价方法和程序,收集研制生产、试验过程的质量数据,据此对产品和服务的结果实施全面、系统和客观的评价;三是用户满意度评价,从用户的角度设立评价指标或确定评价内容、评价方法和程序,据此请用户进行评价,对用户评价信息进行收集、整理,并给出评价结论;四是质量经济效益评价,即从产品和服务质量对经济效益的影响的角度,运用财务数据和指标,量化评价质量管理的效果、产品和服务质量水平和影响。

建立健全质量监督评价系统的主要工作如下。

(1) 对质量监督评价工作进行系统策划。从集团公司层面,系统梳理各种开展的质量监督、评价活动,明确各种质量监督、评价活动的目的、依据、作用及局限性、所需资源、责任主体、方法和程序、注意事项等,注重各种质量监督、质量评价活动之间的区别与联系,明确质量评价的导向性,打好质量监督、质量评价的"组合拳"。

(2) 完善质量监督、评价的管理规章和标准。贯彻落实上级有关质量监督的政策法规,制定集团公司质量监督和评价的有关制度文件,明确监督依据、内容、责任主体、时机、方法和程序等,明确自上而下的按单位管理层级的行政质量监督、按型号产品层级的质量监督、专业质量技术监督等的区别和联系,建立集团公司各级对质量管理体系、型号研制生产及服务保障的过程和结果的质量监督机制。制定质量评价的标准、手册、指南,明确评价依据、评价内容和指标、成熟度等级设定、评价时机、评价方法和流程等,使质量评价工作有章可循。

(3) 建立健全质量监督和评价人员的组织机构队伍。明确专(兼)职的质量监督和评价人员的资质,进行必要的上岗培训和持续培训,实施质量监督和评价人员持证上岗,建立监督人员、评价人员专家库并实施动态管理,规范、不断提升质量监督和评价的专业机构和人员队伍的专业能力。

(4) 密切结合型号研制、生产和服务保障。质量监督、质量评价首先是针对产品和服务过程,密切围绕产品和服务及其过程,重点是针对关键岗位、关键过程、关键产品和服务项目、重要节点、重大质量问题归零等工作的监督;在此基础上再进一步从管理职能、体制机制上找深层次的原因。同时,指导所属单位和型号队伍,接受和配合顾客的监督,组织或配合组织实施对重大质量问题和质量事故的调查和处理。

(5) 针对集团外部的外协外包配套单位开展质量监督和评价,将其作为供应商管理的核心内容,建立组织开展对外协外包配套单位质量管理体系第二方的认定工作。

(6) 注重质量监督、评价活动方法的科学性和可操作性、责任主体的权威性和公正性、结论的正确性和客观性,防止质量监督、评价活动过于繁琐、重复和走形式,并控制给基层组织带来的工作量。

4.4 型号研究院整体质量管理体系建设

4.4.1 实施研究院整体质量管理体系建设的作用

我国航天工业60多年成功发展的一个重要组织保证就是建立型号科研生产联合体性质的研究院并充分发挥其核心作用。航天型号研究院都是国防科技工业的大型骨干企业,是航天型号科研生产的主体,尤其是型号总体院,作为航天科研生产和经营实体,承担着航天装备论证、研制、生产、试验和服务保障全过程任务。这是航天工业老一辈领导和科学家在学习、借鉴苏联航天工业组织机构设置的基础上,结合我国航天型号研制生产的特点和需求领导构建的,为我国航天工业较为顺利的发展奠定了组织保障。60多年来,作为航天型号科研生产联合体的各研究院伴随一个个航天型号任务的圆满完成,其管理体系和组织机构不断完善,科研生产和经营管理的实力不断提升,都成为了国宝级的机构,为国防建设、国民经济发展、科学技术发展和社会事业做出了重大贡献。可以说,建设航天装备科研生产和经营服务联合体的研究院是我国航天事业得以迅速发展在组织保证方面最重要的成功经验之一。这一点已经被我国航天事业发展所证实,并将进一步被航天事业的跨越式发展所证实。

当前,两个航天企业集团所属的科研生产联合体性质的研究院,是由各研究院总部机关及所属的多个具有独立法人的研究所、工厂、物流公司等组成的。从管理所覆盖范围看,航天型号总体院基本能够覆盖型号研制生产的主要过程;重要的分系统研究院,如动力系统的研究院也是基本能够覆盖分系统研制生产的主要过程。专业研究院是以专业发展为纽带,来建立组织结构和实施职能分配,如航天电子专业的研究院。在航天型号研究院内,纵向是院领导和机关、所属研究所、工厂、物流公司、试验机构等两级、三级组织体系,横向是各型号项目组织系统,纵横相交形成具有航天系统工程特色的矩阵式组织结构。

航天工业自从20世纪80年代贯彻《军工产品质量管理条例》并开展质量保证体系考核以来,到20世纪90年代转入依据GJB 9001《质量管理体系要求》标准开展质量管理体系建设并实施质量管理体系认证,三十年来,质量管理体系建设主要是在研究院所属研究所、工厂这一级。因为,这一级组织是承担航天型号研制生产任务最为直接的组织,也是独立的企业法人。而研究院机关在质量管理体系建设的最初若干年里,主要抓基层单位质量管理体系建设,而将自身置于质量管理体系建设之外。随着质量管理体系建设的深入,多数研究院探索开展研究院总部的质量管理体系建设,称为"院本部质量管理体系"。个别研究院将研究院机关、总体设计部、从事预研的研发中心和物流中心等在质量管理体系上组成一体,称其为"院本级质量管理体系"。

在研究院本部或本级这两种质量管理体系中,下属的研究所、工厂等机构(院本部质量管理体系中总体设计部、研发中心和物流中心除外)没有进入其中,只能算作为外协组织。这显然没有反映出型号研究院领导和机关对所属研究所、工厂等机构的职能直线式领导和与型号项目组织形成矩阵式组织的特点,与航天型号研究院实际的组织机构及其职责不相符,主要有两个方面的问题。

1. 型号"两总系统"有待于更加系统、有效地纳入质量管理体系

航天工业得以顺利发展的一个成功经验就是实行了型号指挥系统和设计师系

统,简称为"两总"系统。"两总"系统是按型号产品层级设置的、跨单位的型号项目组织系统,并与按单位组织层级设置的组织机构,即研究院及所属研究所、工厂等形成矩阵式组织结构。

由于型号"两总"系统是按型号任务设置的,通常在研究院层级,由总体院牵头,若干相关的研究所、工厂等参加。而航天科技工业目前质量管理体系主要是在研究所、工厂层级上开展,而研究所、工厂的质量管理体系覆盖不了型号研制生产和服务保障全过程。这样,设在研究所和工厂的质量管理体系就不能有效支撑型号质量工作,型号"两总"必然还要在各研究所和工厂的质量管理体系之外,针对型号任务的特点和需求开展若干质量工作。这也就是人们常讲的质量管理体系的"两张皮"问题。只建设研究所、工厂一级的质量管理体系,而没有在这一级质量管理体系的基础上进一步将其进行整合和提升以形成研究院整体的质量管理体系,是质量管理体系"两张皮"问题长期没有彻底解决的一个重要原因。

二十多年前,航天领域提出了"单位抓体系、型号抓大纲"质量工作的思路。这里,"单位抓体系"中的单位是指研究所、工厂这一级组织。只在这一层级组织抓质量管理体系建设,质量管理体系不能覆盖跨单位的型号研制生产和服务保障全过程,不能保证一个型号各层级产品及其过程的质量受控。为此,必然需要在参与型号任务的各单位质量管理体系之外,由型号"两总"及型号项目办公室通过抓质量保证大纲或产品保证大纲的编制和实施型号全过程、多层级的质量控制。这些年,航天科技工业及其质量管理有了很大的发展变化,航天工程的规模更大和涉及领域更广,航天型号项目越来越多,航天装备技术更加复杂,研制生产周期越来越短,如果质量管理体系建设主要还是在基层组织层面,如果各型号共性的质量工作主要还是依靠型号"两总"通过各自的质量保证大纲或产品保证大纲来抓,已经不可能或不适合。

2. 产品保证无法科学、系统、有效地实施

目前,部分研究院在学习借鉴欧美航天领域的产品保证,并结合型号任务推行产品保证工作,实施中还有创新。这主要包括型号研制生产中的产品保证工作和研究院总体组织的产品保证能力建设两个方面工作。有效开展产品保证工作,应密切结合航天科技工业的需求和特点,将技术与管理工作密切结合,高度注重专业技术基础能力建设。

目前各研究院往往是将产品保证工作作为与质量管理体系建设相关且并行的两件重要工作。这样将产品保证工作与质量管理体系建设相分离的做法,更加加剧质量管理体系与型号质量管理"两张皮"现象，使质量管理体系更加虚化。这主要是因为质量管理体系建设是在研究所、工厂这一级开展的质量工作，而产品保证工作，不论是型号产品保证还是单位的产品保证能力建设，是研究院在全院范围统一组织实施，对于研究所、工厂这一级没有能力、也没有必要单独开展。其实产品保证工作的相关标准制定、专业机构和专业队伍建设和型号质量可靠性工作等，都是质量管理体系建设的重要方面。

建立研究院整体的质量管理体系可以较好地将这两项工作融为一体，即产品保证工作是研究院整体质量管理体系中非常重要的组成部分。不建设研究院整体的质量管理体系，研究院牵头组织实施的产品保证工作与研究所、工厂一级的质量管理体系就不能很好地融为一体。这也是这些年来质量管理体系"两张皮"的问题长期不能根本性解决的原因之一。

综上所述，建设研究院整体的质量管理体系的作用：一是使质量管理体系与研究院的组织结构、组织机构设置及其职责相适应；二是使质量管理体系与产品保证融为一体，在研究院管理体制方面根本解决质量管理体系与型号质量工作及产品保证结合不够密切的问题；三是与研究院战略发展相适应，提升研究院科研创新能力、质量保证能力和市场竞争能力。

4.4.2 研究院整体质量管理体系的界定和模型

在前面已经为航天企业集团多级质量管理体系画过一张像。如前所述，承担航天型号研制生产任务的研究院，对于大型复杂系统工程的航天型号任务，具有相对的完整性和独立性。建立研究院整体的质量管理体系也需要首先为其画一张像，从而明确何为研究院整体质量管理体系，以便于系统地开展研究院整体质量管理体系建设。

与一般组织的质量管理体系一样，研究院整体质量管理体系应明确质量方针和目标，建立健全质量管理文件，明确产品和服务范围，建立健全质量责任系统和质量信息系统等。描述研究院整体质量管理体系首先是把研究院作为一个整体，一个科研生产及经营实体，尤其是提供系统级航天装备的型号总体研究院；其次要充分考虑研究院两级或三级纵向组织结构上下隶属、横向跨单位的型号项目的左右前后协作及专业机构和队伍的技术支撑。

1. 覆盖范围

研究院整体质量管理体系应围绕所承担的主业航天产品，其覆盖范围从产品和服务的角度应包括：

第 4 章　航天企业集团母子公司型的多级质量管理体系建设

（1）航天型号论证、研制、生产、试验和服务保障，其中，服务保障包括使用培训、维修、在轨运营支持、重大任务保障等；

（2）预先研究，包括基础研究和有型号立项背景的关键技术攻关；

（3）技术基础工作，如标准化、计量、科技信息管理、质量管理研究与推广、通用质量特性技术、工艺、检测、科技成果管理等；

（4）外购、外协、外包质量控制，涉及供应链全链条、全层级、全过程质量管理；

（5）以航天产品为核心的决策管理、科研生产管理、人力资源管理、质量管理与产品保证管理、财务会计管理、信息知识管理、市场营销等职能管理。

从人员和部门的角度研究院整体质量管理体系的覆盖范围应包括：

（1）研究院领导；

（2）研究院本级管理机关，包括战略规划、科研生产组织、质量管理、人力资源、财务会计、物资供应、市场营销、技术改造、信息化管理等职能部门；

（3）研究院科学技术委员会及专业组和质量相关专业的专家，元器件、软件、质量与可靠性、综合保障等专家组；

（4）各型号"两总"及型号项目办公室；

（5）承担型号任务的研究所、工厂、试验站、预先研究中心、物流公司、维修保障机构等；

（6）从事标准化、计量、理化试验、软件测评、工艺技术、失效分析、质量和通用质量特性研究、质量信息管理、人员培训等专业技术机构等。

2. 组织结构

研究院整体质量管理体系中的组织结构应与研究院实际的组织结构相一致，并随其改革变化而变化。航天型号研究院组织结构的特点如下。

（1）职能直线式的纵向两级组织机构，即：研究院领导和机关为一级，称为院级；研究所和工厂为一级，称为厂所级；有的研究所、工厂还有下属的组织机构，如技术服务中心等。

（2）按型号项目的横向、跨单位的型号"两总"系统，包括型号各级指挥、各级设计师及型号项目办公室，并与研究所、工厂等纵向组织构成矩阵式组织结构。

（3）研究院科技委及专业性组。其中，专业组按专业设立，并渗透到研究所、工厂，在开展相关工作时，对各型号项目提供技术支持或技术把关。

（4）专业机构，虽然其行政隶属关系为研究院某个研究所或工厂，但实际上是研究院挂牌授权的、为全院提供专业支撑的技术机构。

3. 产品和服务

设计或描述一个组织的质量管理体系,最为重要的是明确其能够提供的产品和服务是什么,或者其输入和输出是什么。不同于研究院本级质量管理体系把产品(即文件的制定、管理工作等)定性为服务,研究院整体质量管理体系的产品和服务是研究院最终出院的产品和服务。对于航天型号总体研究院而言,产品和服务主要是指系统级产品,如人造卫星、运载火箭等,及其相关的使用培训、维修、在轨运营支持等服务保障和技术资料、备件配件等。所属研究所、工厂向研究院内其他兄弟单位提供的产品和服务不属于研究院提供的产品和服务。有时,研究院最终出院的产品和服务也包括货架产品、专项试验等技术服务。这也是研究院整体质量管理体系的输出。

4. 过程

过程包括管理过程、产品或服务实现过程、支持过程这三类过程。以产品或服务实现过程为核心。航天产品,尤其是系统级航天产品的实现过程是全寿命的各阶段,主要从研制、生产向立项论证、服务保障前后两头延伸。对各大阶段进一步细分,如立项论证进一步细分为国内外技术跟踪、申请立项、研究攻关、演示验证等过程。管理过程主要是从规划策划、组织协调、资源保障、监督评价等角度实施职能管理,包括战略管理、人力资源管理、科研生产管理、财务会计、质量管理、物资管理、信息管理等。支持过程主要是从专业技术的角度对产品实现和服务提供实施技术支持和技术监督,包括标准化、计量、工艺、检测等。

研究院整体质量管理体系建设的模型如图 4-2 所示。

4.4.3 研究院整体质量管理体系建设的思路和要点

承担航天型号研制生产和服务保障任务的研究院,尤其是型号总体研究院,其产品和服务覆盖型号研制生产的全过程或大部分主要过程。研究院这一层级组织整体研制生产出航天装备,而研究所、工厂只是承担研究生产过程中的一部分。因此,整合和提升质量管理体系,首先就是在研究所、工厂和院本级质量管理体系的基础上,建设研究院整体的质量管理体系,并将其作为建设集团公司多级质量管理体系的突破口和重点工作。

1. 总体思路

构建研究院整体质量管理体系,也是一项没有现成模板的管理创新,但这是打造航天企业质量管理体系升级版必须跨越的关键一步,需要进行总体策划,明确实施这一复杂管理工程的基本思路。

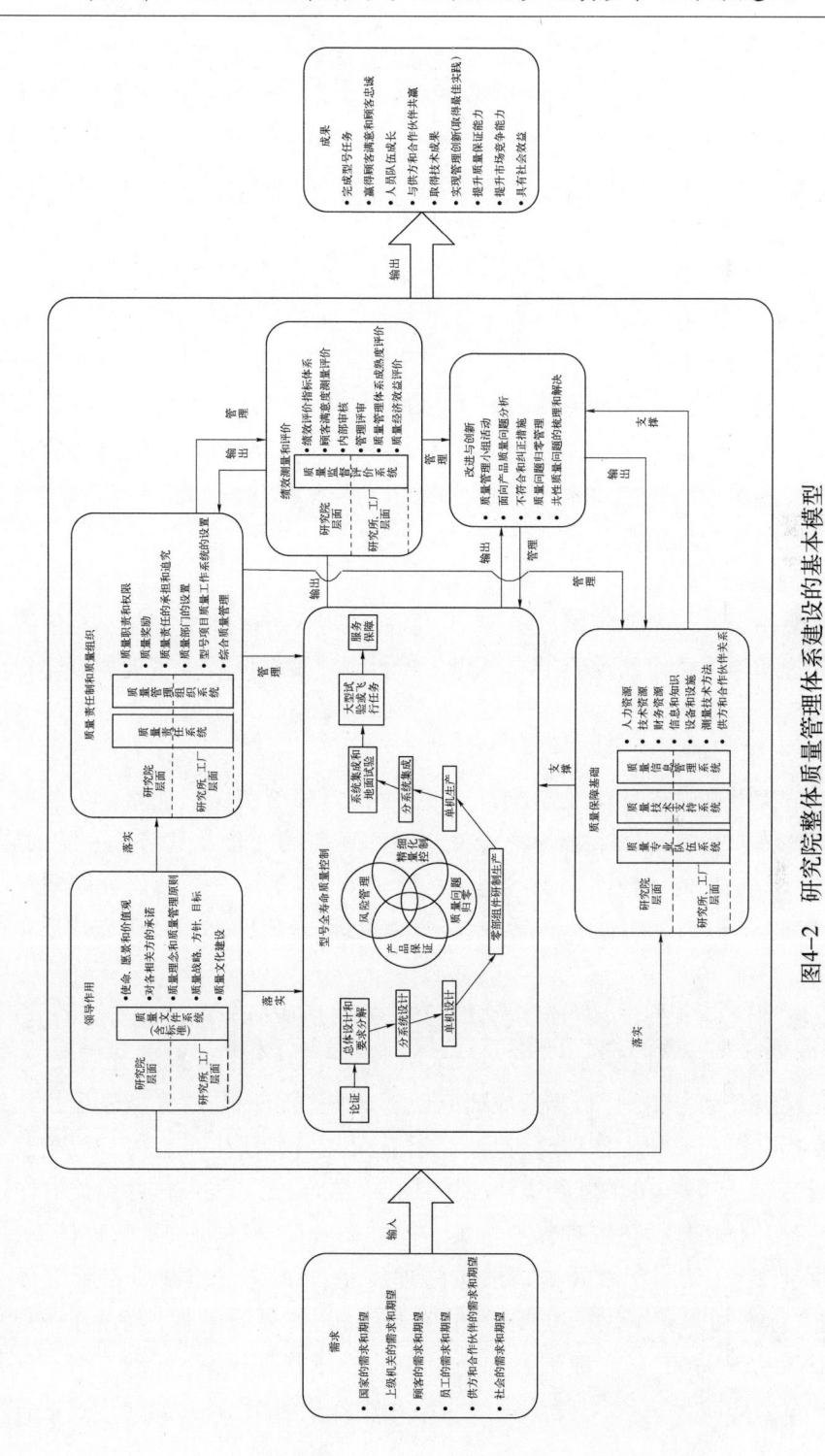

第4章 航天企业集团母子公司型的多级质量管理体系建设

图4-2 研究院整体质量管理体系建设的基本模型

经过多年专题研究,我们认为航天研究院整体质量管理体系建设的总体思路:依据研究院使命、上级赋予的职能定位、型号任务和研究院发展战略,遵循系统工程管理和全面质量管理的思想,以追求卓越的质量管理标准为主要依据,充分借鉴国内外标杆大型企业集团先进做法和成功经验,以健全所属单位质量管理体系为基础,提升航天装备质量保证能力为主要目标,在集团公司整体的质量管理体系框架下,适应外部发展环境,弘扬航天质量文化,体现落实集团公司的发展战略及质量战略,以航天装备研制生产、服务保障任务为主线,突出和适应研究院、研究所和工厂两级组织与横向型号组织矩阵式组织体系和工作机制的特点,以建立健全覆盖研究院各层面质量责任制为核心要素,按体系要素构建跨各级的质量管理体系的若干工作系统。这需要航天人大胆探索、系统策划、分级落实,最终建成适应航天装备发展需求和研究院整体战略发展的、研究院整体化的、现代制造技术与信息技术支撑的质量管理体系。

2. 实施要点

研究院作为航天企业集团的骨干,其质量管理体系建设的实施就是集团公司多级质量管理体系建设的重要组成部分,因此,研究院整体质量管理体系建设的实施要点也就是前面所阐述的集团公司质量管理体系建设实施要点中有关研究院的部分,应着重强调把握以下几点。

(1) 适应外部发展环境及需求,符合使命担当和落实发展战略。构建航天型号研究院整体质量管理体系必须密切关注外部环境的变化及其对研究院的影响,体系策划和实施都要体现国家利益至上的价值观,以集团公司及研究院质量战略为导向,以提升研究院整体的质量管理能力为目标,使集团公司及研究院质量战略得以落实。

(2) 在研究院管理体系和组织结构的框架下,适应研究院及其所属研究所、工厂两级科研生产组织管理体制。涉及航天装备全寿命周期和总体、分系统、单机等多个产品层级及型号组织,既要适应研究院行政两级组织与航天型号项目组织形成的矩阵式组织形式和工作体制,也要注重航天装备科研生产主体单位与物资管理、技术基础支持等相关单位质量管理体系有机结合,充分发展这些单位的作用。

(4) 符合和超越质量管理体系标准。建立研究院整体的质量管理体系,既用于完善质量管理,又用于对外申请质量管理体系认证,应按照《质量管理体系要求》的国家标准和国家军用标准,学习借鉴 ISO 9004《质量管理体系的业绩改进》标准和 ISO—AS 9100《航空航天和国防组织的质量管理体系》标准。由于是针对技术极其复杂的航天装备,并适应两级组织和矩阵式组织结构,如何构建这种质量管理体系在标准中没有现成答案,需要体系总体结构和定位上符合和高于质量管理体系的一般要求,并在此基础上大胆探索创新。

(5)实施系统性的顶层策划。构建研究院整体质量管理体系时,应面向航天事业战略性发展中研究院的使命定位和型号任务的特点和需求,系统性分析对研究院质量管理工作和质量保证能力的需求。应把研究院作为一个科研生产及经营实体,把其所属的研究所、工厂看作是基层的研究部门和生产部门,如同研究室、车间,系统性地策划和明确在型号全寿命各阶段、各产品层级、各所属单位及其部门需要开展的质量管理工作,明晰研究院与所属研究所、工厂在若干质量工作系统方面的接口关系,提升研究院层面在研究院整体质量管理工作中的引导和拉动作用。

(6)以航天装备预研、论证、研制、试验、生产、服务保障全寿命为主线。由于研究院不像集团公司总部工作重心在全集团的战略发展和体制机制建设等,研究院的工作重心在型号任务,因此,研究院整体质量管理体系建设应紧密围绕所承担的航天装备任务,统筹协调综合质量管理、质量基础资源保障、质量考核评价与奖惩等相关工作,使之覆盖型号全系统、全过程,尤其是以解决体系与型号结合不够密切这一问题为目标靶向,突破各研究所、工厂质量管理体系不能有效解决型号研制生产全过程质量保证的困境,使研究院领导和职能部门、型号总师对型号质量管理工作纳入质量管理体系建设。

(7)将产品保证能力建设融入其中。开展较为全面的产品保证能力建设,对于一个研究所、工厂而言,既没有能力,也没有必要。而建设研究院整体的质量管理体系,这一工作就变得既有可能,更有必要。因此,应以提升航天装备质量保证能力为重要目标,强化研究院通用质量特性各专业保证、元器件保证、软件保证、材料和工艺保证等各产品保证专业机构建设,培养产品保证专业队伍,编制产品保证系列标准和工程手册等。

4.4.4 研究院整体质量工作系统的整合和提升

在研究院整体质量管理体系建设中,质量工作系统的整合和提升,仍然是重中之重。这些质量工作系统在研究院层面,比集团公司层面更加靠近基层、靠近型号,能够更直接地实施质量管理、监督和支撑型号工作,尤其是把产品保证能力建设融入其中。

由于研究所、工厂层面质量管理体系建设经过 20 多年历程,已经比较成熟。研究院本级质量管理体系也有十几年的历史。研究院整体质量工作系统建设不是平地起高楼。一方面是整合研究院机关和所属研究所、工厂质量工作系统,整合所属各研究所、工厂的管理要素,使之上下衔接、左右协调;另一方面是建立健全产品保证专业技术机构和技术队伍。既要在纵向将质量工作系统从研究院到研究所、工厂打通两个层面,还要在横向将各相关研究所、工厂之间,即设计、生产、物流中心等机构之间相联。研究院层面各质量工作系统建设的实施要点如下。

1. 质量责任系统

研究院层面建立健全质量责任系统,将其作为集团公司质量责任系统的有机组成,使集团公司质量责任系统更加落地,把研究院领导和机关、型号两总、专业机构和专家组织都摆进去,而不仅是研究院本部的质量责任系统,也不是研究院本部质量责任与各研究所、工厂的质量责任的简单相加。

(1) 系统梳理研究院质量责任系统。梳理、明确研究院领导和机关、各所属研究所和工厂、型号项目两总、专业机构和专家组织等的质量职责、权限、接口关系和质量问题或事故的承担,制定质量责任管理制度。同时,对人力资源管理等方面的相关规章制度进行修改,使之与质量责任制度相协调。

(2) 确定针对各领导岗位、单位、部门、型号项目组织、专业技术机构、专家组织等的质量考核评价指标体系及考核的时机、方式等。实施质量考核,在综合考核评价中,实施质量指标一票否决权。

(3) 设立研究院质量奖,建立质量奖励基金,对产品和服务质量及质量管理工作做出突出贡献的单位、集体和个人等进行表彰和奖励,对于造成重大质量问题、质量事故的责任人、责任单位进行处罚。

2. 质量管理文件系统

研究院层面应细化和贯彻实施集团公司转发和制定下发的质量管理方面的法规、规章和标准等文件。建立健全研究院整体质量管理文件系统最为重要的、首先要制定的就是顶层的质量战略规划和质量手册这两个顶层质量管理文件,为研究院质量管理定大调,对研究院今后一段时期的质量管理从战略角度加强谋划和布局。

(1) 对研究院质量文件建设进行整体策划。构建研究院质量文件系统首先要落实上级质量管理文件的要求,学习借鉴国内外,尤其是航天质量管理的先进做法和成功经验,系统地分析承担的航天装备任务和研究院战略发展对其质量管理的需求以及质量管理的特点,构建质量文件体系框架,系统梳理航天装备全寿命各阶段、各产品层级的质量工作及其对质量文件的需求,系统性地构建质量规章制度、标准规范体系框架,从而对质量文件构成有一个总体把握。

(2) 制定研究院的质量战略和质量发展规划。将其作为研究院中长期发展战

第4章 航天企业集团母子公司型的多级质量管理体系建设

略和规划的重要组成和研究院质量工作的纲领性文件,明确研究院需要树立和宣传的质量理念和质量方针、遵循的质量管理原则,确定质量工作的总体思路、中长期发展目标、质量管理和提升质量保证能力的主要措施等。

(3) 编制和发布研究院质量手册。虽然,最新的 2015 版 ISO 9001《质量管理体系要求》标准中,已经去掉了必须编写和发布质量手册的要求,但是,我们认为建立研究院整体质量管理体系,最好还是编写和发布质量手册,以便通过质量手册明确研究院的质量方针和目标,对研究院内部开展质量管理提供一个纲领性文件,以明确质量职能分工,为所有质量规章、标准规范或程序文件构建框架结构,同时也对研究院外部提供质量承诺。

(4) 建立健全研究院的质量规章、标准和规范体系。研究院编制标准规范或程序文件的数量、方式和具体专题选项,应根据航天装备论证、研制、生产、试验和保障服务的特点和需求而定。对于航天科研生产一体化的研究院而言,采用研究院规章、标准、工程和管理手册等方式更为适合。

(5) 对现有质量文件进行清理、完善、补充和整合。根据质量战略规划、质量手册和质量文件体系框架,结合承担的航天装备任务,依据确定的原则对现有的质量文件进行系统性梳理,清理已经失效的或与其他质量文件相重复、相矛盾的质量文件,修改完善仍有作用但部分内容已经失效或需要补充完善的质量文件,补充制定质量文件体系框架中的空白,尤其是急需的质量文件,如数字化设计背景下的质量控制要求等。最为重要的就是按照研究院整体质量管理体系建设的总体思路,整合研究院级质量文件,把质量规章制度、标准规范的重复加以合并,注重研究院两级组织、各质量专题的质量文件之间的上下衔接和左右接口的配合,对现行的研究院本级质量管理体系和所属研究所、工厂、物流机构、专业技术机构等现行质量管理体系文件进行整合,注重各层级和各单位质量管理体系文件之间的协调和接口关系,注重单位质量管理体系文件与型号质量管理文件的协调,使研究院质量文件体系成为一个整体。不仅使质量文件可用于研究院质量管理,而且可运用于对供应商的质量监督管理。

(6) 编制型号项目质量计划或产品保证大纲。质量文件很重要的内容和方式就是型号产品保证大纲,它基本可以看作 ISO 标准中的项目质量计划,比通常的项目质量计划更加适合航天型号研制,具有面向整个型号研制全过程、融入型号研制程序、工程与管理相结合、跨各研制单位、在各研制单位和各研制阶段得到分解和展开等特点。根据航天装备的规模和复杂程度,可以对产品保证大纲进行分解,即分别制定质量保证大纲、可靠性保证大纲、安全性保证大纲、维修性保证大纲、保障性保证大纲、软件保证大纲等。对重要分系统研究院，如研制发动机的研究院，针对重点型号由研究院组织跨单位、按项目制定产品保证大纲也十分必要。

（7）编写和印发质量管理相关的工程手册和管理手册。研究院相关职能部门、专业机构应根据型号工程需要的特点，尤其是针对新开展的、容易出问题的、需要规范的质量保证专题技术工作编写并印发专题工程手册，如软件测试手册、元器件失效分析手册等。同理，针对新开展的、容易出问题的、需要规范的质量管理专题编写并印发专题管理手册，如员工质量文化手册、供应商选择和评价手册等。工程手册、管理手册与要求性标准不同，不但要明确做什么，还要明确如何做，而且应十分详细、具有可操作性，既可作为工程和管理的依据，也在一定程度上可以作为培训教材，虽然可能没有像培训教材那样详细阐述基本概念、基本原理等相关知识，但应详细介绍工程和管理具体内容及其实施的要求、程序、方法、时机、注意事项等，给出通用模板和详细表格。

（8）建立和采集产品质量、过程控制及其管理的记录。研究院应系统性地策划和明确在航天装备论证、研制、生产、试验、服务保障全寿命各阶段、各产品层级、各单位及其部门需要采集的各类质量记录，明确质量记录的内容及范围、反映形式（包括纸介质记录、多媒体记录等）以及采集、分析、传递和审批的责任者，实施质量记录表格化工作，充分运用现代信息化手段，运用质量记录能够对产品和服务质量及其过程受控程度进行清晰而及时的反映和客观证实。

（9）建立健全质量文件管理机制。对质量规章制度、标准规范、管理手册、工程手册等各类质量文件分别明确制定其管理的组织方式和程序，逐步健全质量文件的先期研究、初稿起草、征求意见、试点应用、评审批准、发布、宣贯、组织实施、监督检查、效果评价和修改完善等的管理机制。尤其应注重形成各个、各类、各级质量文件之间的协调性检查、分析和处理的管理机制。通过研究院质量信息系统，建立并有效运行研究院质量文件信息服务平台的动态管理，通过这一平台实施质量文件的信息化管理。

3. 质量管理组织系统

研究院质量管理组织建设，要明确各级质量管理组织机构的职责及上下级的接口关系，明确质量管理部门与横向职能部门的接口关系，优化质量组织结构，配备充足的管理人员和专业技术人员，赋予其履行相应的职责和权限，要使相关部门和人员的质量职责分解覆盖型号产品研制生产全过程。

与集团层面质量组织建设相比，研究院质量组织建设应更加突出以下几点：

（1）更加强调质量组织的整体化设置，以型号任务为中心，系统考虑综合质量管理、质量监督、产品保证、标准化、计量等职能部门及其职责分工；

（2）更加强调在研究院、研究所和工厂纵向两级组织的质量管理组织建设中，设置一级独立的部门并确保独立行使职权；

（3）更加强化跨研究所、工厂的型号项目横向质量组织建设，向型号项目派质量总师或产品保证经理等，强化纵向与横向质量组织矩阵式组织结构建设；

（4）更加强化质量管理职能部门与质量专业队伍、质量专业机构的结合；

（5）更加深入型号研制、生产、试验和服务保障过程的质量管理和监督工作。

4. 质量专业队伍系统

在研究院层面，质量专业技术队伍是研究院领导和职能部门抓质量工作的"直属战斗队"，不仅包括各研究院机关和所属研究所、工厂质量部门的工作人员，还包括质量方面各专业的专家组和专业技术委员会，如质量管理、通用质量特性、元器件、软件、工艺、计量、检测等专家组和技术状态管理委员会、不合格品审理委员会等专家。

在研究院层面，开展质量专业队伍系统建设，应根据研究院质量发展战略、承担的型号任务和专业发展。

（1）了解和掌握研究院质量专业人员的现状和需求；

（2）在集团公司确定的质量专业岗位能力需求基础上，结合研究院的特点，进一步细化和明确研究院各质量专业岗位的能力需求；

（3）细化和贯彻落实集团公司质量专业人员的资格管理制度及有关的政策文件；

（4）健全质量培训制度、培训师资队伍和培训系列教材，在集团公司针对质量专业人员培训和考核的基础上，结合型号质量管理的特点和需求，开展有针对性的补充培训，尤其是案例的教育培训；

（5）健全专职和专职相结合的专家组织，明确其职责，建立专家数据库并实施动态管理，充分发挥其在决策支持、先进方法研究与推广、技术监督和把关等方面的作用。

研究院层面在研究院层面应进一步加强质量专业机构建设，加强质量技术的研究与推广，其主要工作如下。

（1）研究院层面应结合所承担的航天装备任务，编制研究院层面专业机构的发展计划，规划设计研究院层面的质量专业技术机构布局；

（2）从型号研制经费中拿出一定比例用于质量专业机构开展相关技术方法的研究，配置相应的工具和手段，提高产品保证和技术服务、监督、评价能力；

（3）开展质量专业技术的研究和工具开发，开展研究成果在研究院范围内的推广，开展质量专业技术培训和交流，支撑研究院开展面向单位和型号的质量技术监督与评价；

（4）开展关键质量与可靠性技术的攻关，推进先进质量管理和质量技术方法的试点和推广，提高质量工作的规范化和科学化水平。

5. 质量信息系统

研究院层面质量信息系统建设，就是要贯彻、执行上级机关关于质量信息工作的规章制度，根据型号任务和研究院战略发展的需要，制定研究院质量信息工作规划和管理制度，强调能够在范围上"纵向到底、横向到边"，时间上要实时反映、快速传递和数年累计。研究院层面的主要工作如下。

（1）运用现代信息技术升级质量信息系统。运用大数据、工业互联网等现代信息技术，升级质量信息系统，以支持质量信息的实时采集、海量储存、敏捷反馈及传递和知识挖掘，使质量信息工作系统与质量信息系统集团层面无缝衔接，有机融入研究院信息系统。

（2）有效支持过程控制和质量证实。质量信息系统上接集团层面，下到研究所和工厂甚至到研究室、试验室、车间，直至班组、岗位，充分运用现代信息技术和手段，把质量信息系统建设和运行与产品数据包、多媒体记录及图象识别分析、质量问题归零、面向产品质量问题分析、共性问题的识别与治理等工作密切结合，甚至融为一体，实现质量信息的在线实时反映和便捷可追溯，对论证、研制、生产、试验和服务保障全过程的质量信息进行真实且准确地采集、科学且充分地分析，创新开展质量信息的智能分析，强化质量信息的审核、处理、储存、反馈和传递工作，并将质量信息精准地用于质量控制和质量证实。

（3）及时、准确地传递和上报质量信息。按集团公司要求上报有关质量信息，尤其是及时、准确地上报质量问题和质量事故信息。开展研究院级质量信息的综合分析，改进和强化对所属单位的质量信息工作进行指导、监督、检查和考核。

（4）注重质量信息的数据积累和知识挖掘。开发和提升质量基础数据库、过程质量数据库、产品和服务质量数据库、故障库，开展质量信息深度学习和知识挖掘，提炼和生成质量控制的经验和知识，尤其是有效的质量控制做法和禁忌。

6. 质量监督和评价系统

研究院层面的质量监督和评价系统建设，就是要按照上级要求，建立研究院层面的质量监督和评价的管理制度、人员队伍，接受和配合集团公司、第三方机构、用户对研究院的质量监督和评价，密切结合所承担的型号任务和研究院发展战略，精准对接、细化展开集团公司的质量监督和评价活动,把集团公司质量监督和评价落实到基层组织、具体产品和服务项目、过程,健全质量管理体系的评价工作机制。

(1) 贯彻落实上级有关质量监督的文件,制定研究院质量监督、质量评价的有关制度文件,明确质量监督、质量评价活动的目的、作用和导向、相关人员和部门职责、方法和程序等。

(2) 配合上级、用户和第三方机构开展对型号关键过程、重要节点、质量问题归零等工作的质量监督、满意度评价等。

(3) 开展对质量问题的调查分析,配合上级开展对重大质量问题和质量事故的调查和审查。

(4) 健全研究院质量评价的组织机构,建立专业较为齐全、相关知识和工程经验丰富的质量评价专家队伍,包括外聘评价专家,策划和计划质量评价工作,充分依托专业机构和专家队伍开展质量管理体系评价、产品质量和过程专业评价工作。

(5) 在型号项目系统内部,按型号层级建立健全总体牵头的质量监督和评价工作系统,并将质量监督和评价延伸的外包、外购和外协单位,即建立并有效运行对外包、外购和外协单位及其产品和服务的质量监督和评价工作系统。

(6) 把质量管理体系的管理评审、内部审核与质量管理体系的成熟度和有效性评价有机结合,开展对研究院本级及所属研究所、工厂质量管理体系成熟度和有效性的评价。

第5章 航天质量管理体系成熟度和有效性评价

5.1 准确认识质量管理体系评价

5.1.1 质量管理体系评价的必要性

一个组织通过了质量管理体系认证,只表明在市场经济环境下,在产品和服务的质量保证能力方面取得了最基本的资质,即取得了国家注册管理的认可,被认为具有了能够保证稳定或基本稳定地提供合格产品和服务的能力。但这并不表明这个组织的质量管理达到了很高的水平。因为,质量管理体系认证审核所依据的《质量管理体系要求》国际标准和国家标准本身就不是一个要求很高的标准,只是一个合格标准。即使是GJB 9001C《质量管理体系要求》比国家标准补充了一些武器装备研制、生产、试验和服务保障的特殊要求,对于国防科技工业和军队装备领域的单位开展质量管理体系建设,也只是最基本的合格要求,即这只是一个及格的标准。也就是讲,一个组织通过了依据标准进行的质量管理体系认证审核,只如同一个高中学生取得了毕业证书,而不表明能考上了大学。当然,质量管理体系认证所依据的标准主要是依据发达国家的一般管理水准制定的质量管理体系合格标准,而对于经济尚不发达的国家和地区的组织而言,真正达到该标准的要求还有一定的难度。

一个优秀的高中学生是不会满足只取得高中毕业证书的,要努力考上著名大学,这就需要确定一个更高的标准和科学评价方法用于学习水平的测量、分析和评价。只有通过科学的评价,才能知道现已达到的水平及与既定目标的差距,从而明确下一步的努力方向和努力程度。同理,一个优秀的、追求卓越的组织对其质量管理体系是不会只满足通过质量管理体系认证的,需要确定一个更高的质量管理标准,使用科学、量化的评价方法来对体系的建立、运行及达到的水平进行测量、分析和评价。通过体系评价,可以确定体系的整体水平和薄弱环节,从而明确完善质量管理体系建设的努力方向。

质量管理体系内部审核是一种依据标准实施的符合性自我评价方式,但是这种评价方式不是定量化评价,通常只是保持体系的有效运行,不能促进质量管理能力的进一步提升,迫切需要一种新的方式来引导航天产品承制单位不断提升质量管理体系。

多版本的ISO 9004标准都把质量管理体系自我评价作为一项重要内容,不仅在正文中对此阐述,还用一个附录给出了成熟度评价模型和详细的评价准则,专题详细阐述如何实施质量管理体系自我评价,明确质量管理体系自我评价可用于确定单位在整体层面及各过程的优势、劣势和最佳实践,有助于组织对改进和创新进行优先排序、策划和实施。

对于从事承担航天装备研制、生产和试验任务的单位而言,其质量管理体系若是仅达到合格标准,即通过体系认证,即使是通过依据国家军用标准的体系认证,也只是表明达到具备从事军工产品研制生产的最基本要求,其质量管理水平往往与承担航天装备质量保证要求还有很大差距,也与航天企业追求世界一流的战略目标有很大的提升空间。为此,还需要进行很多更高要求的质量工作。这就存在着通过质量管理体系认证之后如何进一步提升质量管理体系成熟度的问题。

此外,上级机关和顾客不仅要了解航天企事业单位质量管理体系是否达到了最基本要求,更需要动态掌握其质量保证能力处于什么水准,薄弱环节在哪里,是否建立了持续改进的机制等情况。

综上所述,开展质量管理体系成熟度评价,就是不满足仅仅采用审核的方式来评定质量管理体系是否达到最为基本的合格程度,而是要更加科学、量化地认识质量管理体系的完善程度和薄弱之处,有针对性地实施质量改进,引导组织追求质量管理体系完善程度的不断提升。

5.1.2 正确理解质量管理体系有效性和成熟度评价

5.1.2.1 有效性评价和成熟度评价的联系与区别

讲到质量管理体系评价,通常讲有效性评价、成熟度评价,许多人认为这两个概念是相同的,其实还是有一定差别的。

质量管理体系有效性评价,侧重讲评价内容,重点是质量管理体系在保证产品和服务质量方面的实际发挥作用的程度。这就首先要将评价内容和评价方式围绕着产品和服务的质量开展,注重产品和服务实现过程的质量控制,注重产品和服务质量结果对质量管理体系过程的否定作用,防止质量管理体系建设工作走形式。

质量管理体系成熟度评价,侧重评价标准和评价方法,采用多级的定量化评价。人们常讲的质量管理体系评价通常就是成熟度评价。所谓成熟度,通常是指事物发展到完善的程度,把成熟度的各个等级从低到高联系起来,就能反映出这一事物从初始到成熟、再到完善的过程。以此作为一个组织追求的目标和过程,就反映出其成长、提高并不断地走向成功的过程。成熟度评价就是运用成熟度模型的理论方法来评价事物发展达到完善的程度。质量管理体系的成熟度等级是指对质量管理体系组成要素的完备性、协调性,质量管理体系运行过程的有效性和效率及其运行结果的效益进行定量化评价的程度等级。

质量管理体系成熟度评价就是科学、量化地设定若干等级,据此来判定质量管理体系的完善程度达到了哪一级,而不同于质量管理体系认证审核的合格评定只分为符合标准和不符合标准两级,而是如同对围棋棋手、柔道运动员等专业水平的评定分级,设定明确、具体、量化的评价标准,据此来判定其专业能力。质量管理体系成熟度等级分得越多,判定得越细化、越准确,但也更加繁琐。通过质量管理体系成熟度评价,发现质量管理体系建设的最佳实践和薄弱环节,为完善质量管理体系提出改进方向和重点。

一个科学、实用的质量管理体系评价方法应该将上述两方面有机结合,即在评价内容上注重有效性评价和在评价方式上采用成熟度等级评价。

5.1.2.2 从评价分类来认识质量管理体系评价

1. 按评价方式分类认识符合性评价和成熟度评价区别

对于质量管理体系的概念内涵和作用,可以通过质量管理体系评价分类加以认识。质量管理体系评价按评价方式分为符合性评价和成熟度评价两类。符合性评价是评价质量管理体系的要素组成充分性、协调性和运行情况符合标准与自身要求的程度,对企业内部和外部证实质量保证能力;成熟度评价是指把质量管理体系的完备性和运行有效性和运行结果确定为若干等级,分析和评价企业的质量管理体系属于哪一个等级,从而为完善质量管理体系提出改进方向和重点。由于通常前者称为质量管理体系审核,因此,通常质量管理体系评价就是指成熟度评价。

2. 按评价主体分类认识评价的各方需求和公正性

对质量管理体系评价进一步细分,按照不同发起方或评价主体可以分为以下几种:

（1）第一方评价，又称为质量管理体系的自我评价。目前，在组织内开展的第一方评价的主要方式是质量管理体系的管理评审和内部审核，通常是依据质量管理体系要求标准和本组织质量文件的要求来开展，这两种方式都是针对质量管理体系要求标准和本企业自身要求的符合性评审。管理评审和内部审核也为第二方、第三方审核做准备，以减少外部审核不能通过的风险。实际上，质量管理体系的国际标准更提倡开展第一方为主体的质量管理体系成熟度自我评价。

（2）第二方评价，是指用户或用户委托的机构按照用户的有关要求对组织质量管理体系的评定，包括在签订合同前的评定和合同签订后的审核，其目的是确认组织具有履行合同相应的质量保证能力，并能够有效地保持这一能力。第二方评价的依据主要是与保证产品质量直接相关的质量管理体系要求和合同要求。在第二方组织推行卓越绩效模式的情况下，也可能把追求卓越的措施延伸到供方，开展供方绩效评价。这种评价是成熟度等级评价。

（3）第三方评价，是由授权认可的质量管理体系认证机构对组织质量管理体系开展的认证审核工作，以及认证后的监督审核，其依据的主要是质量管理体系要求标准。由于第三方评价由独立于产品和服务的提供的第一方、顾客及其代表、上级组织的专业认证机构进行，更具公正性和公信力。通过第三方的评价，为用户提供信任，在一定程度上减少了第二方的评价工作。随着探索和推行打造质量管理体系升级版工作的开展，第三级评价也将探索推广质量管理体系分级认证。

（4）上级对下级的监督评价，主要是上级组织为确保下级组织质量管理体系的规范和有效，能够提供稳定合格的产品，并符合上级的要求，包括上级组织提出的广于、高于质量管理体系标准的特殊要求。通过对下级组织质量管理体系的监督评价，能够对下级组织质量管理体系建设起到一定的监督和指导作用。

3. 按评价范围、定量与否认识评价的全面性、科学性、针对性和客观性

质量管理体系评价，既包括对质量管理体系建立和运行适宜性、充分性评价，又要评价质量管理结果的有效性，包括其效率和效益。前者称为质量管理体系过程评价，后者称为质量管理体系运行结果评价。通常讲，质量管理体系评价是从过程和结果两个方面对质量管理体系进行全面、系统的评价。

质量管理体系评价按评价范围分为质量管理体系全面、系统的评价和部分专题重点评价。质量管理体系全面评价，如同对人体健康的体检，查找薄弱环节和发现最佳实践，进行总体评价。质量管理体系的专题重点评价，如对于软件质量及其相关管理的评价、外协过程和外协产品质量的评价等，往往是针对已经发现质量问题或潜在重大质量问题隐患进行的评价。

质量管理体系评价,包括定性和定量的评价。虽然,质量管理体系的优劣程度不同于自然科学、工程制造中的长度、重量等量化的物理概念,但对其进行评价也应尽量进行定量化评价。通常定量化评价比较客观,但脱离实际的过于追求定量化也容易陷入"数字游戏"。

5.1.3 质量管理体系评价的特点和原则

5.1.3.1 质量管理体系评价的特点分析

1. 评价内容不局限于标准

质量管理体系评价内容不仅是国家军用标准《质量管理体系要求》中的内容,也需要融入上级机关、集团公司、研究院和本单位质量管理的有关文件、管理规章、标准中的要求,合同、研制任务书中的产品要求、质量保证要求等内容也是评价的重要内容。其中,本单位学习和引入和借鉴的国内外先进质量管理的内容也可作为评价的重要内容。

2. 围绕产品和服务实现过程开展评价

质量管理体系要突出对产品和服务的质量控制和质量保证,要以产品和服务实现过程质量控制的评价为核心,围绕这一核心再进一步展开对质量管理文件、职能管理、资源等内容的评价,这与当前部分单位质量管理体系审核"重文件而轻过程",对领导作用、管理机制和资源等综合管理的评价脱离具体产品和服务实现过程不同。

3. 过程评价与结果评价相结合

质量管理体系评价的重点:一方面在于评价产品和服务实现过程及其相关的管理过程、资源保障过程,分析和发现质量管理体系中的薄弱环节,总结质量管理体系建设的有效做法和成功经验;另一方面,关注在产品和服务质量、顾客满意程度和质量经济效益等方面质量管理体系的运行结果,尤其是体现"成功才是硬道理"的重要认识,把航天装备任务的结果作为最重要的评价内容,实施结果对过程具有否决作用的评价方式。

4. 评价的内容及重点可根据产品和单位的特点有所不同

航天产品按产品类型不同可划分为硬件产品、软件产品、软硬件结合产品,按产品层级可分为零部件、单机、分系统、系统级产品。航天产品承制单位根据承担航天任务及自身特点的不同,可分为设计、生产、试验和一体化单位等不同类型。针对不同的组织类型和不同产品类型,其质量管理体系评价的内容和重点也不尽相同，需要根据组织、产品类型的不同对质量管理体系的内容进行剪裁、补充和确定，如设计单位无生产内容，就需要对生产部分的内容进行剪裁等。

根据上述分析，航天产品承制单位质量管理体系成熟度评价应以GB/T 19004《质量管理—质量组织—取得持续成功指南》标准中质量管理体系成熟度自我评价模型等为借鉴对象，以质量管理体系的国家标准和国家军用标准，上级机关、集团公司和研究院及本单位质量管理体系的文件要求为评价主要内容，结合航天装备及其论证、研制、生产试验和服务保障质量管理特点和任务要求，突出对产品和服务实现过程的评价，重视实物质量、顾客满意等反映结果指标的评价，注重评价对象的共同点和不同点，实施科学、系统、定量的评价。

5.1.3.2 质量管理体系评价的原则

1. 体现现代质量管理的理念和原则

航天质量管理体系评价工作，包括评价模型的设计、评价准则的编写和现场评价实施等，不仅要体现质量管理体系标准明确提出的七项质量管理原则，体现追求零缺陷、为顾客创造价值、战略导向、以人为本、激励与制约相结合、注重质量经济效益等现代质量观念，更要体现"质量是政治、质量是生命、质量的效益"的航天质量理念，充分体现责任感驱动、系统工程方法、预防为主、一次成功、技术与管理相结合、应对风险、问题导向、注重基础能力建设、用数据说话、与供方共赢、重视过程与关注结果、学习和创新等一系列具有航天特色的质量管理原则。

2. 注重评价方法和程序的科学性和可操作性

建立评价模型和确定评价方法应强调科学严谨，充分借鉴国内外各种质量管理评价的模型和方法，采用定性和定量相结合的评价方式，减少在评价过程中的人为因素影响。同时，评价工作应强调可操作性，评价范围可结合评价对象和评价需求的具体情况进行删减，评价方法避免陷入"数字游戏"，评价程序不应过于繁琐，实施评价能根据不同需要，对评价模型内容和方法进行灵活选择运用，既可以通过软件工具进行分析和评价，也可实施手工记录和评价。

3. 注重评价内容的引导性和适宜性

质量管理体系评价内容应在质量管理发展方向上发挥正确的引导作用，即评价准则的内容和高成熟度等级的要求应广于、高于通常质量管理体系已经达到的程度，从而引导质量管理在满足文件、标准和合同要求的基础上，在通过质量管理体系认证之后，进一步提升质量管理水平和质量保证能力，又不会因为评价内容过于广泛和高不可攀致使评价对象在短期内根本无法达到从而失去信心和动力。

4. 尽量采用客观数据和量化方法

质量管理体系评价虽然是依据标准和文献进行评价,很大程度上依靠评价人员的主观意识、知识和经验,带有很大的主观性和随意性。设计质量管理体系评价方法,应尽量采用一系列的客观数据指标,如一次交验合格率、设计更改率等进行评价,这如同采用客观生理指标判定是否血压高一样。通过设定量化指标和定义成熟度等级及其分值判定质量管理体系要素的成熟度。

5. 注重评价结果,也注重评价过程

质量管理体系评价不仅是要看评价的最终结果,通过评价总体上掌握质量管理体系建设情况,更主要的是在评价过程中,发现和分析质量管理体系的薄弱之处,发现和挖掘质量管理体系建设的有效做法和成功经验,把质量管理体系评价作为分析、学习、总结、交流、改进和提高的过程。

6. 注重整体评价、重点评价与薄弱项报警相结合

质量管理体系的评价既可全面评价航天产品承制单位质量管理体系的整体水平,又可根据评价的具体要求确定评价的重点、难点和关键,甚至仅对重点要素进行专题专项评价,并针对薄弱项进行报警,以便于进行针对性的改进。

5.1.4 确定质量管理体系评价的模型和方法

设定管理成熟度模型,这是管理学的理论方法问题。国内外有许多运用成熟度模型的理论方法评价某方面管理要素发展的完善程度。建立航天质量管理体系成熟度评价模型,可参照的评价模型有 ISO 9004 中的质量管理体系自我评价、日本科技联盟《质量管理体系 自我评价指南》标准的自我评价、麦肯锡质量管理成熟度评价、软件能力成熟度评价和卓越绩效标准评价等给出的评价模型。对于这几种成熟度评价模型,有许多相关资料介绍,在此不详细介绍。建立航天质量管理体系成熟度评价模型,既应该借鉴这些评价模型和评价方法,更要充分考虑航天领域的特点和需求。

质量管理体系成熟度模型为描述质量管理体系及其各组成要素的完备性和有效性提供了一个框架。通常这一框架用一个模型图来描述,图中反映出各要素及要素之间的逻辑关系和相对重要程度。开展质量管理体系评价就应该首先科学地建立质量管理体系的评价模型,科学地确定评价的原则、程序和量化方法。评价模型主要包括四个方面。

1. 明确评价内容

设计质量管理体系评价模型和评价方式,首先需要明确具体的评价内容。通常将明确评价具体内容的文件称为评价准则。在评价准则中对每一个评价要素给出若干具体的评价要点。在评价模型中,通常将评价内容分为若干部分,每一部分称为评价模块或评价要素,同时,确定并通过模型图反映各评价模块及其相互之间的逻辑关系,即在管理职能、工作流程等方面给予指导、提供支持、反馈信息等相互关系。

2. 确定评价要素的权重

明确各评价要素的相对重要程度,表明评价的全面性、系统性、导向性,既突出重点,表明评价关注重点,又考虑照顾到其他评价要素。为了便于直接反映各评价要素的重要程度和方便分值的计算与分析,通常设定各评价要素满分分值总计为1000分(或100分),即按1000分(或100分)在各评价要素之中进行分配。这里,各评价要素的满分分值既表明该评价要素的最高得分为该分值,同时与其他评价要素相比而言,又表示该评价要素的权重,要素的权重分值有时也可反映在模型图中。确定各评价要素的满分分值为进行定量化评价奠定了基础。

3. 设定成熟度等级

管理成熟度等级设定方式,如同人们如何确定对一个物品的优、良、中、差,如何对学生的考试成绩确定优秀、良好、及格和不及格。在优秀之上,还可再加一级——卓越级。即相对于一定范围之内的优秀,如一个单位内的优秀职工,卓越是在更大范围中的最佳水准,这如同全市高考状元、全国劳动模范、世界比赛冠军等。通过质量管理体系成熟度模型可以定义或描述质量管理体系每上一个台阶所达到的水准。

对质量管理体系成熟度等级的设定通常可以这样考虑:最低级是初始,或称为很差;最高级是描述一个几乎完美的状态,实际上基本达不到,通常主要用于树立努力目标;中间设三或四个等级。对于质量管理体系成熟度处于一般水平的组织而言,最低级和最高级基本用不到。质量管理体系成熟度等级具体定为几级,应该根据管理的需要而定。一般而言,质量管理体系成熟度评价将成熟度等定为五级左右。成熟度等级超过七级,评价过细,评价难度加大,通常也没有必要。ISO 9004标准在附录A给出一个依据该标准的质量管理体系成熟度等级评价模型,在其评价表中对每一个体系要素给出5个等级的要点概述。简要明确评价的准则为一级是基本等级,五级是形成了最佳实践。

质量管理体系成熟度既有各评价要素的成熟度,也有整体上的成熟度。上述主要是对各评价要素的成熟度等级的描述。对于一个组织质量管理体系整体成熟度评价,通常是总分分值来设定成熟度等级,有时也可设定当具有否决性评价要素成熟度等级分值很低时,以该要素成熟度等级分值来对整体成熟度等级进行否定。

4. 确定评价方法和程序

评价方法主要是指评价分值的计算方法。最为常用的方法是对各评价要素的满分分值相乘其成熟度系数,而成熟度系数是对该评价要素成熟度等级评价的结果。也可以采用总分扣分法。前者较适合成熟度等级评价,后果者更适合达标式检查评价。另外,质量管理体系评价要素包括质量管理过程要素和结果要素两类要素。这两类要素的分值可以是相加的关系,也可以是相乘的关系。相乘的关系更加反映出结果对过程的否定性作用。

5.2 过程和结果密切结合的质量管理体系评价

本节提供一种全面、系统的质量管理体系成熟度量化评价方法。这种评价方法以本书第3章的内容作为主要评价依据,并借鉴卓越绩效评价模式中既评价过程也评价结果的方式,而且采用了结果评价对过程评价进行否决的方式进行整体综合评价,以此更加注重质量管理体系的有效性和成熟度。

5.2.1 过程和结果相结合的评价模型

本节质量管理体系评价强调全面、系统、科学和尽量量化,主要包括质量管理的建立和运行过程与结果两部分,其中,过程部分主要评价依据是最新版的 GJB 9001C 标准、相关的上级质量管理文件和标准,补充航天特色质量管理要求,并借鉴最新版 ISO 9004 标准。由于这些内容在本书第3章进行过系统梳理,因此,评价模型中过程评价部分主要是结合本书第2章中图2-2的质量管理体系模型,结果评价部分如图5-1所示。

图5-1的左侧是质量管理体系的相关需求,作为质量管理体系评价的输入,比 GB/T 19001 标准中的质量管理体系模型更加明确了各相关方的需求,由于不是质量管理体系成熟度评价的内容,而用虚线框表示;图5-1中间部分是质量管理体系的评价内容,用实线表示,中间的实线框内再进一步分为两部分,左侧部分是质量管理体系建立和运行过程的评价内容,与本书第2章中图2-2中的质量管理体系模型的基本相同;右侧为质量管理体系的运行结果的评价内容;图5-1的下侧是评价方法和程序;图5-1右侧实线框为评价结果的应用,右侧虚线框为评价结果的用户。

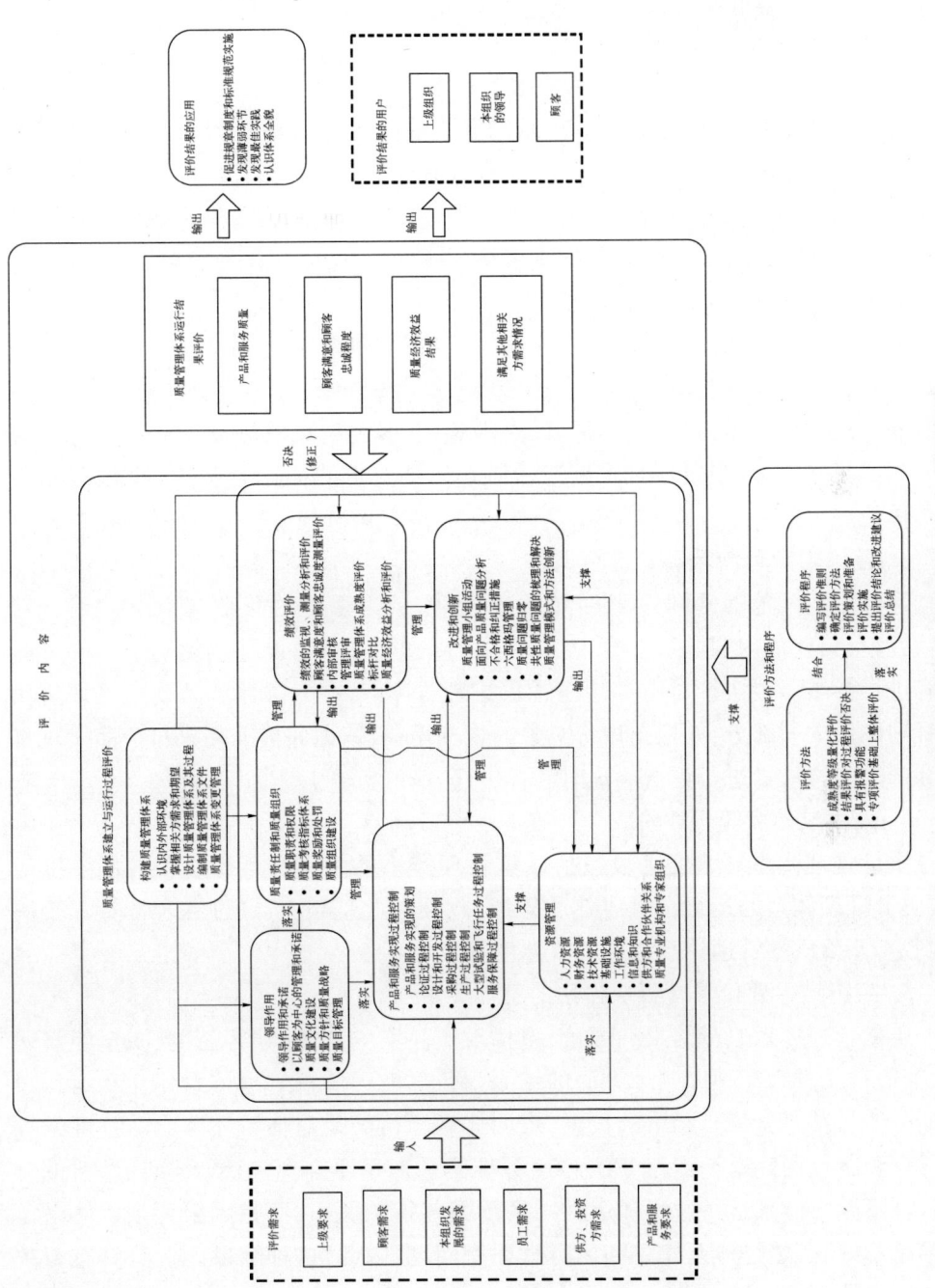

第 5 章　航天质量管理体系成熟度和有效性评价

图5-1　过程和结果密切结合的质量管理体系评价的模型框架

5.2.2 多依据相融和多功能作用的评价方案

1. 以 GJB 9001C 标准为评价内容的基本依据

质量管理体系评价主要是以航天企事业单位建设质量管理体系作为依据的 GJB 9001C 标准为基本评价依据。由于本书第 3 章航天质量管理体系的一般要求就是依据 GJB 9001C 标准并融入了航天质量管理的特殊要求和航天领域质量管理的最佳实践，因此，这里主要是依据本书第 3 章的内容，作为评价准则。

2. 评价内容是"ABCDE"相融

航天质量管理体系评价的内容应将以下几个方面的内容融为一体：A 部分，是指最新版 GJB 9001C 标准中的要求；B 部分，是指最新版 GB/T 19004 标准的内容；C 部分，AS 9100 标准的要求；D 部分，是指相关上级文件、管理规章和相关标准等中的相关具体要求，主要是对质量管理体系标准要求的补充要求；E 部分，是指根据本单位的特殊要求补充的内容。当然，可能还有来自其他相关方面的要求。

3. 评价内容可剪裁和分值可调整

评价内容及范围，可根据评价单位自身的特点和管理的需要，对评价内容进行剪裁，对有关评价内容进行补充，对分值进行调整。例如，设计单位对生产部分的内容进行剪裁。也可针对质量管理体系的薄弱环节，在一次评价活动中只评价质量管理体系的一部分，如根据评价对象的管理需要，依据评价准则只对产品实现部分和产品实物质量进行评价。这时，需注意分值的折算。

4. 采用成熟度等级评价

质量管理体系成熟度等级包括质量管理体系的建立和运行过程的成熟度等级、质量管理体系的运行结果成熟度等级，以及在此基础上，经过综合计算和否决项判定，评价质量管理体系整体的成熟度等级。

5. 实行结果评价具有否决作用的整体评价

质量管理体系运行结果的评价，包括对产品实物质量、顾客态度、质量经济效益、其他相关方满意程度四个方面的结果评价。航天质量管理体系建立和运行过程的分值与结果分值是相乘的关系，表明体系运行结果对体系整体成熟程度的评价具有否决作用。这一点与 ISO 9004 标准体系自我评价、卓越绩效模式评价的分值计算不同。体系运行过程和运行结果不是并行的关系，而是因果关系。体系运行结果不好，必然是体系建立和运行过程有问题，因此，这种结果评价是具有否决作用的整体评价方法，更适合从事大型复杂产品研制生产的系统工程的特点，更针对质量管理体系有效性不高和"两张皮"的问题。

6. 具有低成熟度条款报警的功能

成熟度等级低于 GJB 9001C 标准及其航天领域的补充要求或结果不能满足合同要求和顾客不满意时,评价系统报警。在此,所谓"报警",是指对评价过程发现的质量管理体系的薄弱环节所提出的警告性提示,以便引起被评价组织的最高管理者对此的高度重视。根据质量管理体系评价的成熟度等级,确定采用黄牌报警,即一般性警告;或红牌报警,即严重性警告。对体系整体和各部分进行评价,也可采用"木桶的最低木梆决定容积"的原理,即以最低成熟度等级条款的等级决定整体的成熟度等级。

5.2.3 明确、细化、可操作的评价准则

5.2.3.1 质量管理体系建立与运行过程的评价准则

1. 编写评价准则的一般方式

开展质量管理体系评价,需要编写评价准则,明确具体的评价内容和评价方式及对各评价内容的解释。这里给出的航天质量管理体系评价内容分为两部分。第 1 部分是质量管理体系的建立与运行过程部分的评价内容和评价方式,可依据本书第 3 章中质量管理体系一般要求,即按 GJB 9001C 标准和航天质量管理的特殊要求,并加入了追求卓越的一些内容,如最新版 ISO 9004 标准、航天质量奖(组织类)评奖标准和卓越绩效评价准则国家标准(全国质量奖评奖标准)中的部分内容。

编写评价准则主要包括两个方面,一是依据这些标准和相关文献,逐章、逐条地编写评价准则,最好将评价内容采用问句,即用"如何",而不是用"是否",以便于判定成熟度等级,而不是如同审核简单判定是否达标。二是明确评价方式,如向哪些相关人员询问和与其座谈,查阅什么资料,到哪个科研生产现场观察等。开展质量管理体系评价时,应当综合运用这些评价方式。如评价质量信息管理系统建立与运行,需要询问质量信息管理人员,查阅质量信息管理的规章或体系程序文件和质量信息传递和报送记录等,并现场观察计算机质量信息管理系统,最好抽取重要的质量信息查看如何进行收集、处理、传递和上报、存储。在明确具体条款的评价内容的基础上,提出各章节整体评价的内容。对于总体性、综合性条款的评价内容和方式,在编写评价准则时,应明确是在对具体条款逐条评价的基础上进行总体评价。

评价准则的第 2 部分,是质量管理体系运行结果的评价内容和评价方式,借鉴了我国全国质量奖、航天质量奖(组织类)和美国波多里奇国家质量奖和的评

价准则的编写方式，主要是尽量采用较客观的"硬指标"来评价，如产品交验合格率等。

2. "构建质量管理体系"部分的评价准则

这一部分对应本书中的第 3 章 3.1 节和 GJB 9001C 标准中的第 4 章、第 6.3 条款中的内容，主要是从总体上评价如何以质量管理原则为指导，在充分认识内外部环境、掌握相关方需求和期望的基础上，设计质量管理体系及其过程，系统性地编制质量管理体系文件等方面的情况。

在此，以编写"相关方的需求和期望"部分评价准则为例。这一部分的评价准则应明确：通过询问最高管理者和部分技术人员、管理人员和生产工人，或召开小型员工座谈会，走访顾客代表，查阅相关的人力资源内部管理规章、程序文件、合同、顾客函件、顾客满意度测评表、员工满意度测评表等，了解、掌握和分析在如何识别顾客、员工、投资者和(或)所有者各类具体的相关方，如何识别和满足各相关方需求和期望，如何与各相关方建立和保持沟通机制，如何与供方和合作伙伴建立合作关系，如何履行相适应的社会责任，如何对相关方需求和期望进行评审等方面的情况，从而评价如何以顾客为中心，并充分兼顾其他相关方的需求和期望。

这一部分的其他条款按照本书第 3 章，逐条编写评价准则，都是具体明确与哪些人员和以何方式进行沟通，查阅哪些文件和记录，到哪些科研生产现场进行观察，评价什么内容。在此不一一赘述。

3. "领导作用"部分的评价准则

这一部分对应本书中的第 3 章 3.2 节和 GJB 9001C 标准中的第 5 章、第 6 章 6.2 节的内容，主要是评价质量管理体系建立与运行的领导作用，包括最高管理者的领导作用和承诺、以顾客为中心的管理和承诺、质量文化建设、质量方针和质量战略的制定和展开、质量目标管理等方面的情况。这里最为重要的是评价最高管理者个人的质量意识、质量素养和质量管理能力。

以编写"质量目标"部分评价准则为例。这一部分的评价准则，应明确通过询问最高管理者和其他高层管理人员、型号"两总"、顾客代表和一线技术人员、管理人员等，查阅质量管理手册、年度质量工作计划、型号质量保证大纲或产品保证大纲、质量工作总结等，了解和分析质量目标在中长期规划、年度工作计划和型号研制大纲等文件中的地位，质量目标制定过程如何与内部、外部相关方沟通，质量目标如何体现和落实质量方针和发展战略，质量目标如何体现先进性、科学性、可实现性和可考核性以及量化程度，质量目标如何分解展开到各相关过程和各相关部门、岗位等，质量目标如何根据内部和外部相关的变化进行动态管理。

这一部分的其他条款按照本书第 3 章 3.2 节中的内容，参照本条逐条编写评价准则。

4. "质量责任制和质量组织"部分的评价准则

这一部分对应本书第 3 章 3.3 和 GJB 9001C 标准第 5 章 5.3 节的内容，主要是评价建立健全质量责任制和质量组织系统，其中，质量责任制包括梳理部门和岗位的工作承担、确定和落实质量职责及履行职责相应的权限、建立质量考核指标体系、实施质量奖励和处罚；建立质量组织包括设置质量部门和质量专家组织建设。这一部分有内在的前后逻辑关系，核心是明确和落实质量职责。质量组织系统不仅是对质量部门，还包括质量专家组织。质量责任制是对全员的，质量组织系统是对从事质量工作人员。开展评价应把这几部分有机联系起来。

以编写"质量职责及其相应权限"部分评价准则为例，这一部分的评价准则，应明确通过询问最高管理者和其他高层管理人员、型号"两总"及基层技术人员、质量管理人员、检验人员、人力资源管理人员等，查阅质量管理手册、相关的人事任免的文件、岗位工作标准等，了解和分析如何分配各部门、岗位的质量职责使之覆盖产品和服务的全过程和每一项质量活动，如何明确和落实高层管理人员质量职责、权限，如何协调部门负责人与项目负责人纵横交叉的质量职责、权限及工作接口关系，如何在部门、岗位、人员变化时确保质量职责能够得到及时有效地调整和落实，如何保证质量部门、型号质量保证组织系统质量职能作用的有效发挥，包括检验人员独立行使职权，越级反映质量问题的通道等方面的情况，以此评价质量职责及其相关权限的明确落实的全面性、系统协调性和有效性。

5. "资源管理"部分的评价准则

这一部分对应本书中的第 3 章 3.4 节和 GJB 9001C 标准中第 7 章的内容，主要是评价人力资源、财务资源、技术资源、基础设施、工作环境、信息和知识、供方和合作伙伴关系、质量专业机构和专家组织等质量管理体系各类资源管理的情况。各类资源的需求分析、获得、运用和能力提升都是一个过程，是支持性的过程，即为产品和服务实现过程提供支持。各类过程之间有一定相互关系，又相对独立。这一部分的评价既要注重各类资源的特点，又要注重其对质量管理体系整体的贡献，是否已经或将要成为质量管理体系的薄弱环节或短板；既要注重设备设施、核心技术等"硬件"能力建设，又要注重科学管理的"软件"能力提升；既注重各类资源管理和对当前产品和服务实现的支持，又注重各类资源能力的提升和对未来产品和服务实现支持的能力提升。

以编写"人力资源"部分评价准则为例。这一部分的评价准则，通过询问最高管理者、人力资源管理部门负责人、多种类型人员,召开小型座谈会,查阅人力资源发展规划和人员培训计划、人员管理程序、培训记录等,现场抽查部分关键岗位人员的资格证书,了解和分析在员工的招聘和资格管理、个人职业发展规划、知识和技能培训、团队建设、岗位考核、员工满意度测评、保护员工权益、成绩和贡献的承认与奖励等方面的情况,评价在员工的能力开发与管理等方面满足组织有效、高效运行和发展需求的程度。

6. "产品和服务实现过程控制"部分的评价准则

这一部分对应本书中的第 3 章 3.5 节和 GJB 9001C 标准中的第 8 章的内容,主要是评价如何在产品和服务实现的全过程实施科学、系统、精细化的控制。这一部分的评价内容首先是产品和服务实现的策划,再按产品实现的过程,包括论证、设计和开发、采购、生产、大型试验和飞行任务、服务保障等几个阶段的过程质量控制情况。这一部分是质量管理体系的核心,其他部分都围绕这一核心。同时,这一部分也是质量管理体系建立和运行的主线,也称为主过程,前面的资源保障是支持过程,就是支持这一主过程。在这一主线上各阶段有一个前后逻辑关系。

这一部分主要是评价过程质量控制情况,包括明确和落实控制要求、有效实施控制措施、科学应用控制方法和工具、及时和如实记录控制状况等。其中,通过明确过程控制基本要求、实施规定的措施和方法,确保有效实施过程控制为达到及格级,在此基础上,进一步追求更高的、甚至完美和卓越的要求和目标,主动运用更加科学、先进的方法和工具,以更加高质量、高效率地实施过程控制,为达到了良好级,乃至优秀级、卓越级。

以编写"设计和开发"部分中"通用质量特性设计、分析和试验"条款的评价准则为例。这一部分的评价准则,通过询问技术负责人员(型号总设计师、主任设计师等)、项目管理人员(型号办工作人员)、型号产品保证工程师等,查阅型号产品保证大纲或型号可靠性大纲、维修性大纲、安全性大纲、保障性保证大纲等专项保证大纲,查阅通用质量特性工作项目清单、可靠性等各质量特性的分析报告(FMEA),查阅研制程序、风险分析报告和试验报告等,到可靠性试验现场进行观察,了解和分析型号大纲的制定和执行情况,掌握如何实施通用质量特性的一体化策划,如何将通用质量特性工作融入型号研制流程,如何开展通用质量特性各特性及一体化的设计、分析和试验,包括运用的哪些方法和手段,数据支撑等相关情况,评价通用质量特性策划的针对性、系统性、可行性和执行的有效性。

7. "绩效评价"部分的评价准则

这一部分对应本书中的第 3 章 3.6 节和 GJB 9001C 标准中的第 9 章的内容，主要是评价如何建立健全质量管理体系测量、评价机制，对质量管理体系的业绩进行全面、系统、科学、量化的评价，包括：绩效的监视、测量分析和评价，顾客满意度和顾客忠诚度测量评价，内部审核，管理评审，质量管理体系成熟度评价，标杆对比，质量经济效益分析和评价等。其中，测量指标体系的建立和运行、顾客满意度测量评价、内部审核、管理评审等为基本要求的"必选动作"，其他为追求卓越的"自选动作"。

以编写"顾客满意度测评"部分的评价准则为例。这一部分的评价准则，通过询问最高管理者、营销部门负责人员或与顾客沟通人员、质量管理人员等，走访顾客代表或召开顾客座谈会，查阅顾客满意度测评程序、顾客满意度测评工作计划、顾客满意度调查评价表和顾客满意度分析报告等，了解和分析在收集和利用顾客信息、顾客满意度测评、顾客满意度测评结果的应用等方面的情况，评价收集顾客信息的渠道的健全程度和利用程度，分析顾客不满意的原因，评价顾客满意度测评的科学性、针对性、可操作性和有效性。

8. "改进与创新"部分的评价准则

这一部分对应本书中的第 3 章 3.7 节和 GJB 9001C 标准中的第 10 章的内容，主要是评价如何在测量、分析和评价的基础上，实施改进和创新，包括质量管理小组活动、面向产品质量问题分析、不合格和纠正措施、六西格玛管理、质量问题归零、共性质量问题的梳理和解决、质量管理模式和方法创新等。其中，面向产品质量问题分析、不合格和纠正措施、质量问题归零是 GJB 9001C 标准和航天集团公司所要求的"必选动作"，其他为参照 GB/T 19004 标准的"自选动作"。

以编写"不合格和纠正措施"部分的评价准则为例。这一部分的评价准则，通过询问最高管理者或分管质量工作的高层管理人员、不合格品审理人员、顾客代表等，查阅不合格控制的程序、不合格审理人员人事任命文件、不合格品审理人员工作考核记录、不合格记录和不合格品审理记录等，现场检查不合格产品的标识、隔离和处置情况，了解和分析不合格审理人员职责和权限的落实、不合格审理人员的能力、不合格的过程和产品的评审和处置情况（包括不合格品的让步使用、放行或接收的控制情况），了解和分析不合格及其处置的记录和不合格信息的运用等，评价不合格控制程序的科学性和严谨性，评价不合格审理人员岗位资格管理、责任制和工作考核的科学性和严谨性，不合格审理的独立性，评价不合格控制的及时性、有效性和效率，评价对不合格信息进行记录和上报的及时性、全面性、真实性以及对采取纠正措施的支持性。

5.2.3.2　质量管理体系运行结果的评价准则

1. 产品和服务质量的评价准则

通过收集、整理和分析产品和服务验收、交付记录,产品性能检测报告、服务项目反馈报告等反映产品性能、产品和服务质量的记录和资料,掌握以下情况:

(1) 产品性能及质量、服务项目质量特性满足合同、研制任务书、设计文件和标准、规范等规定要求的情况;

(2) 产品和服务质量的稳定性;

(3) 产品的交付和使用情况、服务项目验收情况等。

在此基础上,分析和评价产品和服务质量目标实现情况,产品性能和服务水平与国内国际相同或同类产品和服务相比水平,产品在研制、生产和使用过程的质量状况及测量指标,服务测量指标,综合评价产品的性能先进程度和质量水平、服务质量水平等。

2. 顾客满意和顾客忠诚程度的评价准则

通过走访主要顾客和发放顾客调查表,查阅和分析顾客表彰、意见、投诉等顾客信息,设定适合本单位及其产品和服务的顾客满意程度和顾客忠诚程度的测量指标,收集和分析测量数据,进行定性和定量相结合的方式,分析和评价:

(1) 顾客满意程度的测量结果和发展趋势;

(2) 顾客满意程度与主要竞争对手、本行业标杆组织及其同类产品对比结果;

(3) 顾客忠诚程度的测量结果及发展趋势。

3. 质量经济效益结果的评价准则

通过询问最高管理者、质量管理人员、财务会计人员和相关的科研生产管理人员、采购人员、市场营销人员等,查阅质量成本的表格、财务账簿,财务分析报告、市场分析报告、品牌价值评估报告等,从财务角度和运用财务数据分析、评价质量管理体系对经济效益的正向和负向的影响程度。

(1) 产品和服务质量造成的内部和外部质量损失的数额、受控状态和变化趋势;

(2) 在质量的预防和鉴定方面投入的经费和技术改造经费及其经济回报;

(3) 产品和服务质量对价格、销售收入、利润和市场占有率、品牌价值的影响状况和发展趋势。

对于复杂产品,通过询问设计部门负责人员等,收集、整理有关产品技术性能、可靠性、维修性、保障性等方面技术资料,产品使用和维护的资料和数据,产品全寿命周期成本分析报告等,从最终使用者的角度评价复杂产品全寿命周期成本的可接受程度和构成优劣。

4. 满足其他相关方需求情况的评价准则

这一项用于评价除顾客以外的其他相关方需求的满足程度,包括所有者和投资者、员工、供方和合作者、有关部门和社会公众对被评价单位质量管理体系及其运行结果评价,各相关方的利益和价值体现是否得到满足的情况。由于各相关方需求大不相同,因此,对相关方需求满足情况的评价也不笼统地进行,而必须有所区分。

(1)通过询问若干基层员工或与员工座谈,开展员工满意度测评和对部分关键员工的调查分析,了解和分析员工在学习、个人发展、工作成绩的承认和奖励、权益保护等方面对单位的满意程度,掌握员工队伍的整体素质、技术水平、创新能力、团队协作能力等与竞争对手、同行平均水平比较的先进程度。在此基础上,评价员工对个人价值体现和对单位发展的满意程度。

(2)通过询问供方和合作者代表,开展供方和合作者满意度测评和调查分析,对供方和合作伙伴进行调查并抽查其意见及处理记录和反馈信息,了解和分析供方和合作伙伴对合作过程中在经济利益的取得、能力提升、价值体现和增值等方面的满意程度,评价供方和合作伙伴对合作的满意程度和分析进一步合作的意向。

(3)通过询问所有者和投资者代表,查阅相关的财务报表和财务分析报告,分析和评价所有者和投资者对本单位已有能力、经营业绩和发展趋势的满意程度,尤其是对质量管理体系及其运行结果评价等。

(4)通过走访政府有关部门、所在社区组织和社会公众,查阅相关文献,分析和评价产品和服务在生产和使用中对环境及对社会的影响,了解和分析政府有关部门和社会公众对本单位在遵守法律法规、履行社会责任和公民义务等方面的评价,尤其是在产品和服务的诚信和法律责任方面测量指标的评定,评价与社区各方的和谐程度和对社会的贡献。

5.2.4 成熟度等级量化的评价方法

5.2.4.1 质量管理体系建立和运行过程的评价方法

1. 满分分值的确定

质量管理体系的建立与运行过程的评价,主要是评价依据本书第3章的内容,按满分1000分逐条进行打分评价。各条款满分分值的分配,见表5-1。

表 5-1 质量管理体系的建立与运行过程的评价条款满分分值表

条　款	满分分值 A类单位(设计、生产、试验都有,且较为均衡)	满分分值 B类单位(只有设计或设计为主)	满分分值 C类单位(只有生产或生产为主)
1　构建质量管理体系	80	80	80
1.1　内部和外部环境分析	15	15	15
1.2　理解相关方需求和期望	15	15	15
1.3　质量管理体系设计	10	10	10
1.4　质量管理体系文件	30	30	30
1.5　质量管理体系变更管理	10	10	10
2　最高领导者的作用	130	130	130
2.1　最高领导者的领导作用和承诺	50	50	50
2.2　以顾客为中心的管理和承诺	25	25	25
2.3　质量文化建设	15	15	15
2.4　质量方针和质量战略制定	20	20	20
2.5　质量目标管理	20	20	20
3　质量责任制和质量组织	120	120	120
3.1　质量职责、权限	40	40	40
3.2　质量考核	20	20	20
3.3　质量奖励和处罚	20	20	20
3.4　质量组织系统	40	40	40
4　资源管理	140	140	140
4.1　人员	40	40	40
4.2　财务资源	15	15	15
4.3　基础设施	15	15	15
4.4　工作环境	10	10	10
4.5　供方及合作关系	20	20	20
4.6　信息和知识	15	15	15
4.7　技术资源	20	20	20
4.8　自然资源	5	5	5
5　产品和服务实现的控制	400	400	400
5.1　产品和服务实现的策划	50	50	50
5.2　论证过程控制	30	40	—

第 5 章 航天质量管理体系成熟度和有效性评价

(续)

条　款	满 分 分 值		
	A类单位(设计、生产、试验都有，且较为均衡)	B类单位(只有设计或设计为主)	C类单位(只有生产或生产为主)
5.3　设计和开发过程控制	100	180	—
5.4　采购过程控制(外协、外购和外包)	50	40	60
5.5　生产过程控制	100	—	180
5.6　大型试验和飞行任务过程控制	30	40	40
5.7　服务保障过程控制	40	50	70
6　绩效评价	65	65	65
6.1　绩效测量和评价	15	15	15
6.2　顾客满意度和忠诚度测量评价	10	10	10
6.3　内部审核	10	10	10
6.4　管理评审	10	10	10
6.5　质量管理体系评价	10	10	10
6.6　标杆对比	5	5	5
6.7　质量经济效益评价	5	5	5
7. 改进与创新	65	65	65
7.1　质量管理小组活动	5	5	5
7.2　面向产品质量问题分析	5	5	5
7.3　不合格和纠正措施	20	20	20
7.4　六西格玛管理	5	5	5
7.5　质量问题归零	20	20	20
7.6　共性质量问题的梳理和解决	5	5	5
7.7　质量管理模式和方法创新	5	5	5
注:质量管理体系的建立与运行过程满分分值总分1000分			

上述方案中质量管理体系的建立和运行过程的七大部分的满分分值的分配，有以下几点考虑：

(1)"构建质量管理体系"部分的满分分值定为80分。这一部分中"内部和外部环境分析""理解相关方需求和期望""质量管理体系设计"是考虑、策划和设计质量管理体系最初的几步，其满分分值所占总分的比重虽然不高，但并不是这些内容不重要，而是这一部分内容要体现落实到最后的条款上。这一部分中的满分分值最高的是质量管理体系文件的分值,因为质量管理体系最重要的标志就是建立文件化的质量管理体系。

(2)"最高领导者的作用"部分的满分分值定为130分。这一部分中,"最高领导者的领导作用和承诺"部分指最高管理者的领导作用、个人表率等,是质量管理体系中的重中之重,给的满分分值最高。"以顾客为中心的管理和承诺""质量方针和质量战略制定""质量目标管理"是质量管理体系的重点,其满分分值所占总分的比重虽然不高,因为这一部分内容要体现落实到后面的条款上。"质量文化建设"是质量管理体系最基本要求之上的内容,满分分值不高,因为其内容还要体现在各相关内容之中。

(3)"质量责任制和质量组织"部分的满分分值定为120分。这一部分都是质量管理体系建设的重点内容,尤其是"质量职责和权限"和"质量组织系统"的满分分值很高,"质量考核"和"质量奖励和处罚"也可合并为"质量考核和奖惩",满分分值为两条相加,也不低。

(4)"资源管理"部分的满分分值定为140分,反映出对质量管理体系的人力资源、财务资源、基础设施和工作环境、信息和知识资源、技术资源、供方及合作关系、自然资源的重视,而这正是航天产品承制单位质量管理体系建设普遍存在的薄弱环节,应该给予足够的重视。尤其是人力资源是质量管理体系的重中之重,这在所有版本的质量管理体系标准中都是如此。对于不依赖于自然资源的单位,自然资源的分值根据自身的性质和管理的特点转给其他资源。

(5)"产品和服务实现过程的控制"部分的满分分值定400分,突出体系建设中最为核心的是产品和服务实现的过程控制,这符合航天产品承制单位质量管理的特点和要求,也适合质量管理体系的现状水平。将质量管理体系大体上分为三类,第一类是设计、生产、试验职能都有,且较为均衡;第二类是只有设计或设计职能为主,当设计单位也有生产或试制职能时,应当在生产和服务、采购过程控制等项目增加分值;第三类是只有生产或生产职能为主,这一类单位如也开展一定量的设计、试验工作,也应在将生产和服务过程的控制等项目的分值转给设计、试验过程控制等项目上。

(6)"绩效评价"部分的满分分值定为65分,反映出多种对质量管理体系测量、分析和评价的方法,为完善质量管理体系,这些方法是组合运用。其中,"绩效测量和评价""顾客满意度和忠诚度测量评价""内部审核""管理评审""质量管理体系评价"是质量管理体系标准和航天集团公司相关文件要求的"必选动作",其满分分值高一些;"标杆对比""质量经济效益评价"是推荐的内容,属于"自选动作",满分分值低一些。

（7）"改进与创新"部分的满分分值定为 65 分,其中,"不合格和纠正措施""质量问题归零"是 GJB 9001C 标准的内容,即属于"必选动作",而且在质量管理体系必不可少的重要内容,其满分分值要高；"面向产品质量问题分析""共性质量问题的梳理和解决"是航天科技集团要求的内容,"质量管理小组活动""六西格玛管理"和"质量管理模式和方法创新"属于"自选动作",其满分分值低一些。

上述七个部分的具体满分分值根据评价对象的特点和管理需求可以有所不同。但是,若要在不同的组织之间进行比较,满分分值分配最好应一致。通常只对"产品和服务实现过程控制"部分的满分分值可以根据具体情况相应地进行调整。这种情况一般只将删减部分的满分分值移到同一层评价项的满分分值上,而这一层总的满分分值不变。

2. 成熟度等级评价

质量管理体系的建立和运行过程的评价,其成熟度分为五个等级,如同五分制的考试,其中,三分为及格。所谓"及格",就是指能够达到规定的基本要求,即达到 GJB 9001C 标准要求和本单位已规定的特殊要求,能够保证提供合格的产品和服务。对质量管理体系的建立和运行过程各条款成熟度等级的评价要点,从以下三个方面进行评价。

（1）对于质量管理体系的文件化程度和确定的相应方法的评价,其成熟度等级评价要点为：

一级,尚未确定满足 GJB 9001C 标准的文件化要求和相应的方法,GJB 9001C 标准若干主要要求不能满足；

二级,具有基本满足 GJB 9001C 标准和本单位的特殊要求的文件化要求,GJB 9001C 标准个别主要要求不能满足,部分文件化要求缺少针对性和可操作性,缺少相应的方法和条件；

三级,具有满足 GJB 9001C 标准及其上级、供应链上流组织等的补充要求和本单位的特殊要求的正式的、有效的文件化要求,具有可操作的方法；

四级,具有基本满足(主要条款满足)最新版 GB/T 19004 标准、全面满足 GJB 9001C 以标准及其上级、供应链上流组织的补充要求和本单位的特殊要求的系统、有效的文件化要求,具有可操作和可检查的方法及相应的条件；

五级,具有全面满足最新版 GB/T 19004 标准、GJB 9001C 标准及其补充要求和本单位的特殊要求的系统、有效的文件化要求,具有比较先进、成熟和创新性的方法及相应的条件。

上述成熟度等级评价要点中,三级作为"及格"级,是指达到符合 GJB 9001C 标准并能够通过认证的水准。通过比较上述五级条款中文件化要求的依据,对比文件化要求、相应方法和条件的修饰词,可以明显地看出五个等级的区别。

(2) 对于质量管理体系文件要求和相应方法的落实和展开情况的评价,其成熟度等级评价要点为:

一级,要求和方法在若干相关的部门、岗位和环节未能得到展开、落实,在若干方面或若干相关部门存在重大弱项或漏项;

二级,要求和方法在大部分主要相关的部门、岗位和环节得到展开,但较为普遍地存在着落实不到位的现象,在个别主要方面或关键部门存在重大弱项或漏项;

三级,要求和方法在各主要部门、岗位和环节得到展开、落实,在主要方面和关键部门无重大弱项或漏项;

四级,要求和方法在各相关的部门、岗位和环节得到较为全面展开、落实,在各个方面和各相关部门无重大弱项或漏项;

五级,要求和方法在各相关的部门、岗位和环节得到全面展开、落实,并以基本成为相关人员的自觉行为,在各个方面和各相关部门无明显弱项。

上述成熟度等级评价要点中,三级作为"及格"级,是指质量管理体系的要求和方法的展开、落实达到符合 GJB 9001C 标准要求,在质量管理体系审核中不会在此项开出不合格项。通过比较上述五级条款中质量管理体系要求和方法展开和落实的情况,可以明显地看出五个等级的区别。

(3) 对于质量改进方面情况的评价,其成熟度等级评价要点为:

一级,缺少有针对性的改进过程;

二级,有针对弱项进行的不深入、不彻底的改进过程;

三级,有针对弱项、有效的改进过程,但举一反三不到位;

四级,有系统的、有效的评价和改进过程,对经验不断地总结和固化成为主要的管理方式;

五级,形成基于充分信息支持的、系统的、有效的评价和改进过程的循环,对知识与经验不断地学习、总结和共享成为主要的管理方式。

上述成熟度等级评价要点中,三级作为"及格"级,是指质量改进方面的情况符合或基本符合 GJB 9001C 标准要求,在质量管理体系审核中不会在此项开出不合格项。通过比较上述五级条款中质量改进的情况,可以明显地看出五个等级的区别。

成熟度等级系数的确定:一级为 0.1 或 0.2;二级为 0.3 或 0.4;三级为 0.5 或

0.6；四级为 0.7 或 0.8；五级为 0.9 或 1。

在进行成熟度等级评价时，如果上述三个方面的要求都能满足，成熟度等级系数则选为该等级的上限值，即 0.2、0.4、0.6、0.8 或 1，并考虑是否达到上一等级的要求。如果上述三个方面的要求中只满足前两个方面的要求，成熟度等级系数则选为该等级的下限值，即 0.1、0.3、0.5、0.7 或 0.9。如果上述三个方面的要求中前两个方面的要求存在一个方面不能满足的情况，成熟度等级系数则降到下一等级。

成熟度等级的判定，对于通过依据 GJB 9000C 标准认证的单位，条款的成熟度等级评价通常从系数 0.5 或 0.6，即"及格"级开始评价，如果符合这一等级的评价条件，则要进一步确定系数是 0.5 还是 0.6，如果没有达到或超过这一成熟度等级则进一步确定是否选择高一个成熟度等级或低一个成熟度等级。对于未能通过依据 GJB 9000C 标准认证的组织，条款的成熟度等级评价通常从系数 0.3 或 0.4 开始评价。

3. 评价分值计算和报警

质量管理体系建立与运行过程的各条款的定量评价分值为该条款的满分分值乘以其成熟度等级系数，其计算公式为

$$A = \sum_{i=1}^{n}(d_i \times e_i) \tag{5-1}$$

式中　A——体系建立和运行过程评价的总分；
　　　i——体系建立和运行过程评价的条款项；
　　　n——体系建立和运行过程的总条款项；
　　　d_i——体系建立和运行过程中的第 i 条款项在评价标准剪裁调整后的满分分值；
　　　e_i——体系建立和运行过程中的第 i 条款项所判定的成熟度等级系数。

当其成熟度等级系数为 0.3 或 0.4 时，将该条款按黄牌报警。当其成熟度等级系数为 0.1 或 0.2 时，将该条款按红牌报警。

5.2.4.2　质量管理体系运行结果的评价方法

1. 满分分值的确定

质量管理体系运行结果的评价，按满分 100 分逐条进行打分评价。这一部分满分分值的分配，有以下几点考虑：

（1）"产品性能和质量特性的结果"部分的满分分值定为 50 分，突出质量管理体系的结果中最为核心、最为基础的是产品实物质量，包括产品的性能和可靠性、维修性、安全性、保障性等方面的质量特性，这符合航天产品研制生产及其质量管

理的特点和要求,也适合质量管理体系的现状水平。

(2)"顾客满意和顾客忠诚的结果"部分的满分分值定 25 为分。顾客对产品和服务的态度是反映和评价其质量水平高低的最重要标志。从顾客态度的角度进行评价,其范围不仅包括产品性能和质量特性、服务的效果和顾客的感受,还包括交货时间、全寿命周期成本、与顾客沟通和信息提供及个性化需求等因素,它是顾客对上述多因素指标的综合评价。因此,顾客态度就是广义质量的概念。产品实物质量与顾客态度构成了质量管理体系运行结果评价的主体。这符合航天产品研制生产及其质量管理的特点和要求。从顾客态度来分析和评价质量管理水平也是航天产品承制单位应该学习和借鉴民用工业企业的一项重要的管理工作。

(3)"质量经济效益的结果"部分的满分分值定为 10 分,侧重运用财务概念和财务数据,从预防成本、鉴定成本等方面的质量投入及其回报,尤其是通过改进质量导致降低成本、提高价格和增加销售量从而增加收入等方面取得的经济效益,还应从全寿命周期成本、质量对经济效益和市场竞争力的影响的角度,分析和评价质量管理体系的有效性、效率和效益。这一部分是 ISO 9004 标准比 ISO 9001 标准有所超出的内容,也是航天企事业单位必须加以高度重视并且当前较为薄弱的环节。

(4)"满足其他相关方的结果"部分的满分分值定为 15 分,侧重是否满足除了顾客之外的其他相关方的需求,即从其他相关方的角度,分析和评价质量管理体系的有效性、效率和效益。这一部分也是 ISO 9004 标准比 ISO 9001 标准有所拓展和提升的内容,也是卓越绩效模式的重要内容。因此,这一部分是引导航天企事业单位的追求卓越的重要内容。对于承担国家航天战略任务的单位来讲,满足除顾客之外的其他各相关方的需求这一点十分重要,而且应该成为必须做到的要求。

2. 成熟度等级评价

质量管理体系运行结果的评价,其成熟度也分为五个等级,三级为"及格",是指能够达到规定的基本要求,即达到 GJB 9001C 标准要求、合同要求和相关的法定要求。对质量管理体系的运行结果成熟度等级的评价要点,是从以下四个方面来进行评价。

(1)对于产品实物质量,包括产品的性能和质量特性的评价,其成熟度等级评价要点:

一级,产品性能和质量在主要条款内容上不能满足标准规范、研制任务书、合同等规定的要求;

二级,产品性能和质量在主要条款满足标准规范、研制任务书、合同等规定的要求;

第5章 航天质量管理体系成熟度和有效性评价

三级,产品性能和质量满足合同等规定的要求;

四级,产品性能和质量全面满足甚至超出合同等规定的要求,达到国内先进的水平;

五级,产品性能和质量超出顾客期望,达到国际先进水平。

这一条就是依据硬性指标评价产品实物质量及先进程度,三级作为"及格"级。其判定依据为是否符合合同和标准规定的要求。通过产品实物的性能和可靠性、维修性、安全性、保障性、测试性、环境适应性等质量特性的指标符合合同和标准规定要求的情况、先进程度,可以明显地看出五个等级的区别。

(2) 从顾客态度进行评价,其成熟度等级评价要点:

一级,顾客非常不满意,存在顾客上诉的情况;

二级,顾客基本满意,但有时存在顾客抱怨;

三级,得到顾客认可和满意;

四级,赢得顾客赞美;

五级,赢得顾客赞美、顾客忠诚。

这一条提到了顾客抱怨、顾客满意、顾客赞美和顾客忠诚等概念,顾客态度可用这几个概念来反映。其中,三级作为"及格"级其判定依据为是否得到顾客认可和满意,即由于产品和服务达到规定的要求和顾客预期的期望,顾客对此没有抱怨;一级、二级作为不达标的成熟度等级,其评价主要是顾客不满意或不十分满意的程度,如,顾客上诉、顾客抱怨的情况;四级,作为成熟度等级已超过达标等级,要在得到顾客满意基础上,赢得顾客赞美;五级作为最高级,以赢得顾客赞美和顾客忠诚是追求的目标。

(3) 对质量管理体系的财务测量的结果评价,即从质量经济效益的角度进行评价,其成熟度等级评价要点:

一级,质量损失非常严重,处于失控状态;

二级,质量损失比较严重,对此已经考虑并开始采取措施;

三级,质量损失在可接受程度,并得到有效控制;

四级,取得良好的直接和间接的质量经济效益,发展趋势良好,若是有设计职能,设计方案中全寿命周期成本得到充分考虑;

五级,取得巨大的质量经济效益,具有很高的质量形象和以质量为基石的品牌价值,从而形成国内外市场的竞争优势,若是有设计职能,同类产品中全寿命周期成本处于最佳水准。

这一条就是依据质量管理体系的财务测量结果和质量经济效益指标评价质量

管理体系的有效性、效率及其对经济效益、市场竞争能力的影响,其中,三级作为"及格"级主要是评价质量损失不大,在可接受范围是否得到有效控制;一级、二级作为不达标的成熟度等级评价的范围也只限于质量损失受控的程度;四级作为成熟度等级已超过达标等级,评价的范围有所扩展,评价要求提升,分析和评价直接和间接的质量经济效益及其发展趋势,必然涉及质量在价格、收入、利润等方面的直接和间接的影响程度及其发展趋势,对于有设计职能的单位,设计方案中全寿命周期成本得到充分考虑;五级作为成熟度等级的最高级,评价的范围进一步扩展,评价的要求进一步提升,既要取得巨大的质量经济效益,又要具有很高的质量形象和以质量为基石的品牌价值,形成国内外市场的竞争优势,即高质量已经成为竞争与发展的优势和正在有效经营运作的无形资产,对于有设计职能的单位,同类产品中全寿命周期成本处于最佳水平。

(4) 满足其他相关方的需求结果的评价,其成熟度等级评价要点:

一级,其他相关方法定的、基本的要求被忽视;

二级,其他相关方法定的、基本的要求在主要方面得到考虑、或正在改善;

三级,其他相关方法定的、基本的要求得到满足;

四级,其他相关方的利益得到充分考虑和体现;

五级,赢得各其他相关方的赞美。

这一条就是以满足除顾客之外其他相关方需求的程度来评价质量管理体系的成熟程度和与各相关方的和谐程度及其对社会的贡献。其中,三级作为"及格"级主要是评价其他相关方法定的、基本的要求得到满足的情况,如在员工健康、环境保护等方面符合国家有关法律法规、文件、强制性标准等文献中法定、基本要求的情况;一级、二级作为不达标的成熟度等级,评价不符合国家有关法律法规、文件、强制性标准等文献中法定、基本要求的程度及其趋势;四级,作为成熟度等级已超过达标等级,分析和评价其他相关方的利益得到充分考虑和体现的程度,如员工满意程度的评测结果,合作者对合作的满意程度和进一步合作的意向,所有者和投资者对经营业绩和发展趋势的满意程度等,即评价各相关方全方位的满意的程度;五级作为成熟度等级的最高级,评价的范围进一步扩展,评价内容所引导的境界进一步提升,如员工个人价值体现的程度,供方和合作方价值增值的程度,对社会的贡献的程度等,即评价赢得各其他相关方赞美的程度。

综合评价质量管理体系结果上述几个方面,对于成熟度等级的一级,如果几个方面的问题都存在,成熟度等级系数则选为0.1,反之可考虑选0.2;对于成熟度等级的二级,上限值和下限值的判定取决于从四个方面的成熟度的程度,尤其要注重产品实物和顾客态度这两个方面。对于成熟度等级的三级、四级、五级,如果上述几个方面的要求都满足,成熟度等级系数则选为该等级的上限值,即0.6、0.8或1;如果只满足产品实物和顾客态度两个方面的要求,成熟度等级系数则选为该等级的下限值,即0.5、0.7或0.9;如果上述前两个方面的要求中存在一个方面不能满足的情况,成熟度等级系数则降到下一等级。

3. 评价分值计算和报警

质量管理体系运行结果的各条款的定量评价分值为该条款的满分分值乘以其成熟度等级,其计算公式为

$$B = \sum_{j=1}^{m} (f_j \times g_j) \quad (5-2)$$

式中　B——质量管理体系运行结果评价的总分;
　　　j——质量管理体系运行结果的条款项;
　　　m——质量管理体系运行结果的总条款项;
　　　f_j——质量管理体系运行结果中的第j条款项的满分分值;
　　　g_j——质量管理体系运行结果中的第j条款项所判定的成熟度等级系数。

当其成熟度等级系数为0.3或0.4时,将该条款按黄牌报警。当其成熟度等级系数为0.1或0.2时,将该条款按红牌报警。

5.2.4.3　质量管理体系整体的评价方法

1. 评价总分计算

质量管理体系建立与运行过程的评价总分为该部分各条款的定量评价分值总和。质量管理体系运行结果的评价总分为该部分各条款的定量评价分值总和。

质量管理体系整体评价的总分为质量管理体系建立与运行过程的评价总分与质量管理体系运行结果的评价总分除以100的百分数的乘积,其计算公式为

$$C = (A \times B)/100 \quad (5-3)$$

式中　A——质量管理体系建立和运行过程评价的总分;
　　　B——质量管理体系运行结果评价的总分;
　　　C——质量管理体系整体评价的总分。

这种计算方法就是采用千分制来表达质量管理体系整体评价结果。

2. 成熟度等级

1) 初始级

质量管理体系整体评价总分为250分以下,表明质量管理体系总体上处于初级水平,没有达到依据国家军用标准通过质量管理体系认证的水平,尚不具备能够

稳定提供合格品的能力，即使形式上通过了依据国家军用标准通过质量管理体系认证审核和注册，但实际质量保证能力也未能真正达到质量管理体系要求的水平。因为，整体评价的总分如此之低，表明质量管理体系要素组成的系统性和完备性方面存在很大的问题，或体系运行过程控制方面存在很多或很严重的薄弱环节，或体系建设过于文件化、形式化而运行实际效果不佳，或三者兼而有之。质量管理体系评价的整体总分在这一个等级上，表明一定存在以下一个或几个方面的问题，或者说正是因为在评价中发现存在以下一个或几个方面的问题总分才会如此之低。

（1）尚未完全建立能够满足 GJB 9001C 标准和本单位的特殊要求的质量管理体系文件；

（2）质量管理的要求未能有效地得到展开和落实；

（3）质量问题往往不能得到及时、有效地纠正；

（4）质量损失较大且未能得到有效控制；

（5）在关键大项目上有报警；

（6）产品和服务质量在主要条款内容上存在不能满足合同等规定的要求的情况；

（7）顾客不满意，存在顾客投诉等现象。

2）保证级

质量管理体系整体评价总分达到 250~360 分（或 250~400 分），并且在关键大项目上没有报警，表明质量管理体系达到保证级，即达到依据国家军用标准通过质量管理体系认证的水平，总体上具有能够稳定地提供合格产品和服务的质量保证能力。质量管理体系整体评价，取得这样一个分值应该具有以下几个方面的表现：

（1）建立了能够满足 GJB 9001C 标准和本单位的特殊要求的质量管理体系文件；

（2）质量管理的要求得到普遍展开和较为有效的落实；

（3）能够针对弱项实施有效的改进；

（4）质量损失得到有效控制；

（5）能够证实具备按合同要求稳定地提供合格产品的能力；

（6）得到顾客认可和基本满意；

（7）其他相关方法定的、基本的要求得到满足。

可以看出，这几个方面的表现，正处于质量管理体系建立和运行过程、运行结果评价条款中的"及格"级。

但也应清楚地认识到，质量管理体系整体评价达到保证级，只是总体上讲达到

"及格"水平,个别条款可能还没有达标,还急需有针对性地进行质量改进,以巩固和提高质量保证能力,在供大于求的情况下,航天产品承制单位质量管理体系只处于这一等级,是没有竞争力的。

3) 成熟级

质量管理体系整体评价总分达到 360~479 分(或 401~550 分),并且在关键小项目上没有报警,表明质量管理体系达到成熟级,即质量管理体系总体上在具有能够稳定地提供合格产品的质量保证能力的基础上,已经进一步有所提高,更加全面、稳定和有效。质量管理体系整体评价,取得这样一个分值应该具有以下几个方面的表现:

(1) 建立了能够基本满足最新版 GB/T 19004 标准、全面满足 GJB 9001C 标准及其补充要求和本单位的特殊要求的质量管理体系文件,并具有相应的可操作和可检查的方法;

(2) 质量管理的要求和方法采用规范化、表格化的方式得到普遍展开和有效落实;

(3) 能够针对体系弱项、产品和服务质量问题有效实施举一反三和持续改进;

(4) 质量投入和质量损失都得到较为准确地定量化测量、分析、监控和评价,质量投入得到有效保证,质量损失持续降低;

(5) 基本具备稳定地提供优质产品的能力;

(6) 得到顾客完全满意;

(7) 其他相关方的利益得到充分考虑,总体上满足其他各相关方的需求和现实合理期望。

可以看出,上述几个方面的表现,质量管理体系建立和运行过程、运行结果评价条款中在三级之上,部分条款是以四级为评价依据。这一等级表明质量管理体系整体上已经成熟,虽然可能少部分条款可能还处于"及格"水平,整体上已达到全面、稳定、可靠,已经基本建立起质量保证的长效机制和持续改进机制,但需进一步提升质量管理的水平,以取得更大的质量经济效益。

4) 优秀级

质量管理体系整体评价总分达到 480~639 分(或 551~700 分),并且没有报警,表明质量管理体系达到优秀级,即质量管理体系总体上在满足顾客要求的基础上和追求卓越的进程中能够不断实现自我完善,已经达到全面、稳定、有效和高效的程度,在所在领域,如国内同行这样一个特定范围内达到先进水平。质量管理体系整体评价,取得这样一个分值应该具有以下几个方面的表现:

（1）建立了能够满足最新版 GB/T 19004 标准、全面满足 GJB 9001C 标准及其补充要求和本单位的特殊要求的质量管理体系文件,并具有较为成熟的可操作和可检查的方法和相应的条件;

（2）质量管理要求和方法采用科学方法和较为先进手段得到全面展开和有效、高效的落实;

（3）形成系统的、有效的评价和改进机制,产品质量问题得到举一反三和持续改进,对经验不断地总结和固化成为主要的管理方式;

（4）具备稳定地提供优质产品的能力,产品性能和质量超出合同等规定的要求或达到国内先进水平;

（5）质量投入产出得到较为准确、及时、定量化的测量、分析、监控和评价,取得良好的直接和间接的质量经济效益,具有良好的发展趋势;

（6）赢得顾客赞美;

（7）其他相关方的利益得到充分考虑和体现。

可以看出,上述几个方面的表现,质量管理体系建立和运行过程、运行结果评价条款中的四级为评价依据,对展开和落实质量管理要求和方法提出科学性和先进性的要求。这一等级表明质量管理体系整体上为国内同行先进水平,如国防科技工业的先进水平。

5）卓越级

质量管理体系整体评价总分达到 641 分以上（或 700 分以上）,表明质量管理体系达到卓越级,即这质量管理体系总体上已经达到全面、系统、先进、高效的程度,具有在国内国际公认的卓越水准和不断接近完美的趋势。质量管理体系整体评价,取得这样一个分值一定具有以下几个方面的表现:

（1）建立健全全面满足最新版 GB/T 19004 标准、GJB 9001C 标准、航天质量奖评奖标准及其补充要求和本单位的特殊要求的系统、有效的质量管理体系文件,并具有比较先进、成熟甚至独特的方法及相应的条件;

（2）质量管理要求和方法通过定量化、精细化、网络化的方法和手段并得到系统展开、高效实施和实时监控,并以基本成为相关人员的自觉行为;

（3）形成并不断完善且具有充分信息和数据支持的、系统的、有效和高效的评价和改进机制,对知识与经验不断地学习、总结和共享成为主要的管理方式;

（4）产品性能、产品和服务质量往往超出顾客期望,已经达到或接近国际先进水平,国内外市场公认具备稳定地提供卓越产品的能力;

（5）赢得顾客赞美、顾客忠诚和其他相关方的赞美;

（6）从眼前和长远来看都取得了可观的质量经济效益,在管理方法、品牌价值和商誉等方面形成了以质量为基石的、巨大的无形资产,具有在国内外市场上以质取胜的竞争优势。

可以看出,上述几个方面的表现,质量管理体系建立和运行过程、运行结果评价条款中的五级为评价依据,其中在质量管理方法和手段、产品性能、产品和服务的质量水平、顾客态度、竞争优势等方面都提出达到卓越级的水准,即达到超出所在领域进行比较也处于领先地位的水准,如取得全国质量奖、达到国际宇航工业一流水准。这一等级是为质量管理体系走向完善指出一个努力目标。

5.2.5 职责明确和流程清晰的评价实施程序

1. 质量管理体系自我评价的实施程序

航天产品承制单位开展质量管理体系自我评价的实施程序如下。

（1）初步策划。单位分管理质量工作的领导或质量管理部门负责人根据质量管理体系建设的目标和质量管理体系的现状,提出初步的质量管理体系自我评价的建议或初步方案,报最高管理者。

（2）领导决策。最高管理层在了解质量管理体系自我评价作用的基础上,决定开展和表示参与质量管理体系的自我评价,以此作为诊断质量管理体系薄弱环节和推动质量管理体系不断完善的方式。

（3）建立评价小组。选择了解本单位情况、掌握质量管理体系标准相关内容的人员,经过评价培训,建立跨部门的评价小组,并赋予其相应的职责和权限。评价小组的负责人可由最高管理者直接担任,也可由分质量工作的副职领导或其他最高管理层人员担任,也可聘请了解本单位情况的外部质量管理专家担任。

（4）进行评价详细策划。根据评价准则确定评价的方法、范围、时间安排、条款满分分值、评价小组组成及其职责分工等,对评价准则补充本单位特殊的评价内容,拟定评价计划。首次开展自我评价时,还可选择一个评价对象或过程作为试点,依据试点经验制定组织的全面自我评价计划。然后,聘请有关专家(可包括外聘专家)评审、完善评价计划,并报最高管理者批准。

（5）评价准备。在最高管理者批准评价计划或评价方案之后,由评价小组提出具体的评价实施计划,明确具体的时间安排、评价内容范围及其重点、评价人员的具体职责分工,准备具体的评价提纲。

（6）实施评价。依据质量管理体系标准、本单位的质量管理体系自我评价准则和评价计划,运用质量管理体系评价软件工具,采用询问、座谈、查阅文件和现场检查等方式,逐条确定被评价内容的成熟度等级,并对评价过程进行记录。对成熟度等级低的条款提出报警,填写黄色或红色报警单,或在评价软件上提出黄色或红色报警,并简述报警原因。在逐条评价的基础上,进行评价分值的计算,确定质量管理体系整体的成熟度等级,列出报警条款清单。

(7) 提出评价结论和改进建议。在评价打分和整体综合分析的基础上,提出评价结论,并对评价中提出的报警项目进一步分析其原因,提出改进建议。改进建议项目应根据报警级别、改进的迫切性等因素排列优先次序。

(8) 总结和上报。评价小组总结自我评价工作经验,以便改进下一次的自我评价工作。自我评价的结论、改进建议和工作总结一并报送最高管理者或最高管理层集体。

2. 上级组织对下属组织进行评价的程序

采用本节提供的质量管理体系成熟度评价方法,由上级组织对下属组织的质量管理体系进行指导性、促进性的评价,可采用以下程序:

(1) 上级组织决定开展此项工作。上级组织决定开展对下属组织质量管理体系成熟程度进行评价并书面通知下级组织,以此作为帮助和促进下属组织完善质量管理体系的一种方式。

(2) 下级组织最高管理层的响应和参与。下级组织的最高管理层根据上级组织的要求和本组织自身管理的需要,通过对质量管理体系标准及评价准则、方法和程序的学习与理解,确定参与质量管理体系评价的相关人员和部门,承诺配合上级组织开展这项活动,并表示积极参与。

(3) 组成评价小组。评价小组由上级组织委派的专家和被评价单位内部有关人员组成。评价小组成员应该了解被评价组织情况,掌握质量管理体系标准和相关知识,并具有相应经验和经过评价培训。通常由上级组织授权的专家作为评价小组组长。

(4) 制定评价计划。根据评价准则确定评价的方法、范围、时间安排、条款满分分值等,对评价准则补充被评价组织特殊的评价内容,拟定评价计划。开始评价时,还可选择一个质量管理要素或过程作为试点,依据试点经验制定全面评价计划。然后,聘请有关专家评审评价计划,评审结果和依据评审结论修改的评价计划送被评价组织最高管理者。评价计划在征求被评价组织最高管理者意见后,报上级组织备案。

(5) 实施评价。依据质量管理体系标准、本单位的质量管理体系自我评价准则和评价计划,运用质量管理体系评价软件工具,采用询问、座谈、查阅文件和现场检查等方式,逐条确定被评价内容的成熟度等级,并对评价过程进行记录。对成熟度等级低的条款提出报警,填写黄色或红色报警单,或在评价软件上提出黄色或红色报警,并简述报警原因。在逐条评价的基础上,进行评价分值的计算,确定质量管理体系整体的成熟度等级,列出报警条款清单。

(6) 提出评价结论和改进建议。在评价打分和整体综合分析的基础上,提出评价结论,并对评价中提出的报警项目进一步分析其原因,提出改进建议。改进建议项目应根据报警级别。

(7) 总结和上报。总结评价工作经验,以便改进下一次的评价工作和推广评价工作。评价的结论、改进建议和工作总结征得最高管理者同意后,报上级组织有关管理部门。

从上述程序可以看出,质量管理体系评价程序借鉴了质量管理体系审核和质量奖评价的程序,但又与两者有所不同。质量管理体系的评价程序与质量管理体系审核程序的不同之处如下:

(1) 质量管理体系审核的范围以被审核单位在产品实现和服务过程的职能与产品的性质决定,而质量管理体系自我评价的范围主要依据之一是根据管理的需求,或上级对下级的评价依据上级的要求和被评价单位的管理需要。

(2) 评价实施过程中,不是采用抽查的方式,而是将范围尽可能覆盖体系的全方位和全过程,追求全面、系统、详细,不仅判定是否达标,而且评价处于哪一个成熟度等级,计算分值。

(3) 质量管理体系审核的结论应明确是否能够通过认证,同时开出不合格单,而通常不进行咨询,不提出改进建议。而质量管理体系评价的结论是评判处于的质量管理体系成熟度等级,提出改进建议,并对低成熟度等级的条款提出报警,上级对下级的质量管理体系评价也不是单纯的检查,而是以帮助、促进建立健全质量管理体系为目的。

3. 体系评价实施过程中应注意的几点事项

(1) 在开展质量管理体系评价时,可以根据被评价单位自身的具体情况和评价提出者的需求,对评价准则进行剪裁,对有关条款内容进行补充说明,便于评价过程的可操作性,同时,也可以根据需要对给定的参考分值进行一定的调整,使评价过程更具有针对性。

(2) 质量管理体系评价可以结合单位内部审核或管理评审共同进行,也可以单独开展,但是评价标准的要求比内审要高。

(3) 单独开展评价既可以对标准的所有条款项进行整体评价,也可以选择评价标准中的某几项部分进行评价。

（4）重视对结果的评价，以便引导本单位关注顾客满意、质量经济效益、产品实物质量以及各相关方利益要求等内容。

（5）评价作为一种手段，主要目的之一是找到质量管理体系建立和运行过程中存在的问题，因此，要关注评价中成熟度低的条款项，开展有效的质量问题归零和持续改进。

（6）评价过程中要充分发挥评价软件的作用，包括法规标准数据库的支持，评价结果的图形对比，评价过程中条款评价说明的录入和保存等。

5.3　基于产品实现过程的矩阵式质量管理体系评价

人们开展管理体系评价，其评价模式基本都是对管理体系的组成要素进行平行的评价，即把管理体系的组成要素作为一个个评价项逐一进行评价，再将其各评价项的得分进行汇总。目前，不论是 ISO 9004 标准给出的质量管理体系自我评价模式、麦肯锡质量管理成熟度评价模式、日本科技联盟提出的《质量管理体系 自我评价指南》以及可以参照的以美国波多里奇国家质量奖为代表的卓越绩效模式评价模式等，几乎所有的管理评价模型都是把管理要素作为一个平行的评价项。

实际上，在管理体系中，各组成要素之间的关系往往不是平行的、独立的，而是重叠的、纵横相交的，如信息管理作为一个评价项，而生产过程也作为一个评价项，其实这两个评价项不是平行的，在生产过程中就有生产信息管理的内容。

经过十多年的研究和在航天企事业单位的试点应用，我们提出基于产品实现过程的矩阵式质量管理体系成熟度评价模型。这种质量管理体系成熟度评价将产品和服务实现过程作为基础与核心，通过矩阵表将产品和服务实现过程、管理职能和资源保障及测量改进两部分内容纵横相交进行成熟度互评，以此为基础，再对领导作用和自我完善机制进行总体把握和综合评价。最后，通过对质量管理运行的结果评价，再对质量管理体系整体评价进行验证和修正。这种方法为各单位提高质量管理水平，保证产品和服务质量提供了一种新的思路、方法及可操作的工具。

5.3.1　以产品和服务实现过程评价为基础的评价模型和评价方式特点

基于产品和服务实现过程的矩阵式质量管理体系成熟度评价模型如图 5-2 所示。

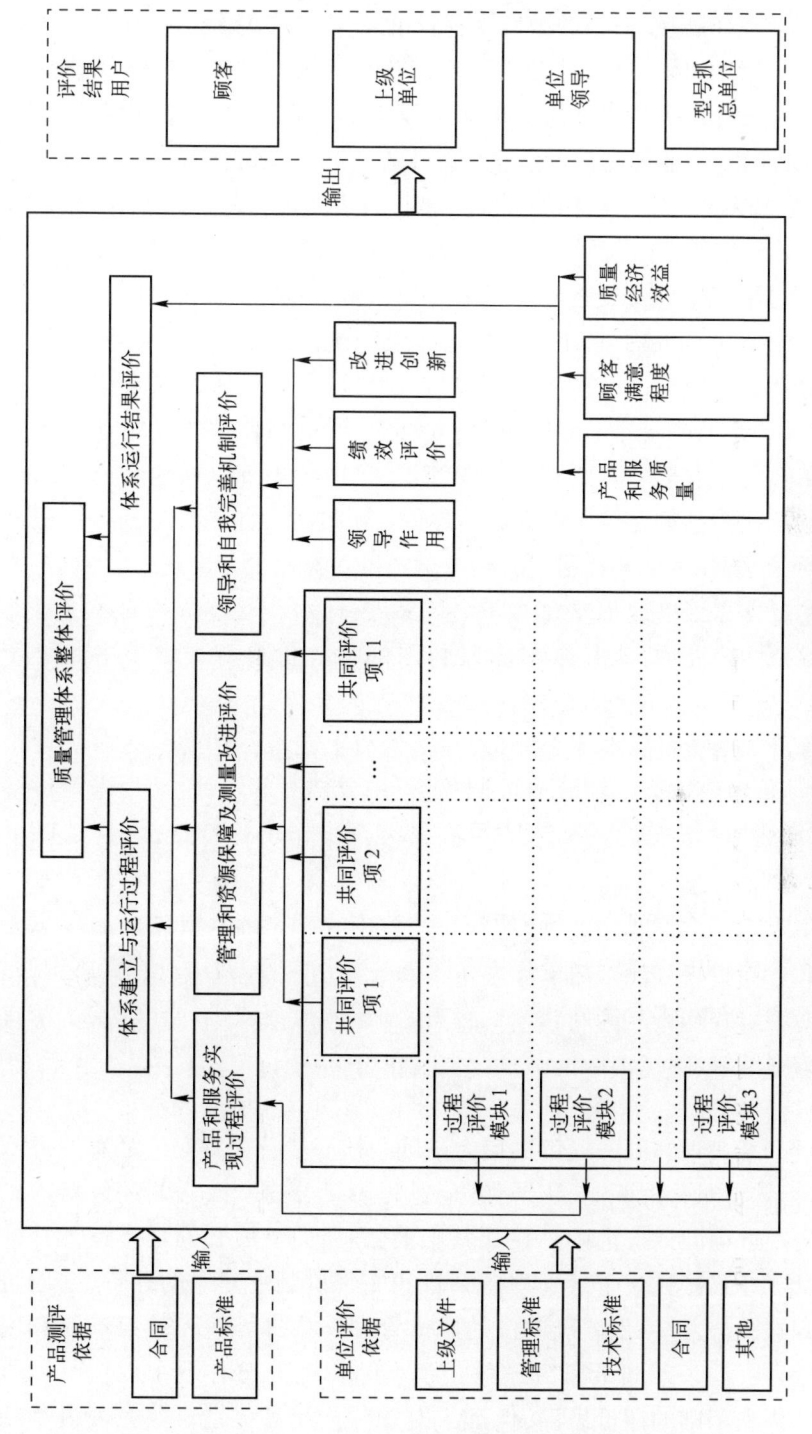

第5章 航天质量管理体系成熟度和有效性评价

图5-2 基于产品和服务实现过程的矩阵式质量管理体系成熟度评价模型

图 5-2 中,左侧虚线框中的内容为评价的依据,右侧虚线框中的内容为评价结果的用户,中间实线框中的内容是评价要素及其结构。质量管理体系建立与运行过程的评价可分为对产品和服务实现过程、管理职能和资源保障及测量改进、领导和自我完善机制三个部分的评价。实线框中左下角的矩阵部分是评价模型的核心和基础,矩阵的纵向是按产品和服务实现过程确定的设计、生产、试验、采购和服务保障等过程评价模块,评价模块下再分为若干过程评价项;横向是管理职能、资源及支持过程、监视和测量、改进等方面的体系要素评价项。由于这些体系要素的评价项贯穿、融入到产品和服务实现的各个过程,因此,也称其为共同评价项。

这样两者纵横相交,形成矩阵式结构。在对这两方面体系要素进行相互评价的基础上,再对处于顶层的领导作用、绩效评价、改进与创新等这些评价领导和自我完善机制的内容进行总体把握方式的评价,进而与矩阵纵横两个方面的评价共同形成质量管理体系建立与运行过程的评价。质量管理体系结果的评价是从产品实物和服务保障质量、顾客满意程度和质量经济效益三个方面进行。最后,将质量管理体系的过程和结果这两方面的评价结果进行综合,通过后者的评价对前者的评价进行验证和修正,即采用质量管理体系结果评价具有否决作用的计分评价方式。

这种矩阵式的质量管理体系评价,除了具有上一节所述的具有多种评价依据融为一体、评价内容可剪裁和分值可调整、采用成熟度等级评价、注重评价结果和评价过程、低成熟度条款报警、结果评价具有否决作用等特点,尤其是以下两个特点。

(1) 矩阵式评价方式。评价模型中,评价内容的主体。分为产品和服务实现过程与职能管理、资源保障、测量分析和改进两部分内容,利用矩阵表实现互评,这种矩阵式的评价方式将对文件、管理、资源、测量分析与改进的评价紧密结合了产品和服务实现过程,改变了仅根据文件查阅和座谈就对管理、资源、领导、机制等方面进行评价的弊端。

(2) 以产品实现和服务提供过程为基础和核心。首先是对产品和服务实现过程进行评价,并将对管理职能、资源保障、过程测量分析和改进的评价融入到对产品和服务实现过程的评价之中。在此基础上,逐层向上展开到对质量方针的确定与落实、领导作用的发挥、质量管理体系自我完善机制的建立的评价,并通过各部分评价内容的综合,进一步评价单位的质量管理体系,形成一条"自产品和服务实现过程到综合管理"和"自局部到整体"的评价脉络,充分体现了以产品和服务实现过程为核心和基础的评价思路,保证了对领导作用和体系自我完善机制的评价是建立在对产品实现过程情况全面详细了解和总体把握的基础上。

5.3.2 针对各类型单位的评价分值结构

评价采用1000分制的定量化评价。其中,质量管理体系建立与运行过程的评价采用1000分制,即满分1000分,产品和服务实现过程满分800分,领导和自我完善机制满分200分。各评价模块及评价项的满分分值表明其重要度和关注度。质量管理体系运行结果评价采用100分制,即满分100分,各方面结果的满分分值也表明其重要度和关注度。表5-2给出了供参考的评价模型各主要组成部分分值分配方案,评价者可根据自身情况和评价需要进行调整。当分配分值时,需要遵守下列原则:

(1) 可以根据单位的性质和特点的不同进行分值调整,如有些单位只从事设计工作,有些单位只从事生产,则要将没有的职能的分值调到有的职能上;

(2) 可以根据主体业务的不同进行分值调整,如有的单位虽然既有设计,也有生产,但以设计为主,就需要增加设计的分值,减少生产的分值;

(3) 可以根据当前管理工作关注的重点的进行分值调整,以通过开展评价引导开展新的质量管理活动,加强某些方面质量要求或质量工作的重视。

(4) 调整中,删减部分的分值最好在同层各部分内容间移动,该层总分值不变。

表5-2 矩阵式质量管理体系评价各部分分值分配参考方案

名称		质量管理体系(1000分)= (质量管理体系建立与运行过程×质量管理体系运行结果)/100											
		质量管理体系建立与运行过程(1000分)										质量管理体系运行结果(100分)		
		产品和服务实现过程(800分)								领导和自我完善机制(200分)					
	名称	产品和服务实现策划	产品和服务的要求	论证	设计和开发	采购	生产	大型试验和飞行任务	交付	服务保障	领导作用	绩效评价	改进与创新	产品和服务质量	顾客满意程度	质量经济效益
分值	一体化单位	60	60	50	180	80	180	80	50	60	100	50	50	60	30	10
	设计单位	80	80	60	300	50	—	100	50	80	100	50	50	60	30	10
	生产单位	80	90	—	—	100	300	100	50	80	100	50	50	60	30	10
	试验单位	80	80	—	—	50	—	490	50	50	100	50	50	60	30	10

5.3.3 质量管理体系建立与运行过程评价

质量管理体系建立与运行过程评价，即质量管理体系过程要素的评价，依据质量管理体系标准，以产品和服务实现供过程要素评价为基础和核心，通过矩阵式评价结构，把对管理职能、资源保障、过程测量改进三个方面要素的评价融入产品实现和服务提供的各个过程评价之中，在此基础上，通过逐项评价和总体把握，开展对领导作用和改进机制的评价。这样，通过自下而上、从具体到总体的成熟度等级评价，发现薄弱环节和改进空间，明确有效做法和成功经验。

5.3.3.1 产品和服务实现过程评价的内容和方式

依据 GJB 9001C 和最新版的 ISO 9004 标准，将产品实现和服务提供过程分为产品和服务实现的策划、产品和服务的要求的确定、论证、设计、采购(外协、外包和外购)、生产、大型试验和飞行任务、交付和服务保障八个方面内容，即 8 个过程评价模块。评价模块下再分若干过程评价项，如"采购"模块包括供方选择、采购过程监督控制、采购产品验收、采购产品管理、供方管理等过程评价项。过程评价项是最小的评价单元。这一部分正对应 GJB 9001C 标准中第 8 章"运行"的内容。这 8 个过程评价模块过程控制的具体评价内容在本书第三章 3.8 节已详细阐述。评价方式主要采用询问相关人员、查阅相关资料(文件和记录)，必要时到试验室、生产车间和库房等现场了解情况，本章 5.2 节已有所阐述。在此均不详细赘述。

5.3.3.2 共同评价项的评价内容和方式

1. 共同评价项的设置

对于每一个过程评价模块及其过程评价项，基本上都可以从质量目标的确定与展开、职责及其相应权限的明确与分解、文件化程度、人力资源保障、财务资源保障、基础设施与工作环境保障、信息和知识(含质量信息和技术资源)、技术方法、监视与测量、分析和评价、改进 11 个方面进行评价，即设置 11 个共同评价项。这些评价项基本对应最新版的 GJB 9001C 标准中的第 4~8 章、第 10 章的内容，主要是质量方面的职能管理、资源保障、测量分析和评价、改进的内容和方式，如表 5-3 所列。表 5-3 中左侧为过程评价模块，上侧是共同评价项，通过在表中对应的位置内容的矩阵式互评，填写相应的成熟度评价记录和评价分值，并计算结果，以进行定量化评价。

表 5-3　评价模块与共同评价项的矩阵式评价表

评价模块＼共同评价项	管理职能			资源保障					测量、分析和改进			最小值	评价值
	质量目标	职责和权限	文件化	人力资源	财务资源	基础设施与工作环境及自然资源	信息与知识	技术方法	监视与测量	分析与评价	改进		
产品和服务实现策划													
产品和服务的要求													
论证													
设计和开发													
采购													
生产													
大型试验和飞行任务													
交付													
服务保障													
最小值													—
评价值												—	

2. 共同评价项的主要内容

对产品和服务实现过程各模块及其过程评价项从管理职能、资源保障、测量分析和改进三个方面分别进行评价。这三个方面又进一步分为 11 个共同评价项，其主要内容。

（1）"质量目标"评价项。包括各评价模块及其过程评价项在质量目标确定的科学性、分解展开和落实的情况。

（2）"职责和权限"评价项。包括各评价模块及其过程评价项在职责的明确、协调、落实等。

（3）"文件化"评价项。包括各评价模块及其过程评价项文件化的制度在要求的明确和合理情况、文件管理、文件化管理的方法和手段等。

（4）"人力资源"评价项。包括各评价模块及其过程评价项如何配备足够、适宜的人员，如何通过该过程使人员得到培训和成长的机遇与环境等。

（5）"财务资源"评价项。包括各评价模块及其过程评价项如何提供必要、足够的财力支持和保障,并对这些财务资源实施合规、有效的使用和监督管理等。

(6)"基础设施与工作环境及自然资源"评价项。包括各评价模块及其过程评价项如何提供所需的设备设施、工作环境和自然资源,基础设施、工作环境和自然资源,对此如何实施科学、有效的使用和维护与管理。

(7)"信息和知识"评价项。包括各评价模块及其过程评价项如何获得和具有完成任务所需的信息资源和专业知识,如何科学地运用这些信息和知识,尤其是数据和技术方法。

(8)"技术方法"评价项。包括各评价模块及其过程评价项如何在过程中应用技术方法,包括各种质量管理、质量工程方面技术方法的掌握、应用等情况。

(9)"过程的监视与测量"评价项。包括各评价模块及其过程评价项如何对影响过程能力的因素、目标实现情况等进行监视、记录与测量,如何使监视与测量工作对工作任务的完成、验证和质量提高起到帮促作用。

(10)"分析与评价"评价项。包括各评价模块及其过程评价项如何确定应收集、分析的数据,如何进行数据分析,数据分析有效性如何,如何对数据进行积累,如何利用数据分析的结果等。

(11)"改进"评价项。包括各评价模块及其过程评价项如何对出现的问题制定并采取纠正措施以消除产生问题的原因,如何通过举一反三来以防止不合格的再发生,如何对改进的结果进行评价和验证,如何通过PDCA的循环过程实现过程的持续改进等。

3. 共同评价项成熟度等级评价准则

11个共同评价项成熟度等级评价处于评价模型中矩阵式部分的交点,既是产品和服务实现过程评价的基础,也是管理职能、资源保障、测量分析和改进评价的基础。确定共同评价项成熟度等级划分和系数是共同评价项评价的前提。

共同评价项的成熟度等级的划分需要考虑分级的逻辑层次关系和评价的需求。最低级是主要是针对质量管理体系尚未建立或基本失效的单位,或评价要素是对被评单位而言是新开展的工作。最高级就是描述完美状态,指明努力方向,真正能够达到的极少。由于这两级的极端性,实质上质量管理体系成熟度等级评价主要是选择成熟度的中间几级。为了使评价工作具有较好的准确性,并为各航天产品承制单位指明努力方向,同时又针对个别航天产品承制单位(包括航天产品研制生产临时性协作配套单位)质量管理体系尚未建立和有效运行的情况,共同评价项的成熟度等级应比最新版ISO 9004标准附录A的五级更加具体、详细。针对当

第5章 航天质量管理体系成熟度和有效性评价

前航天产品承制单位而言,质量管理体系达到严格意义上的合格、达标水准,即完全符合各相关上级文件、标准、规范、合同和任务书、本单位质量管理体系文件等的要求十分不易,相当数量的航天产品承制单位虽然通过了质量管理体系认证审核,但其质量管理体系仍然处于基本达标,但还存在一些非关键、非重点的问题,为了促使其达到全面、严格地符合各方面规定的要求,在成熟度等级划分时最好将基本达标和全面达标这两级区分开。综上所述,采用六级成熟度等级,以便较为准确地评价航天产品承制单位的质量管理体系成熟程度。

如何设计这种成熟度等级,首先需要给出共同评价项六级成熟度等级确定的基本准则,如表5-4所列。

表5-4 11个共同评价项成熟度等级确定的基本准则

级别	等级描述	成熟度等级系数	主要特征
一级	很差	0或0.1	表示无章可循,没有方法,还未开展,流于形式,失控状态
二级	不合格	0.2或0.3	表示开始有章可循,方法可操作性差,初步实施,存在较大薄弱环节,包括关键、重要方面没有达到规定的要求
三级	基本合格	0.4或0.5	表示有章可循,但方法可操作性不强,虽然基本有效实施,但个别非关键、非重要点存在薄弱环节,基本达到规定要求
四级	良好（完全合格）	0.6或0.7	表示要求和方法明确、针对性和可操作性强,并得到有效实施,全面的达到规定要求
五级	优秀	0.8或0.9	表示要求明确、细化,方法科学,针对性、可操作性和可检查性强,并得到有效实施,在全面的达到规定要求的基础上,更加成熟、稳定,达到优良的程度
六级	卓越	1	表示要求和方法明确、领先、独特、细化,并且针对性、可操作性和可检查性极强,完美实施,达到先进卓越水准

11个共同评价项按照这一基本准则,结合各自的特点进行展开和细化,详见附录《航天质量管理体系共同评价项成熟度评价准则》,在此,以"文件化"共同评价项为例,说明成熟度等级的划分,如表5-5所列。

表5-5 "文件化"评价项各级成熟度等级的划分

级别	等级描述	成熟度等级系数	判定依据
一级	很差	0或0.1	a) 没有或基本没有明确满足上级机关的相关文件、GJB 9001C标准、其他强制性的相关指导性技术文件、研制任务书、合同或技术协议等要求的文件化要求; b) 文件化要求不具体,缺少针对性、可操作性

(续)

级别	等级描述	成熟度等级系数	判定依据
二级	不达标	0.2 或 0.3	a) 开始建立或初步建立部分满足上级机关的相关文件、GJB 9001C 标准、其他强制性的相关指导性技术文件、研制任务书、合同或技术协议等要求的正式文件; b) 文件化要求有相当部分缺少针对性、可操作性、可检查性; c) 文件的更新和版本管理制度尚未建立或未能有效运行
三级	基本达标	0.4 或 0.5	a) 具有基本满足(在主要条款上都满足)上级机关的相关文件、GJB 9001C 标准、其他强制性的相关指导性技术文件、研制任务书、合同或技术协议等要求的正式的文件化要求; b) 文件化要求基本具有针对性、可操作性或可检查性; c) 基本建立并运行文件管理制度
四级	良好（完全达标）	0.6 或 0.7	a) 具有满足上级机关的相关文件、GJB 9001C 标准、其他强制性的相关指导性技术文件、研制任务书、合同或技术协议等要求的正式的、有效的文件化要求; b) 文件化要求具有针对性、可操作性、可检查性; c) 建立并有效运行文件管理制度，对文件的发放、更新和版本实行有效管理
五级	优秀	0.8 或 0.9	a) 在满足上述四级文件化要求的基础上，满足 GJB 9001C 标准、最新版 ISO 9004 标准、其他推荐性的相关指导性技术文件、本单位追求卓越的发展战略的全面、系统、有效的文件化要求; b) 文件化要求通过实行表格化等方式得到细化，具有针对性、可操作性、可检查性; c) 文件管理初步实现了电子化、网络化和实时化的运行和管理; d) 建立并运行与强制性要求的对标分析系统
六级	卓越	1	a) 在满足上述四级文件化要求的基础上，全面满足最新版 ISO9004 标准、指导性技术文件、卓越绩效指导性技术文件、其他推荐性的相关指导性技术文件等要求和本单位实现卓越业绩的全面、系统、独特、有效的文件化要求; b) 文件化要求具有很强的针对性、可操作性、可检查性; c) 文件管理系统实现了电子化、网络化、实时化的运行和管理; d) 建立了完善的文件化要求与强制性要求、先进的指导性技术文件和卓越企业指导性技术文件要求的对标系统

5.3.3.3 过程评价项和共同评价项成熟度等级判定及分值计算

1. 过程评价项成熟度等级判定及分值计算

对照 11 个共同评价项成熟度等级评价准则，对各个评价模块的每个过程评价项依次进行共同评价项的成熟度等级评定。每个共同评价项成熟度等级系数的具体评定方法为:通常以三级作为首先对照的基准，若全部满足三级要求则暂时评定为三级中偏高的成熟度等级系数，即 0.5，同时转入四级进行再次评价;若满足三

第5章 航天质量管理体系成熟度和有效性评价

级的主要要求,但并未全部满足三级要求则评定为三级中偏低的等级系数,即0.4,同时评价结束;若不能满足三级的主要要求或相当要求,则转入二级进行评价。以此类推,直至最终等级评价结果评定。其他各等级评价的方式皆照此进行。对于质量管理体系运行比较有效或能够稳定地提供优质的航天产品的单位,其质量管理体系的共同评价项评价也可以把四级作为成熟度评价首先对照的基准。

在评价的具体操作上,可以利用表格来方便地实现。即各个评价模块成熟度等级的评价可分别对应一张表格。表5-6给出了产品和服务实现过程评价模块成熟度等级评价表的典型示样,矩阵表的左侧为某评价模块的过程评价项,用 A_1, A_2, $\cdots$, A_i 表示,括号中的 F_1, F_2, $\cdots$, F_i 表示对应过程评价项的满分分值,矩阵表的上侧为共同评价项。评价过程中,对照评价准则对每个过程评价项按共同评价项逐项进行成熟度等级评价,即依据评价准则的等级划分方法在表5-6中判断并填入各过程评价项的成熟度等级评价值 $X_{i,j}$,其值为 $0.1, 0.2, \cdots, 1$。其中 i 表示过程评价项顺序号,j 表示共同评价项顺序号。

表5-6 产品和服务实现过程某评价模块成熟度等级评价表

过程评价项 \ 共同评价项	管理职能			资源保障				测量、分析和改进			最小值	评价值	备注
	质量目标	职责和权限	文件化	人力资源	财务资源	基础设施与工作环境及自然资源	信息和知识	技术方法	监视与测量	分析与评价	改进			
$A_1(F_1)$	$X_{1,1}$	$X_{1,2}$	$X_{1,3}$	$X_{1,4}$	$X_{1,5}$	$X_{1,6}$	$X_{1,7}$	$X_{1,8}$	$X_{1,9}$	$X_{1,10}$	$X_{1,11}$			
$A_2(F_2)$	$X_{2,1}$													
...														
$A_i(F_i)$	$X_{i,1}$													
最小值													/	/
评价值														/

表5-6中右侧"最小值"一栏是指在该过程评价项的各共同评价项中的最低值,表示该过程评价项的最薄弱环节,以示提醒。右侧"评价值"一栏是指横向对应的过程评价项的等级评价结果,表示本过程评价项的成熟度水平,可采用共同评价项等级系数的算术平均或加权平均的方法计算。若采用加权平均需要评价者根

据评价的需要确定各共同评价项的权重。当进行一个单位全面的质量管理体系成熟度评价时，通常不采用共同评价项等级系数的加权平均的方法计算，因为对于各评价模块，11个共同评价项的权重往往是不一样的，各评价模块采用不同的共同评价项权重评价将无法进行整合。当对某个评价模块进行专项成熟度等级评价时，最好采用加权平均的方法。有的过程评价项与某些共同评价项无关，则对应项不做成熟度评价，在表中以"/"表示。右侧"备注"一栏对相关问题、高分系数进行说明，以提示是否有需要引起重视或总结的成功经验。评价模块得分为该模块所包含的所有过程评价项的得分之和。产品和服务实现过程的得分为各评价模块得分之和。

当成熟度等级系数为0.2或0.3时，将该过程评价项按黄牌报警；当成熟度等级系数为0.1时，将该过程评价项按红牌报警。以下各种等级评价结果的报警方式皆照此进行。

下面以采购模块为例，说明评价表的使用和评价分值的计算方式。采购模块包括供方选择、采购过程控制、采购产品验收、采购产品管理、供方管理等等过程评价项，如表5-7所列。对每个过程评价项都要按各共同评价项的评价准则进行成熟度等级评价。再以其中的供方选择过程评价项为例，供方选择主要评价供方选择的目标确定和检查；供方选择的归口管理和参与部门的职责明确和执行情况；供方选择的程序文件的针对性、可操作性、可检查性及执行情况；对供方进行选择和评价所需人力资源和财务经费的情况；对供方和潜在供方必要和充分的资料和信息的掌握情况；在选择供方时，所采用的方法，执行文件和程序的严格程度；对供方的质量保证能力、生产和服务能力评价情况；对供方选择监控情况；根据供方产品使用情况对供方选择工作的改进等等。供方选择过程评价项得分为其满分分值乘以成熟度等级系数。

表5-7中右侧"最小值"是指某项共同评价项在对应采购模块过程评价项的评价值中的最小值，即为目标控制最薄弱的过程评价项，以示提醒。

2. 共同评价项成熟度等级的评价和分值计算

表5-7中最下侧的"评价值"则是指各共同评价项的成熟度等级评价结果，采用加权平均的方法计算。如目标的成熟度等级 M_1，对于采购模块而言，其计算公式为

$$M_1 = \frac{\sum_{i=1}^{5} X_{i,1} F_i}{\sum_{i=1}^{5} F_i} \tag{5-4}$$

表 5-7 采购(外协、外包和外购)评价模块成熟度等级评价表

共同评价项＼过程评价项	管理职能			资源保障				测量、分析和改进				最小值	评价值	备注
	质量目标	职责和权限	文件化	人力资源	财务资源	基础设施与工作环境及自然资源	信息和知识	技术方法	监视与测量	分析与评价	改进			
供方选择(F_1)	$X_{1,1}$	$X_{1,2}$	$X_{1,3}$	$X_{1,4}$	$X_{1,5}$	/	$X_{1,7}$	$X_{1,8}$	$X_{1,9}$	$X_{1,10}$	$X_{1,11}$			
采购过程控制(F_2)	$X_{2,1}$													
采购产品验收(F_3)	$X_{3,1}$													
采购产品管理(F_4)	$X_{4,1}$													
供方管理(F_5)	$X_{5,1}$													
最小值													/	/
评价值	M_1	M_2	M_3	M_4	M_5	M_6	M_7	M_8	M_9	M_{10}	M_{11}	/	/	

5.3.3.4 管理职能、资源保障、测量分析和改进的评价

对产品和服务实现过程进行的评价,既是对各评价模块及过程评价项的评价,同时也是对管理职能、资源保障、测量分析和改进这三个方面的评价。因此,通过矩阵表的整合计算,得出这三方面成熟度等级评价结果。计算时,首先将各评价模块的评价表中下侧"评价值"一栏的共同评价项等级评价结果对应填入表 5-8 中相应栏。

表 5-8 中,"最小值"的内容如同表 5-7。表格下侧"评价值"一栏为共同评价项及管理职能、资源保障、测量分析和改进的成熟度等级系数值。各共同评价项成熟度等级系数值的计算采用加权平均的方法。管理职能、资源保障、测量分析和改进的等级评价结果采用算术平均的计算方法。

在表 5-7 和表 5-8 中,横向对评价模块及过程评价项的评价分值进行整合,就形成了对产品和服务实现过程的评价,纵向对各共同评价项的评价分值进行整合,就形成了对质量目标、职责、文件化程度、资源保障、测量与改进的评价。这种矩阵式的评价模型,使这两方面的评价相互结合。

表 5-8　管理和资源保障及过程控制改进评价表

共同评价项\评价模块	管理职能			资源保障				测量、分析和改进			最小值
	质量目标	职责与权限	文件化	人力资源	财务资源	基础设施与工作环境	信息和知识	技术方法	监视与测量	分析与评价	改进	
产品和服务实现的策划												
产品和服务的要求												
论证												
设计												
采购												
生产												
试验												
交付												
服务保障												
最小值												/
评价值												/

5.3.3.5　领导和自我完善机制的评价

领导和自我完善机制是指在发挥领导作用和建立健全自我完善机制这一层面，实施质量管理工作。显然，对领导作用和自我完成机制的评价与对航天产品和服务质量实现过程的评价不处于同一个层面。前者是在对后者总体把握的基础上实施评价,其关注点不是处于研制生产过程的控制,也不是具体的管理活动,而是质量管理、质量保证能力的顶层建设和持续提升。

1. 领导和自我完善机制的评价内容

领导和自我完善机制评价部分中,领导作用包括质量方针、领导者表率和能力、质量责任制、质量组织建设等;绩效评价包括绩效考核评价体系建设、管理评审、内部审核、顾客满意度评价等;改进与创新部分包括改进机制、不合格与纠正措施、质量问题管理归零、面向产品质量分析、共性问题梳理和解决、质量管理小组活动、标杆对比、质量管理模式与方法创新等。

对这一部分体系要素的评价,在通常的质量管理体系评价模型中往往是与对产品和服务实现过程、管理职能、资源保障、测量分析与改进等要素的评价并行展开。其评价方式主要是领导座谈和查阅顶层管理文件,而这一部分科学、客观、有效的评价主要不是听领导如何说,而是从多方面看其如何做,需要在其他要素分析、评价的基础上,来综合判定其成熟度等级。因此,对于领导作用和自我完善机制要素的评价应立足于在产品实现过程评价和管理职能、资源保障、测量与改进等内容评价的基础上,进行总体上的把握和综合,而不是单纯采用与领导人员询问、座谈和查阅领导会议记录等评价方式。这一部分的评价要素具体内容,在本书第3章和本章5.2节已有所阐述,在此均不详细赘述。

2. 领导和自我完善机制的评价准则

这一部分内容的评价方法也采用按六级划分编写成熟度等级评价准则,其成熟度等级的划定原则与产品和服务实现过程成熟度等级划定原则上基本相同,具体内容见附录。下面通过对管理评审的成熟度评价准则加以反映,如表5-9所列。

表5-9 管理评审的成熟度等级评价准则

级别	成熟度等级系数	判定依据
一级	0 或 0.1	没有或基本没有开展管理评审工作
二级	0.2 或 0.3	a) 开展了管理评审工作,但管理评审不够规范,基本流于形式; b) 缺少管理评审记录、记录不完善或有重大缺陷
三级	0.4 或 0.5	a) 按照计划开展了较为规范的管理评审工作; b) 管理评审的输入基本包括了顾客和其他相关方的需求信息等重点内容; c) 通过管理评审过程,对产品和质量管理体系的改进机会进行了粗略的识别; d) 管理评审记录基本完整

(续)

级别	成熟度等级系数	判定依据
四级	0.6 或 0.7	a) 严格按照计划和规定的时间间隔开展了规范的管理评审工作，确保体系运行的适宜性、充分性和有效性； b) 当单位在管理体制、产品结构等发生重大变化时，或发生重大质量问题和质量事故时，有针对性地进行了管理评审； c) 管理评审的输入包括了规定要求的所有内容，管理评审充分考虑了内外部因素； d) 通过管理评审过程识别了产品、质量管理体系和单位业绩的改进机会，并将评审输出用于应用； e) 管理评审记录充分，通过记录对管理评审进行追溯和评价
五级	0.8 或 0.9	a) 通过管理评审对产品和服务实现和支持过程的业绩进行控制，管理评审工作给单位带来了增值； b) 管理评审的输入包括了规定要求的所有内容，对输入信息进行了评价； c) 通过管理评审过程识别了产品、质量管理体系和单位业绩的改进机会，并将评审输出用于应用，评审输出向单位内成员进行全面传达并实现了有效改进； d) 管理评审成为了交换新观念、对输入进行开放式的讨论和评价的平台
六级	1	a) 管理评审工作结合了单位实际和内外部环境的变化； b) 管理评审对质量管理体系不断改进、单位质量管理工作和产品质量管理体系的不断提升起到了重要作用； c) 管理评审工作与国际上最先进和最具影响力的指导性技术文件法规相互吻合； d) 管理评审工作学习和借鉴了国外卓越企业的经验和做法，并与之保持密切的沟通和交流； e) 管理评审工作有效地促进质量管理体系的自我完善和不断改进

3. 领导和自我完善机制评价分值计算

领导和自我完善机制评价中质量方针和质量战略、领导者表率和能力、质量责任制、质量组织建设、绩效测量评价、顾客满意度评价、管理评审、内部审核、质量经济效益评价、不合格与纠正措施、质量问题管理归零、面向产品质量分析、共性问题梳理和解决、质量管理小组活动、标杆对比、质量管理模式与方法创新等各评价要素评价分值为其满分分值乘以评价所得出的各自的成熟度等级系数。领导和自我完善机制评价得分为这些评价要素的评价分值之和。

5.3.3.6 质量管理体系过程要素评价分值计算

质量管理体系过程要素的评价方法，采用1000分制的成熟度等级评价的方法，即各过程评价模块和各共同评价项的满分分值的总和为1000分。各自的满分分值表明其重要程度。每一个共同评价项都分为六个成熟度等级，确定成熟度等级的评价准则，即逐一列出各成熟度等级的主要特征，明确其分值系数(0.1~1)。据此对各过程评价模块及过程评价项逐一评定其成熟度等级系数，填写在矩阵表中,并按纵向和横向分别乘以各自的满分分值。在有效实施过程评价项和共同评价项量化评价的基础上,对领导作用和自我完善机制进行评价。采用成熟度等级系数乘以满分分值的方法计算。再按照木桶原理的短板效应,在关注成熟度等级系数平均值同时,也要特别关注其最小值。当某个评价项成熟度等级系数为低等级时,进行黄牌报警或红牌报警。这样,通过科学、系统、定量化的评价能够正确认识和明确质量管理体系过程要素的成熟程度及应该巩固的成绩和有待改进的空间。

5.3.4 质量管理体系结果要素评价

5.3.4.1 质量管理体系结果要素的评价内容和方式

质量管理体系结果要素的评价注重以客观结果来评价,其评价内容包括产品实物质量和服务质量、顾客满意程度、质量经济效益结果三个方面。

1. 产品实物质量和服务质量的评价

产品实物质量和服务质量的结果是体系运行结果中最为核心、最为基础内容。通过收集、整理和分析产品验收、交付记录、产品性能检测报告等反映产品性能和质量的记录和资料,需要掌握:

(1) 产品性能及质量特性、服务保障活动满足合同、研制任务书、设计文件和标准、规范等规定要求的情况;

(2) 批量时产品质量的一致性和稳定性;

(3) 产品的交付和使用情况。

在此基础上,分析和评价产品质量目标实现情况,产品与国内国际相同或同类产品相比水平,产品在研制、生产和使用过程的质量状况及测量指标,综合评价产品的性能先进程度和质量水平。

2. 顾客满意程度的评价

顾客满意情况的结果是从顾客的角度进行评价,其范围不仅包括产品性能和质量特性,还包括产品交货时间、全寿命周期费用、服务、与顾客沟通和信息提供及个性化需求等因素,它是顾客对上述多因素指标的综合评价。因为,顾客态度就是广义质量的概念。

通过走访主要顾客和发放、统计分析顾客调查表,查阅和分析顾客赞扬、意见、抱怨、投诉等顾客信息,设定适合的顾客满意程度测量指标,收集和分析测量数据,运用定性和定量相结合的方式进行分析和评价,包括:

(1) 顾客满意程度的测量结果和发展趋势;

（2）顾客满意程度与主要竞争对手、标杆组织及其同类产品对比结果。

3. 质量经济效益结果的评价

质量经济效益结果侧重于运用财务概念和财务数据，从质量损失、寿命周期成本、质量对经济效益和市场竞争力影响的角度，分析和评价质量管理体系的有效性、效率和效益。这一部分是航天产品承制单位必须加以高度重视并且当前比较薄弱的环节。

通过询问质量管理人员、财务会计人员和相关的科研生产管理人员、采购人员、市场营销人员等，查阅质量成本的表格或账簿，财务分析报告、市场分析报告等，从财务角度和运用财务数据分析、评价产品和服务质量对经济效益的正向和负向的影响程度，包括：

（1）产品和服务质量造成的内部和外部故障成本的数额、受控状态和变化趋势；

（2）在质量的预防和鉴定方面投入的日常经费和技术改造经费及其经济回报；

（3）产品和服务质量对价格、销售收入、利润和市场占有率的影响状况和发展趋势。

对于复杂产品，通过与使用单位沟通并取得和分析相关数据，询问相关设计人员等，收集、整理有关产品技术性能、通用质量特性和综合保障等方面技术资料，产品使用与维护的资料和数据，产品全寿命周期成本分析报告等，从最终使用者的角度评价复杂产品寿命周期成本的可接受程度和构成优劣。

5.3.4.2 质量管理体系结果评价的成熟度等级评价准则

质量管理体系结果的评价根据三个部分不同的内容和要求编写六级成熟度评价准则。下面以产品质量为例，来说明质量管理体系结果的成熟度等级的划分，如表5-10所列。

表5-10 产品质量的成熟度等级评价准则

级别	成熟度等级系数	判 定 依 据
一级	0 或 0.1	a）产品性能（含通用质量特性）和质量稳定性距离合同、研制任务书、设计文件和标准、规范等规定的要求有很大差距； b）产品质量目标远未实现
二级	0.2 或 0.3	a）产品性能（（含通用质量特性）和质量稳定性满足合同、研制任务书、设计文件和标准、规范等规定的大部分要求，但个别的关键、重要项在性能上不能满足要求或个别批次产品质量出现严重的异常波动； b）产品质量目标大部分实现，但有一二项重要内容未实现

(续)

级别	成熟度等级系数	判 定 依 据
三级	0.4 或 0.5	a) 产品性能(含通用质量特性等)和质量稳定性基本满足合同、研制任务书、设计文件和标准、规范等规定的要求; b) 产品质量目标基本实现,没有重要和关键的质量目标出现问题
四级	0.6 或 0.7	a) 产品性能(含通用质量特性等)和质量稳定性全面满足合同、研制任务书、设计文件和标准、规范等规定的要求; b) 产品质量目标全面实现
五级	0.8 或 0.9	a) 产品性能(含通用质量特性等)和质量稳定性在全面满足合同、研制任务书、设计文件和标准、规范等规定的要求的基础上,在某些性能指标上还有所突破; b) 产品质量目标在全面实现的基础上,有所超越; c) 产品质量在国内同类产品中处于先进水平
六级	1	a) 产品性能(含通用质量特性等)和质量稳定性达到了世界一流水平; b) 产品质量目标在全面实现的基础上,实施持续改进,不断追求卓越

可以看出,质量管理体系结果的成熟度等级六级划分的原则是以四级为全面达标、合格等级再向两端明确,即:一级为多方面存在很大差距,多方面的问题十分严重;二级为在关键、重要项存在问题;三级为产品质量基本达标,还存在着一些小的、非重要的不足;四级为产品质量全面达标、合格;五级为优良,产品质量在达到全面合格的基础上有所突破,处于国内先进的水平;六级为卓越,产品非常完美,处于世界先进的水平,给出努力目标。

5.3.4.3 质量管理体系结果评价分值计算

质量管理体系结果要素的评价采用100分制进行成熟度等级评价,可考虑产品实物质量、顾客满意程度、质量经济效益结果满分分值分别为50分、35分和15分。这三个部分的评价都分为六个成熟度等级,确定成熟度等级的评价准则,据此逐一评定其成熟度等级系数,并分别乘以各自的满分分值,得出其成熟度等级评价值。质量管理体系结果的评价分值为三部分得分之和。

5.3.5 质量管理体系整体评价

质量管理体系整体评价就是把质量管理体系的过程和结果两部分评价结果进行综合,其定量评价的方式就是把这两方面的成熟度评价的分值相乘。若采用1000分制,质量管理体系整体评价得分为过程评价得分乘以结果评价得分,再除以100,即质量管理体系结果的得分变为一个百分比的系数,用以对质量管理体系建立与运行过程评价得分的否决性评价。之所以采用相乘的方式,是由于这两者之间不是并列关系,而是因果关系,是后者对前者具有否决的作用。

现实中，也普遍存在着质量方针表面上很明确并得到大力宣扬，领导做出质量承诺，积极参与质量管理活动，管理评价和内部审核按一定的时间间隔认真开展，质量管理文件、过程控制记录等过程要素符合标准要求，而产品实物质量不高、顾客不满意和质量损失未能有效控制的情况。因此，这种质量管理体系评价结果具有否决作用的综合评价方式，可以保证最终的质量管理体系综合的、整体的评价结果更加符合实际情况，更加准确、可靠。

质量管理体系整体综合评价结果，这里给出划分六个成熟度等级的评价分值区间，应将定量的评价分值与定性的分析相结合，尤其评价总得分在评价分值区间的边缘时，更需要进行充分的定性评价。各成熟度等级的评价分值区间和定性评价的主要特征如下。

1. 初始级

这是成熟度等级最低的一级，评价总分通常在 160 分以下，对其总体评价是"无章可循，过程失控"，其主要特征表现为以下一个或几个方面：

（1）质量管理的上级文件、相关标准、合同等强制要求没有得到贯彻执行，缺乏规范的管理；

（2）资源保障不能到位；

（3）产品和服务实现过程基本处于失控状态，产品和服务质量没有保证，质量问题往往不能得到及时、有效地纠正；

（4）质量损失较大且未能得到有效控制；

（5）顾客非常不满意甚至存在顾客投诉现象；

（6）在过程评价模块和若干关键过程评价项有红牌报警。

2. 事后管理级

这是成熟度等级较低的一级，综合评价总分通常在 160 分~250 分之间，对其总体评价是"管理薄弱，事后把关"，其主要特征表现为以下一个或几个方面：

（1）尚未建立能够满足 GJB 9001C 标准的质量管理体系文件，相当部分上级文件、相关标准、合同等强制要求只是初步贯彻执行；

（2）质量保障资源往往不能及时到位或保障力度不足；

（3）虽然最终产品和服务质量基本有保证，产品实现过程在部分环节、部门处于失控状态或被动状态，产品和服务实现过程的控制工作主要起作用的是事后评审、评测、检验；

（4）质量问题处理不彻底，往往是就事论事；

（5）质量损失较大且未能得到十分有效控制；

(6) 顾客明确表示不满意；

(7) 质量管理体系在主要部门、重点要素等方面仍存在重大缺陷，在过程评价模块有黄牌报警和关键的过程评价项有红牌报警。

3. 基本受控级

这是成熟度等级的基本合格级，评价总分通常在251~360分之间，对其用一句总体评价就是："有章可循、基本受控"，即基本达到依据GJB 9001C通过质量管理体系认证的水平，总体上具有提供合格产品的质量保证能力。其主要特征表现为：

(1) 基本达到上级文件、相关标准、合同等强制要求，建立了质量管理文件体系；

(2) 建立并基本落实质量责任制，建立质量组织机构，并能够发挥作用，明确了各部门、人员的质量职责和权限；

(3) 质量保证资源保障基本到位；

(4) 产品和服务实现过程基本受控，产品和服务质量基本达到相关标准、合同等强制要求；

(5) 能够针对质量管理体系的薄弱环节和产品质量问题实施改进；

(6) 质量损失基本得到控制或有明显下降趋势；

(7) 顾客基本满意；

(8) 部分管理要素、部门存在落实不到位等情况，在若干一般性项目上有黄牌报警。

4. 保证级

这是成熟度等级的合格级或完全合格级，评价总分通常在361~640分之间，对其用一句总体评价就是："体系健全、质量稳定"，即全面达到依据GJB 9001C的要求，具有能够稳定地提供合格产品和服务的质量保证能力。其主要特征表现为：

(1) 全面达到上级文件、相关标准、合同等强制要求；

(2) 质量管理文件体系健全；

(3) 产品和服务实现全过程受控；

(4) 产品和服务质量全面符合合同要求，达到全面满足上级和合同要求的水平；

(5) 能够针对质量管理体系薄弱环节持续改进和对产品质量问题彻底归零；

(6) 质量损失得到十分有效的控制；

(7) 赢得顾客完全满意；

(8) 只在个别一般性过程评价项上有黄牌报警。

5. 成熟级

这是成熟度等级中较高的一级,评价总分高达在 640~810 分之间,对其用一句总体评价就是:"管理成熟、产品优质",即质量管理体系总体上在满足顾客要求的基础上和追求卓越的进程中能够不断实现自我完善,已经达到全面、稳定、有效和高效的程度,在所在领域,如国内同行这样一个特定范围内达到先进水平。其主要特征表现为:

(1) 建立了能够满足最新版 ISO 9004 标准、全面满足上级文件要求、GJB 9001C 标准、AS 9100 标准和本单位的特殊要求的质量管理体系文件,并具有较为成熟的可操作和可检查的方法和相应的条件;

(2) 摸索并有效实施了一些先进、独特的质量管理方法,质量管理要求和方法采用科学方法和较为先进手段得到全面展开和有效、高效的落实;

(3) 形成系统的、有效的评价和改进机制,质量问题得到举一反三和持续改进,对经验不断地总结和固化成为主要的管理方式;

(4) 具备稳定地提供优质产品和服务的能力,产品性能、产品与服务质量超出合同等规定的要求并达到国内先进水平;

(5) 在所有过程评价项上没有报警;

(6) 质量投入产出得到较为准确的定量化测量、分析、监控和评价,取得良好的直接和间接的质量经济效益;

(7) 赢得顾客赞美。

6. 卓越级

这是成熟度等级中最高的一级,评价总分高达在 810 分以上,对其总体评价是"管理卓越、产品完美",即产品和服务质量、质量管理水平达到了世界一流水平,是一种当代管理和技术水平所能达到的接近完善的程度,主要是用于对先进单位树立一个努力的目标和方向。其主要特征表现为:

(1) 建立健全全面满足上级文件要求、最新版 ISO 9004 标准、AS 9100 标准、GJB 9001C 标准和本单位的特殊要求的系统、有效的质量管理体系文件,并具有先进、成熟甚至独特的可操作和可检查的方法及相应的条件;

(2) 摸索并有效实施了一整套些先进、独特的质量管理方法,质量管理要求和方法通过系统化、定量化、精细化、网络化的方法和手段并得到系统展开、高效实施和实时监控,并已基本成为相关人员的自觉行为;

(3) 形成并不断完善且具有充分信息支持的、系统的、有效和高效的评价和改进机制,对知识与经验不断学习、总结和共享成为主要的管理方式;

（4）产品性能、产品和服务质量往往超出顾客期望，已经达到或接近世界先进水平，国内外市场公认具备稳定地提供卓越产品和服务的能力；

（5）质量投入产出得到非常准确地、及时的定量化测量、分析、监控和评价，取得巨大的直接和间接的质量经济效益，具有良好的发展趋势；

（6）赢得顾客赞美和顾客忠诚。

5.4 突出重点的多级质量管理体系评价

近10年，航天企业开展的三级组织质量管理体系评价活动，作为抓质量工作的主要方式和工作抓手，创新性和系统性地形成了质量管理体系成熟度评价工作机制和持续改进机制。我们作为质量管理体系评价的支撑机构专业性人员，支撑相关职能部门，参与了评价的全过程。在此，对其进一步总结，并加以阐述。

5.4.1 一举多得的评价目的

通过科学、系统、规范地开展质量管理体系评价工作，以达到以下目的：

（1）推进集团公司质量管理规章制度、标准和规范以及重点质量工作通过质量管理体系建设，在研究院及所属的工厂和研究所得到有效贯彻落实，深入推动精细化质量管理。

（2）弥补质量管理体系审核在审核内容和审核效果等方面不够深入、不能密切结合产品和服务的任务以及对质量问题的针对性不够等不足之处，深入查找质量管理体系建立和运行中的薄弱环节和主要问题，并促使有针对性、全面彻底地实施纠正措施，促进质量管理体系的持续改进。

（3）发现、挖掘、总结提炼、固化和推广质量管理的最佳实践，从而随着评价工作的深入、持续开展，以"水涨船高"的方式，持续提升质量管理体系的有效性和成熟度。

这里，最佳实践是指超出管理规定并取得实际效果的有效做法及成功经验，即具有创新性、实践性、可复制性和可推广价值。

5.4.2 "以评促建"的评价思路和评价工作机制

1. 评价的总体思路

开展质量管理体系评价的总体思路是：以质量管理的文件、规章和标准为依据，以型号产品质量问题为主要出发点，突出当前质量工作的重点，充分利用领导和机关抓质量工作的行政渠道和执行力,采用组织自上而下与自评相结合、定性和定量相结合、资料评审与现场评价相结合的评价方式,注重通过评价活动来指导和督促质量管理文件和规章的贯彻落实,发现薄弱环节,挖掘、提炼和推广最佳实践,从而建立健全"以评促建"的质量管理体系持续改进机制,打造质量管理体系的升级版。

2. 评价的工作框架

评价工作作为抓质量工作的重要抓手,建立质量管理体系多级评价工作机制,以便科学、系统、有效地开展这一创新性的质量管理工作。这一评价工作系统,借鉴包括卓越绩效模式评价等国内外管理评价的模式和方法,结合航天型号研制、试验、生产和服务保障以及质量管理的特点,建立集团公司、研究院以及所属研究所、工厂分级实施的系统完整的质量管理体系评价机制,形成完善的评价组织管理体系、系统的管理和技术文件体系以及健全的评价队伍体系,建立覆盖质量管理体系运行过程和结果的评价模型和评价准则,明确评价准备、现场评价、改进闭环、总结提高四个阶段及各阶段的评价工作活动,自上而下实施集团公司对研究院,研究院对所属研究所、工厂评价及研究院本级自评,研究所、工厂自评。通过评价发现和纠正问题、挖掘和推广最佳实践、完善规章制度等,形成航天质量管理体系持续改进机制。评价工作的总体框架如图5-3所示。

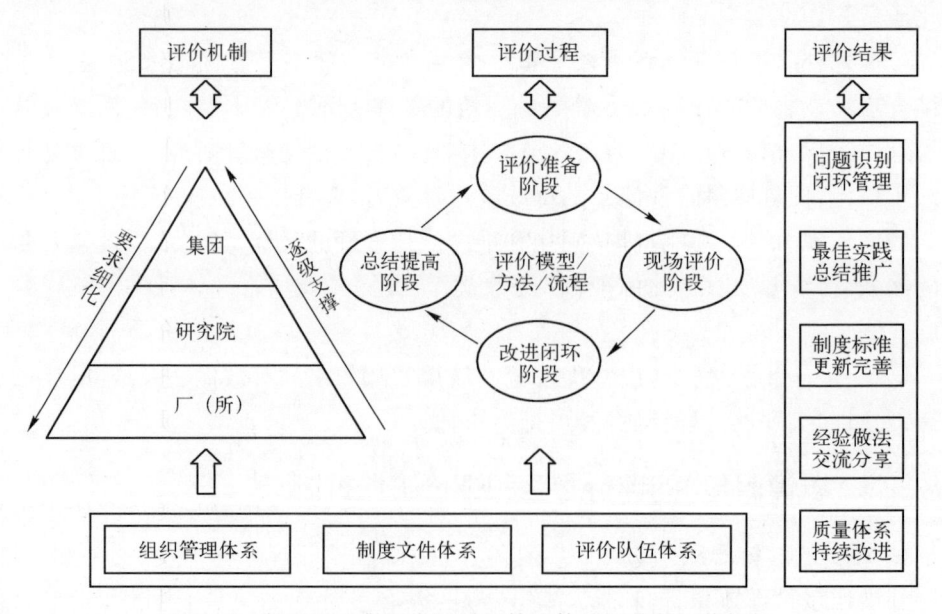

图5-3 航天企业集团多级质量管理体系评价的工作框架

3. 评价的方式和要点

（1）构建定量化两级组织质量管理体系评价模型。借鉴卓越绩效评价等成熟度评价的思路，确定过程和结果两个方面的评估模块，把型号产品保证融入其中并作为评价要素的核心内容，主要评价综合质量管理、型号产品全过程质量控制、质量基础工作以及质量管理体系运行在产品实现情况、顾客满意程度和质量经济效益的结果。依据每年集团公司质量管理工作的重点，确定评估要素，即每个评价模块由若干评价要素组成。

（2）建立集团公司自上而下多级质量管理体系评价机制。其中集团公司对研究院的评价是面向研究院整体。即每年度评价的范围包括研究院领导和机关及抽取的2～3个该研究院所属的研究所或工厂，或进一步确定以1～2个跨研究所、工厂的型号项目。根据不同的评价要素，兼顾被评价单位和型号项目两条主线进行。研究院对院本级和对所属研究所、工厂的评价，既要借鉴集团公司对研究院评价的思路和方式，又要充分结合本研究院质量管理的现状和需求。

（3）以航天精细化质量管理要求为主要依据。开展质量管理体系评价，首先要明确开展评价的依据，其最为重要的是近些年逐步形成的、通过管理文件及相关标准反映的一系列航天精细化质量管理要求。根据这些文件要求以及当前质量管理重点和质量管理体系的薄弱点，确定每年的评价要素。即评价要素并非覆盖质量管理体系的所有过程、所有要求，而是有选择、有侧重，突出反映当前和今后一个时期集团公司质量管理体系建设的重点。同时，又要兼顾几年之内对质量管理体系所有要素。在此基础上，编写每年具体的评价准则。评价准则不仅反映最新版GJB 9001标准的要求，更要落实集团公司现行有效的质量管理制度、标准和规范的要求，突出集团公司质量工作的重点，推行近年质量管理的最佳实践。

（4）采用定性和定量相结合的评价方法。定性评价主要是依据评价要素的评价准则，通过文件审查和现场观察的方式，对评价要素进行逐项评价，发现并记录存在的主要问题以及好的经验和做法，挖掘最佳实践。定量评价是在定性评价的基础上，依据评价要素的成熟度等级判定准则对评价要素逐一进行定量化的成熟度等级判定，通过评价分值计算，最终获得评价要素的分值以及质量管理体系评价的得分。

（5）集团公司三级组织在质量管理体系评价的基础上，开展对评价中发现的问题和薄弱环节的整改及对其监督检查、验收，同时，对评价中发现的好的做法和成功经验进行总结提炼，挖掘最佳实践，以标准规范的方式加以固化，并有计划地推广应用，促进质量管理体系的持续改进。

5.4.3 覆盖航天精细化质量管理全要素的评价模型

航天企业集团多级质量管理体系评价模型如图 5-4 所示。

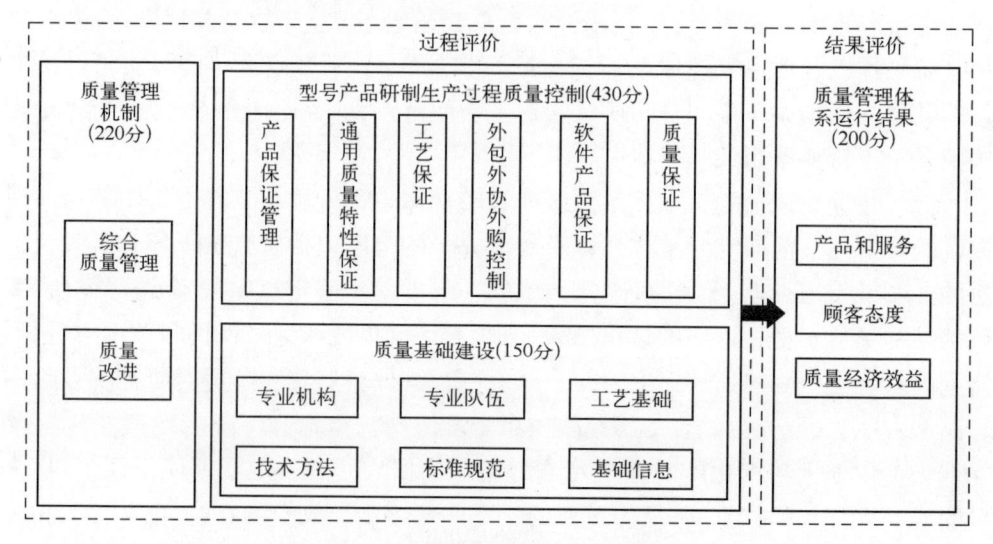

图 5-4 质量管理体系评价模型

如图 5-4 所示,评价模型主要包括了过程和结果两个方面,其中,过程评价包括了"质量管理机制""型号产品研制生产过程质量控制""质量基础建设"三个评价模块,这正是航天质量管理三方面的重点工作,即综合质量管理和组织层面的质量改进、型号产品研制生产过程质量控制以及质量基础能力建设;结果评价包括"质量管理体系运行结果"一个模块。

(1)"质量管理机制"评价模块,重点是从组织层面的质量管理和质量改进的角度进行评价,包括"综合质量管理"和"质量改进"两个评价子模块:"综合质量管理"评价模块是对组织而言,是质量方针目标管理、质量文化、质量职责、质量组织、质量考核和奖惩等,对应质量管理体系标准的第 5 章、第 6 章的内容;"质量改进"评价模块对应质量管理体系标准中第 9 章和第 10 章的内容。

(2)"型号产品研制生产过程质量控制"评价模块,重点是从航天型号产品研制生产项目层面的过程质量控制的角度来评价,主要包括六个评价子模块,即产品保证管理、通用质量特性保证、外包外协外购控制、工艺保证、软件产品保证、质量保障。这六个子模块的设置是借鉴国外宇航领域产品保证的思路确定,覆盖了型号产品过程质量控制的主要工作。"型号产品、研制生产过程质量控制"模块的主要内容同质量管理体系标准的第 8 章"运行"和卓越绩效模式标准中的"过程控制"相对应。

（3）"质量基础建设"评价模块，重点是从航天领域非常关注的质量基础建设的一些要素的角度进行评价，包括 6 个评价子模块，即专业机构、工艺基础、专业队伍、技术方法、标准规范、基础信息，这 6 个子模块是对"型号产品质量与控制"起基础支持作用、专业保障作用。"质量基础建设"模块的主要内容同质量管理体系标准的第 7 章"支持"和卓越绩效模式中的"资源"部分相对应。

（4）"质量管理体系运行结果"评价模块，与上述三个评价模块是因果关系，包括了三个评价子模块，即产品和服务结果、顾客态度结果和质量经济效益结果。"产品和服务结果"评价子模块是指型号产品实物质量水平，包括型号任务成败和质量问题情况等；"顾客态度结果"评价子模块反映了顾客的态度，不仅受是产品质量影响，还受服务保障情况的影响。"质量经济效益"评价子模块反映产品和服务质量在降低不良品损失等方面所带来的直接经济效益，该评价模块的内容是对质量管理体系要求标准的补充。

5.4.4　突出重点的评价要素和评价准则

1. 评价要素

评价要素确定的主要依据是上级领导机关、集团公司的质量管理文件、规章制度和 GJB 9001C 标准及其他相关标准规范要求等，其中一部分评价要素是常规的重点质量工作，一部分评价要素是针对当前质量管理的薄弱环节的重点工作，另一部分评价要素是在挖掘最佳实践基础上要推广的科学有效做法。

评价要素的确定，一方面考虑了质量管理体系标准中的相关要素，如内部审核和管理评审、质量责任制、体系文件控制、产品检验、产品标识和可追溯性等，这些要素在通用质量管理体系要求的基础上，补充增加了航天质量管理的特殊要求，如技术状态控制更改控制；另一方面是更多突出了航天质量管理的规律和特点，反映了面向复杂航天装备质量管理和过程质量控制的重点，体现了航天质量管理的有效做法和成功经验，如产品保证策划、产品数据包管理、质量问题归零管理、共性问题的梳理和解决、质量专业技术机构建设等。

评价要素应根据质量管理体系评价工作开展情况以及年度质量工作要点进行动态调整，以确保评价要素的适宜性。评价要素包括过程类评价要素和结果类评价要素，评价要素及其分值分配情况如表 5-11 所列。

表 5-11 评价模块、子模块和评价要素及其分值

评价模块	评价子模块	编号	评价要素
质量管理机制（220分）	综合质量管理（130分）	1-1	质量责任制（40分）
		1-2	质量文化建设（含质量教育培训和群众性质量管理活动）（30分）
		1-3	质量管理体系文件的编制和控制（30分）
		1-4	质量组织建设（30分）
	质量改进（90分）	1-5	质量管理体系审核和评价（含内部审核、管理评审和体系成熟度评价）（20分）
		1-6	质量监督检查（10分）
		1-7	面向产品的质量分析（15分）
		1-8	共性问题的梳理和解决（15分）
		1-9	质量问题管理归零（30分）
型号产品研制生产过程质量控制（430分）	产品保证管理（80分）	2-1	产品保证策划（含产品保证大纲及其他产品保证文件的编制（40分）
		2-2	型号产品保证人员配置及责任落实（20分）
		2-3	产品数据包管理（20分）
	通用质量特性保证（60分）	2-4	通用质量特性（可靠性、安全性、维修性、测试性、保障性和环境适应性等）的设计、分析和验证（60分）
	工艺保证（30分）	2-5	综合工艺管理（10分）
		2-6	型号工艺管理（20分）
	物资保证（30分）	2-7	物资的选用和质量控制（30分）
	软件产品保证（30分）	2-8	软件工程化（30分）
	质量保证（200分）	2-9	技术状态控制（30分）
		2-10	设计验证试验管理（25分）
		2-11	关键环节控制（40分）
		2-12	技术评审（25分）
		2-13	外包外协质量管理（30分）
		2-14	产品检验和验收管理（20分）
		2-15	质量问题技术归零（30分）
质量基础建设（150分）	标准规范（30分）	3-1	标准规范体系建设（30分）
	专业机构（20分）	3-2	质量专业技术支撑机构建设（20分）
	条件建设（20分）	3-3	设备设施（20分）
	技术方法（20分）	3-4	质量技术方法的应用研究和推广应用（20分）
	专业队伍（30分）	3-5	质量专业队伍建设（30分）

第 5 章 航天质量管理体系成熟度和有效性评价

(续)

评价模块	评价子模块	编号	评价要素
质量基础建设(150分)	基础信息(30分)	3-6	质量信息管理(30分)
质量管理体系运行结果(200分)	产品和服务结果(170分)	4-1	型号任务成功率情况(100分)
		4-2	质量问题情况(70分)
	顾客态度结果(20分)	4-3	顾客满意程度(20分)
	质量经济效益结果(10分)	4-4	质量经济效益(10分)

2. 评价准则

评价准则是对评价要素现场评价的主要依据,评价准则的内容是结合评价要素的特点和规律,将该评价要素所对应的上级法规规章制度、标准要求以及航天精细化质量管理要求进行有机整合,突出了其中的关键环节和重点工作,尤其是针对目前存在的薄弱环节和问题提出要求,确保评价准则内容的可执行、可评价。评价准则的内容随着年度评价工作的开展及时进行动态修改,不断完善,确保评价准则能够反映最新的质量管理要求。

评价准则分为两类,一类是针对过程类的评价要素编制的评价准则,称之为"过程评价准则";另一类是针对结果类评价要素编制的评价准则,称之为"结果评价准则"。其中,过程评价准则明确了每个评价要素所应包含的工作项目及要求。结果评价准则是通过在产品和服务、顾客态度、质量经济效益三个方面具体量化指标的度量结果来进行评价。

现场评价就是依据评价准则进行评价。每年都应根据当年质量管理的重点,编制具体的评价准则,其内容包括评价依据及其对该评价要素的具体要求。以质量管理机制模块中过程类评价要素"面向产品质量分析"的评价准则为示例,见表 5-12。

表 5-12 "面向产品质量分析"评价准则示例

评价模块	评价子模块	评价要素	评价准则
质量管理机制(250分)	质量改进(100分)	面向产品的质量分析(15分)	1. 按照产品质量问题分析相关文件要求建立分级的面向产品质量分析的例会制度,明确相关职责要求,开展了质量分析工作。 2. 在产品质量分析中,充分发挥了基层班组、研究室或车间等科研生产一线人员的作用,基层班组、研究室或车间的质量分析主题明确、分析透彻、措施到位、记录完整。 3. 在开展面向产品的质量分析中,对问题的原因进行归类和透

(续)

评价模块	评价子模块	评价要素	评价准则
质量管理机制（250分）	质量改进（100分）	面向产品的质量分析（15分）	彻分析，将关注点聚焦到共性、重复性、批次性问题及问题多发、关键和通用产品。对造成质量问题的深层次原因和产品的薄弱环节制定针对性的纠正和预防措施并加以落实。 4. 定期对质量问题汇总、分析，完成质量问题综合分析报告并及时上报。 5. 质量整改措施得到及时落实，并进行了闭环管理

5.4.5 简单、明确的成熟度等级量化评价方法

1. 过程类评价要素的评价方法

1）对照评价要素的评价准则进行评价

对照评价准则的每个条款的要求，依据查阅相关资料及证实性材料，如实记录评价中发现的问题以及独特、有效做法。

评价过程中，对于发现问题的记录应明确具体，便于被评价方理解和整改，对于超出评价准则的创新而且有效的做法，应记录基本做法、实施情况及效果，以便评价总结时进一步挖掘具有推广价值的最佳实践。

在集团公司对研究院的评价过程中，对于很多过程类的评价要素，既要查阅研究院本级的相关资料，了解研究院层面在这方面的制度要求是否明确，同时，也要查阅研究院属研究所和工厂层面的相关支撑性材料，以了解研究院有关要求在研究所和工厂层面的具体贯彻落实情况。如对于质量信息管理，在研究院层面要查看源于研究所和工厂的质量信息如何及时、准确地采集、汇总和上报，在研究院层面查看上级和研究院的要求是如何传递落实到研究所和工厂的。特别是对于"型号产品研制生产过程质量控制"模块的相关评价要素，一般以选择的"型号产品"为主线进行评价，以便系统了解和掌握相关评价要素的实施过程和效果。

2）判定各评价要素的成熟度等级

依据每个评价要素的评价准则，采用"要求和方法—展开和落实—测量、分析和改进"的评价方式来确定每个要素的成熟度等级。

"要求和方法"主要是评价是否通过本级组织的规章、标准规范等文件落实了上级有关规定，体现了本级组织自身的特点和需求，"要求"是指如何通过一定的方式，如管理规章和企业标准规范等提出明确、具体、可检查的要求；"方法"是指落实这些要求如何实施有效可行的方法。如，对供方提供的产品和服务实施控制这一评价要素，"要求"是指在相关的内部规章制度、企业标准和规范等文件中如

何对这一项评价要素明确地提出要求,"方法"是指在落实"要求"时如何实施有效的方法,如采用合格供方名录动态管理的方法。即这一方面是评价有章可循的情况。

"展开和落实"主要是指上述制度文件和标准规范中规定的"要求"是否得到规范和有效分解和贯彻落实,主要体现在"要求和方法"的逐级传递、细化,相关人员对"要求和方法"的准确理解和执行,相关实施记录详细完整。"展开"主要是关注实施的范围,"落实"更关注评价要素的实施深度和有效性。如,合格供方名录管理这一评价要素,其实施范围是只对元器件,还是也对包括金属材料等其他采购产品都开展这一活动。这一方面是评价照章办事的情况。

"测量、分析和改进"主要是指对落实"要求"和实施"方法"的结果,及时、科学、准确地进行测量、分析、评价或检查的情况,包括"测量"的指标和数据的全面性、系统性、及时性、真实性、准确性、可获得性和可追溯性等;"分析"的方法及工具的科学性、系统性、有效性、可操作性等;在测量和分析基础上实施"改进"的针对性、及时性和有效性,这时改进既是指针对具体问题的就事论事的纠正,也包括对问题根源所采取纠正措施及举一反三,包括在思想认识、规章制度、工作流程、保障能力等方面的改进和提升。这一方面主要是评价持续改进的机制建立与运行。

每个评价要素分为四个成熟度等级,即优秀、良好、达标和不达标。其中,不达标表示该项工作不能满足航天产品质量管理的基本要求;达标表示该项工作仅满足了航天产品质量管理的相关标准和文件的最基本要求;良好表示该项工作超出达标水平,能更加有效地满足航天产品质量管理相关标准和文件的要求;优秀表示该项工作就集团公司现有管理而言,达到相当完美的程度,其科学有效的做法和先进经验可以作为最佳实践在集团内推广。

每个成熟度等级对应着相应的成熟度系数,成熟度系数分值越高,该评价要素开展的工作越好,具体的判定指南见表 5-13。

表 5-13 过程评价要素成熟度等级和系数确定指南表

成熟度等级	成熟度系数	成熟度评定要点
不达标	0,0.4	• 针对该要素没有明确的要求。 • 要求没有在相应的过程和部门得到落实。 • 没有对问题的分析方法,只有就事论事的而且不彻底的处理
达标	0.5,0.6	• 针对该要素的主要方面,有明确的要求和基本有效的方法。 • 要求在主要过程和部门得到基本落实。 • 有基本的测量、分析和改进活动

（续）

成熟度等级	成熟度系数	成熟度评定要点
良好	0.7、0.8	• 针对该要素的全部方面，有具体的要求和有效的方法。 • 要求在所有相应过程和部门都得到展开和落实。 • 有系统的测量、分析和评价的方法，对关键过程实施有效的分析和改进
优秀	0.9、1	• 针对该要素的全部方面，有系统、规范、详细的要求和先进、系统、高效的方法。 • 要求在所有相应的过程和部门得到全面、彻底有效的落实。 • 基于详细信息的、全面系统的测量、分析、评价和深入、彻底的改进，形成持续改进的机制

在对过程类评价要素进行成熟度等级评定时，对于"优秀""良好""达标"三个等级的判定方法是：如果前两个评定要点，即"要求和方法""展开和落实"中有一个不能满足，成熟度等级则降到下一个等级；如果前两个评定要点，即要求和落实都满足，但第三个评定要点，即"测量、分析和改进"没有满足，成熟度系数则可达到该成熟度等级的下限值，即0.5、0.7或0.9；如果这三个评定要点都满足，则成熟度系数可达到该成熟度等级的上限值，即0.6、0.8或1。对于"不达标"等级的判定方法是：如果不符合评定要点前两项中的其中一项规定，成熟度等级系数就判定为0，其他情况的成熟度等级系数判定为0.4。

3）计算评价要素的实际分值

每个过程类评价要素的实际得分为该评价要素的满分分值乘以其实际评价结果给出的成熟度等级系数。

2. 结果类评价要素的评价方法

（1）对照评价要素的评价准则进行评价。查看结果类评价要素的相关证实材料，一般结果类评价要素应有比较明确的量化数据支撑，关键是要系统、综合地分析这些数据的来源和覆盖面，确保数据的真实、准确、可靠。

（2）判定评价要素的等级及系数。每个结果类评价要素的评价内容都分为A、B、C、D四个等级，对于"产品和服务的结果"的评价要素来说，总体研究院和专业研究院的评价内容有所区别。A、B、C、D四个等级的系数分别为：A级系数为1，B级系数为0.8，C级系数为0.6，D级系数为0.4。根据对相关证实材料的综合分析结果判定结果类评价要素的等级，在此基础上确定系数的大小。

（3）计算评价要素的实际得分。每个结果类评价要素的实际得分为评价要素的满分分值乘以相应等级系数。

3. 评价结果的确定

过程类和结果类各评价要素得分之和为质量管理体系评价整体的最终得分。

按照分值分布将评价结果分为 A、B、C、D 四个等级,其中,质量管理体系评价最终得分为 800(含)~1000 分是 A 级,质量管理体系评价最终得分为 600(含)~800 分是 B 级,质量管理体系评价最终得分为 400(含)~600 分是 C 级,质量管理体系评价最终得分为 400 分以下是 D 级。

5.4.6 上下结合的多级评价程序

航天多级质量管理体系评价是从研究所和工厂到研究院、集团公司自下而上分级组织实施,下面就研究院、集团公司两个层面,说明评价工作的主要流程以及各阶段的实施要点。

1. 研究院的质量管理体系自我评价

1) 制定评价的制度文件,开展宣贯和培训

(1) 以集团公司相关文件及研究院发布的相关文件、标准为自评依据,制定研究院的质量管理体系评价管理办法,制定研究院年度质量管理体系评价计划,明确研究院自评的范围(通常为全要素和所有主要型号、近期出质量问题的单位和型号),明确、落实评价工作的主管部门及职责,明确评价的方式和要求。

(2) 以集团公司评价手册为依据,结合研究院的特点和需求,编写质量管理体系的评价准则,确定评价要素,编制研究院的质量管理体系评价手册。

(3) 组建评价专家队伍,可请研究院外专家进入评价组,以促进自评更加客观,可学习院外经验,必要时,评价组包括集团公司指派专家,以便于集团公司对研究院的自评情况进行调研,给予指导。

(4) 对评价专家和被评价方相关人员就评价内容、方法、程序等进行培训。

2) 开展自评工作

(1) 研究院从研究院整体的质量管理体系进行系统评价,不仅是对所属的研究所、工厂质量管理体系,更要把研究院的综合质量管理同型号工作贯穿起来。

(2) 评价活动应深入基层一线,深入细致,注重同有关人员的沟通交流,注重自评与检查的区别,努力发挥自评的学习、梳理、督促、指导、总结和交流作用。

(3) 评价应注重发现和暴露问题,深入剖析问题,必要时,带着重要的产品质量问题去寻找其在质量管理体系上薄弱的根源。

(4) 注重发现管理规章创新且有效的做法和经验,挖掘最佳实践。

(5) 依据评价方法结合各评价要素和各被评单位、被评型号项目的成熟度等级及评价分值,填写详细、规范的评价记录。

3）编写自评报告

研究院自评报告主要包括以下几部分内容：

（1）研究院本年度自评价工作开展的基本情况（含对所属研究所、工厂现场评价情况，一般研究院对所属研究所、工厂现场评价至少应做到两年覆盖一遍）。

（2）上一年度质量管理体系评价发现的主要问题（薄弱环节）及建议的整改落实情况。

（3）本年度评价发现的主要问题（薄弱环节）、好的经验和做法（也可称为发现的"亮点"），"亮点"应该体现该评价要素在满足评价手册相关要求基础上具有独特性、创造性的工作、方法，并且具有推广价值。

（4）研究院质量管理体系自评价情况记录表（每个评价要素填写一张表格），评价要素的成熟度等级判定结果等。

（5）后续工作意见和建议等。

4）改进提高阶段的主要工作

（1）针对研究院自评结果，研究院本级及所属研究所、工厂及时实施具体整改措施，并在现场评价后规定时期内将整改情况上报研究院，研究院并跟踪落实。

（2）研究院组织相关部分及所属研究所、工厂结合评价，深入、系统地总结提炼创新性做法和经验，形成最佳实践，并通过编写指南性研究院企业标准规范、工程和管理手册、最佳实践案例等方式来使之得以固化和推广。

（3）整改与最佳实践的总结提炼与集团公司对研究院质量管理体系评价之后的整改与最佳实践总结提炼相结合。

5）为集团公司质量管理体系评价做准备

（1）准备与评价有关的证实性材料。

① 按照评价工作的有关要求，最好对照评价手册中的评价要素编号及其评价准则，准备供评价用的证实性资料，整理放入电子文件包以提供给评价现场。提供的评价要素相关证实材料应有目录，便于现场评价时查找相关文件。

② 证实性材料可包括：管理制度、计划、会议纪要、工作总结、记录等管理文件；技术标准、规范、技术报告、记录等技术资料（包括研究院层面以及抽查研究所、工厂的相关支撑性证实材料）。

③ 评价证实性材料应客观、全面地反映每个评价要素的相关工作及其达到效果，不应为评价而修改。

（2）落实现场评价配合工作的人员，具体要求：

① 被评价单位应指定了解情况的技术人员或管理人员在评价现场；
② 陪同人员应熟悉评价标准，了解本单位的评价工作；
③ 陪同人员对与自己相关的评价要素能有答疑和解释的能力；
④ 陪同人员应能快速调阅证实性材料，很快找来熟悉情况的人员。

2. 集团公司对研究院的质量管理体系评价

集团公司对研究院的评价工作分为现场评价准备阶段、现场评价阶段、评价报告的编写阶段、改进提高阶段。

1）现场评价准备

（1）集团公司下达年度评价工作计划，明确集团公司年度评价工作依据、重点、要求、工作计划安排。

（2）编写年度评价准则，并下发各研究院，以指导各研究院开展质量管理体系自评和为接受集团公司评价做好准备。

（3）成立评价组。评价组主要由集团公司相关专业的专家组成，组长由集团公司指定具有丰富经验的专家担任。评价办公室有关人员担任评价工作组秘书。召开评价组会，明确评价组成员分工和评价工作相关事宜。对评价组成员就评价准则、评价方法、评价程序和相关要求等进行培训。

（4）审查自评报告。被评价研究院应按照集团公司的年度评价计划，在现场评价前一个月提交自评报告。集团公司质量部门和相关职能部门组织评价组对自评报告的真实性、详细程序进行审查，对具有严重不真实内容或过于简单的自评报告予以退回，研究院并按集团公司有关要求对其进行修改。

（5）制订现场评价实施计划。集团公司下达对各研究院的评价实施计划，明确评价工作的范围（需要评价的研究所、生产厂及型号产品）、评价重点、日程安排、评价组成员等。

（6）资料及其评价现场的准备。将研究院本级以及被抽查的研究所、工厂和型号的电子版相关资料，集中到研究院资料评价现场，并按评价手册的编号进行整理，如自评报告之外，其他相关资料都有应为科研生产及管理的原始资料，而不是专门为评价编写的资料。资料评价现场可考虑按评价小组安排在几个就近的会议室或办公室，以便调阅资料或找相关人员了解情况，或通过内网查阅资料。因保密和不便补充资料等原因，而不宜安排在办公区外的宾馆。

（7）落实陪同人员。被评价方按评价要素确定落实熟悉情况的相关人员陪同，以便评价过程中的询问、答疑、见证、资料补充、现场观察引导和理解记录评价专家的意见和建议。

2) 现场评价

(1) 召开评价工作首次会议。首次会议由集团公司质量部门带队负责人主持,评价组、评价工作办公室人员和被评价研究院相关领导、相关部门以及研究所、工厂的负责人及其他相关人员参加。评价组组长宣布此次评价的目的、范围、要求、评价组成员以及日程安排,并说明相关事项(保密要求等)。被评价研究院汇报质量管理体系建设情况,包括开展质量管理体系自评情况、1年内重大质量问题及归零情况等,明确评价配合人员。首次会议应尽量简化和节省时间,写入评价手册、自评报告中的内容可不讲,评价组可简要回答被评价院的相关问题。

(2) 查阅评价相关资料。评价组将按照计划安排和任务分工,首先查阅被评价院的自评报告及其他相关材料,包括研究院本级及抽查的研究所、生产工厂和型号项目的相关资料。查阅资料时,自评报告主要作用是导读,主要评价资料应是各评价要素科研生产及管理的原始性资料,而非是为评价专门准备的资料。查阅评价资料时,需要被评价方陪同人员在场,以便接受询问、答疑和提供资料补充等,对于资料描述不清晰或证实不明确的内容,应该提出需要现场评价核实的内容,与被评价方沟通需要补充的相关证实材料。

(3) 研制生产现场观察。对部分评价要素,在必要时,评价专家带着问题和资料中提到的最佳实践,到研究室、试验室、车间、库房、信息中心等研制生产现场,深入了解情况,查看几级文件、计划、针对重点问题的原始记录和各级上报的文件,了解上级的要求如何展开落实下去、如何采取有针对性的措施、效果如何。有些评价要素只查阅相关资料不行,必须采用现场观察式评价,如质量信息系统的建立和运行等。

(4) 召开小型座谈。在评价过程中,对资料准备很不到位、陪同人员不配合、发现重大问题等情况,评价组可及时召开小型座谈会,强调评价的严肃性和规范性,以引起被评价方的高度重视和积极配合。

(5) 初步提出评价结论。评价专家对每个评价要素逐一对照评价准则和相关评价依据,通过查阅相关资料、观察现场、与相关人员询问和答疑等活动方式,可采用对各评价要素确定主评人员和复核人员的方式进行评价。评价专家应该按照评价方法,找出薄弱环节和发现好的做法,提出各评价要素的成熟度等级,并与被评价方相关人员进行初步沟通,允许被评价方提出不同意见和提供补充资料,请被评价方陪同人员见证、理解和记录评价人发现的薄弱环节等,必要时,根据现场评价出现的问题提出调整现场评价计划安排的建议。

(6) 填写现场评价记录。对每个评价要素填写现场评价记录表,其内容包括:

主要评价活动和陪同人员;发现的主要问题及建议、好的做法和经验;评价要素的成熟度等级、评价人员签字等。现场评价记录表中所记录的问题需经被评方确认。

(7) 评价组内部沟通讨论。评价组长组织评价组成员进行内部沟通,评价组成员专家结合现场评价记录表,对各要素评价情况和初步提出的成熟度等级及评价分值进行汇报和沟通,尤其是对评价为"优秀"或"不达标"的要素的情况进行详细说明。评价组对各评价要素评价结果进行讨论,尤其是对评价为"优秀"或"不达标"的评价要素进行重点讨论,进行综合判定,完成现场评价记录表并经过评价组组长的签字确认。

(8) 召开评价工作末次会议。参加人员同首次到会人员基本一致。评价组向被评价研究院通告有关评价情况,包括发现的薄弱环节以及初步确认的有效做法和成功经验,并将评价记录表中记录的问题反馈给被评价研究院。被评价研究院的主管领导或主管部门负责人表态,说明针对薄弱环节的改进和总结提炼最佳实践的初步考虑,同时可以对集团公司质量管理体系评价工作提出改进建议。

3) 编写评价报告

(1) 编写对各研究院的年度评价报告。依据对各研究院现场评价记录表,编写集团公司对各研究院的质量管理体系年度评价报告,重点是明确被评价研究院整体及各评价要素的成熟度等级,需要整改的不足和薄弱环节,值得进一步总结、提炼的最佳实践。

(2) 编写集团公司年度评价报告。在编写各研究院年度评价报告的基础上,编写集团公司质量管理体系年度评价报告,重点是梳理出集团公司范围的共性问题和突出问题,提炼值得推广的最佳实践,总结本年度集团公司质量管理体系评价工作的经验和不足,同时总体评价集团公司在质量管理方面的水平和趋势。

(3) 召开集团公司质量管理体系评价年度总结会。通报集团公司质量管理体系年度评价情况,明确评价发现的问题和挖掘的最佳实践,总结评价工作的经验和不足,表彰在评价工作表现突出的个人和单位。

4) 现场评价后的改进提高

在现场评价之后的改进提高阶段,主要开展以下工作。

(1) 实施整改。集团公司根据现场评价发现的问题和薄弱环节,组织各研究院制定针对性的整改计划并上报集团公司,按集团公司对整改的内容、程度和时间等方面的要求并根据整改工作计划,及时开展专项整改活动。集团公司对研究院的整改工作落实情况进行跟踪。

(2) 总结、提炼和交流最佳实践。集团公司组织各研究院对评价过程中发现的好的做法进行进一步深入总结和提炼,编写最佳实践交流资料,开展最佳实践交流推广活动,并通过编写标准规范、工程和管理手册等方式来使之得以固化和推广。

(3)根据评价工作的总结和针对新的形势和任务要求,提出下一年度评价工作的变化和改进之处,包括对质量管理体系评价手册及相关文件修改、评价工作实施改进之处。

5.5 从质量问题出发的反推式质量管理体系有效性评价

5.5.1 从质量问题认识质量管理体系有效性

为什么通常质量管理体系评价结果与了解型号研制生产情况的领导和型号队伍的感受不一致,一个重要的问题就是质量管理体系评价没有发现多少导致质量问题的质量管理体系的薄弱环节,而产品质量问题实际发生了。这其中一个重要的原因就是体系评价采用按体系要素的正向逐条评价,而没有采用从质量问题出发的反推式评价。这种正向评价采用抽样的方式,不一定抽到质量问题及其相关的影响因素,或导致质量问题影响要素的具体事项,如操作、记录等没有被抽到,这样,虽然评价范围比较全面,但也比较肤浅,针对性和深入程度都很不够。

为此,需要开展从产品实物质量问题表象出发到质量管理体系薄弱点根源的反推式评价,这首先就是要分析质量问题产生的根源。之所以应该开展反推式质量管理体系有效性分析,就是认识到有这样一个原理,即只要存在产品质量问题现象,就一定在质量管理体系的某一个或多个要素存在着相应的薄弱环节。

开展从产品质量问题到质量管理体系薄弱点的反推式评价,首先就是要分析质量问题产生的根源。目前,发现和分析质量问题根源的方法主要有:

1. 因果图

日本质量专家石川馨提出的因果图,由于其图的形状像鱼刺又称为鱼刺图,也称为石川图,是质量管理老七种工具之一。因果图中,把质量问题的现象放在鱼头部分,鱼刺部分根据质量问题原因的类型逐级深入展开,通常是从人员、设备、材料、方法和环境(简称人、机、料、法、环)方面进行逐级深入地分析。建立因果图结构的过程(或称形成鱼刺结构的过程),就是人、机、料、法、环等方面进行逐步深入直至最根本原因的过程。也就是讲,这种方法从质量问题结果现象出发,通过将原因逐层深入分析,从而找到质量问题的根本原因。因果图的重要特征是能够非常直观地表达出如何逐步深入地分析对质量问题有影响的可能原因,分析过程和质量问题原因的层次性和逻辑关系一目了然。因果图的分析是质量问题定性的分析。

2. 根原因分析

美国质量专家朱兰(Joseph. M. Jurun)提出的根原因分析(RCCA)方法是识别和解决产品和过程中偶发性问题根原因的一种有效方法。它有四个基本步骤:

第一步,识别问题。应提出项目,通过监视过程和探测异常状况,并运用适当的质量方法,以及对已有问题进行报告,识别出问题。在此基础上,确定需要选择的问题,根据对问题的分类,分析问题解决的难易程度和先后顺序。

第二步,诊断原因。要分析症状,可运用过程流程图、排列图、分层法等,然后确定问题解决的目标,形成对问题原因的推测,在此基础上,通过一定的科学方法来验证推测,可以运用头脑风暴法、流程图、排列图、因果图和试验设计等多种工具来进行分析,从而逐步深入地查找问题根原因。

第三步,纠正原因。要确定实施改进的方案,最好是多种方案,对备选方案进行评价,通过选择和补充完善来确定方案,具体设计和实施补救措施。

第四步,巩固成果。要重新设计控制的目标、要求和方法,形成相应的标准规范,据此实施控制,并以规定的时间和方式进行审核和修正控制。

在上述四个步骤之中,核心是要找出"因果关系"。

3. 故障树分析

美国贝尔电报公司提出的故障树分析(Fault Tree Analysis, FTA)是以产品(或系统)最不希望发生的故障状态(在故障树中称为顶事件)作为分析对象,然后从顶事件出发,自顶向下,逐层寻找引起该顶事件发生的所有可能的直接原因(在故障树中称为中间事件),直到找出所有的基本原因(在故障树中称为底事件),并用事件符号、逻辑门符号连接成一个树形图(即故障树图)。利用该故障树可以分析产品的故障,以便提出相应的措施。

故障树分析的基本程序:

(1) 确定顶事件与边界条件;
(2) 建造故障树;
(3) 故障树定性分析,寻求引起顶事件发生的各种故障事件组合(即最小割集);

(4) 故障树定量分析,计算顶事件发生概率以及各底事件的重要度。

故障树分析是我国航天领域从美国国家航空航天局(NASA)和美国国防部(DoD)引入,并在航天型号研制过程中普遍有效应用的可靠性技术方法。

4. 质量问题归零

我国航天工业科研生产和管理人员,总结提炼出的质量问题归零管理办法在第3章已有详细介绍。技术归零五条要求中,分析、发现和判定质量问题根源主要是前三步,即"定位准确""机理清楚""问题复现",这前三条为技术归零的后两步"措施有效"和"举一反三"奠定基础。管理归零中分析和评定的要求是前两条,即:"过程清楚""责任明确",为后三条"措施落实""严肃处理""完善规章"奠定基础。目前,质量问题的技术归零中确定问题定位和分析问题机理最主要方法就是故障树分析方法,而管理归零中查找出管理上的薄弱环节或漏洞,分清造成质量问题的责任者及其责任类型,并没有明确采用哪种科学有效的方法,有待于在进一步总结经验的基础上提炼。

上述发现和分析质量问题根源的方法,为我们研究提出新的质量管理体系有效性评价方法提供了借鉴的内容,甚至是可利用的工具。

5.5.2 设计反推式质量管理体系评价方法的思路

经过研究和对比分析,我们提出采用以问题树分析的方法为主要分析方法,采用质量问题归零中的相关流程和要求,同时,借鉴因果图、根原因分析方法,来构建从质量问题表面现象出发到质量管理体系薄弱点根源的反推式分析和评价的方法和流程。其主要思路如下:

(1) 采用问题树分析作为从质量问题表面现象出发到质量管理体系薄弱点根源的反推式分析的主要方法,通过建立问题树从质量问题分析寻找影响因素的根源。

(2) 参照因果图中的人、机、料、法、环五个质量影响要素,依据质量管理体系要求的标准,确定若干类对产品和服务质量的影响因素,从质量问题的现象入手,追踪式分析导致问题产生的管理漏洞,查找质量管理体系在细化体系文件、职责落实到位、人员上岗培训、基础设施保障等方面的薄弱环节,并采用扣分或否决项判定的方式进行评价。

(3) 与质量问题归零有机融合,作为完善管理归零方法和程序的重要内容,为落实"过程清楚"要求,即查明质量问题发生和发展过程,从中查找出管理上的薄弱环节或漏洞,为分清责任者和分析责任类型提供分析方法。

在此,之所以选用问题树分析作为从质量问题表面现象出发到质量管理体系薄弱点根源的反推式分析的主要方法,而不是因果图等方法,其原因如下:

(1) 故障树分析方法作为故障原因分析的主要方法,在航天产品质量问题技术归零中已经普遍成功应用。而航天领域就质量问题而言,从质量问题出发寻找体系薄弱点根源就是归零,尤其是管理归零。而技术归零与管理归零应该有机结合,技术归零采用故障树,管理归零中将其称为"问题树"。两者采用相同的方法便于结合。

(2) 问题树分析方法中用逻辑门及其符号来表示各影响因素相互关系,能够寻求引起顶事件发生的各种问题原因的组合(即最小割集),可通过计算顶事件发生概率以及各底事件的重要度进行定量分析,这些都使其适合航天产品这样的复杂系统,而因果图分析方法没有这些功能。

5.5.3 构建质量问题树的框架

质量管理体系有效性反推式分析和评价的具体方法是,依据质量管理体系要求标准,并参照因果图中的人、机、料、法、环五个质量影响要素,确定规章、人员、设备和设施、外购外协、过程控制、信息(数据)、持续改进机制七个方面质量影响要素。

其中有几个要素可以认为是通用的要素,即各条中实际上都含有,如"规章"要素在其他各要素中都有规章的问题,是无章可循、还是有章不循等,用"★"表示。建立分析质量管理体系薄弱环节的问题树,如图 5-5 所示。

1. 规章制度方面的问题

规章制度方面常见的问题形式主要包括没有相关体系文件(即无章可循)、体系文件内容不正确、体系文件可操作性差、体系文件宣贯不到位、体系文件状态管理有问题,其问题树样例如图 5-6 所示。

2. 人员素质和人员管理方面的问题

人员素质和人员管理方面常见的问题形式主要包括选聘和资格管理有问题、意识薄弱、职责和权限存在问题、培训有问题、考核与奖惩不适宜、对人员的环境影响因素存在问题等,其问题树样例如图 5-7 所示。

3. 设备和设施方面的问题

设备和设施方面常见的问题形式主要包括设备能力不足、设备管理薄弱、建筑物和工作场所条件欠缺等,其问题树样例如图 5-8 所示。

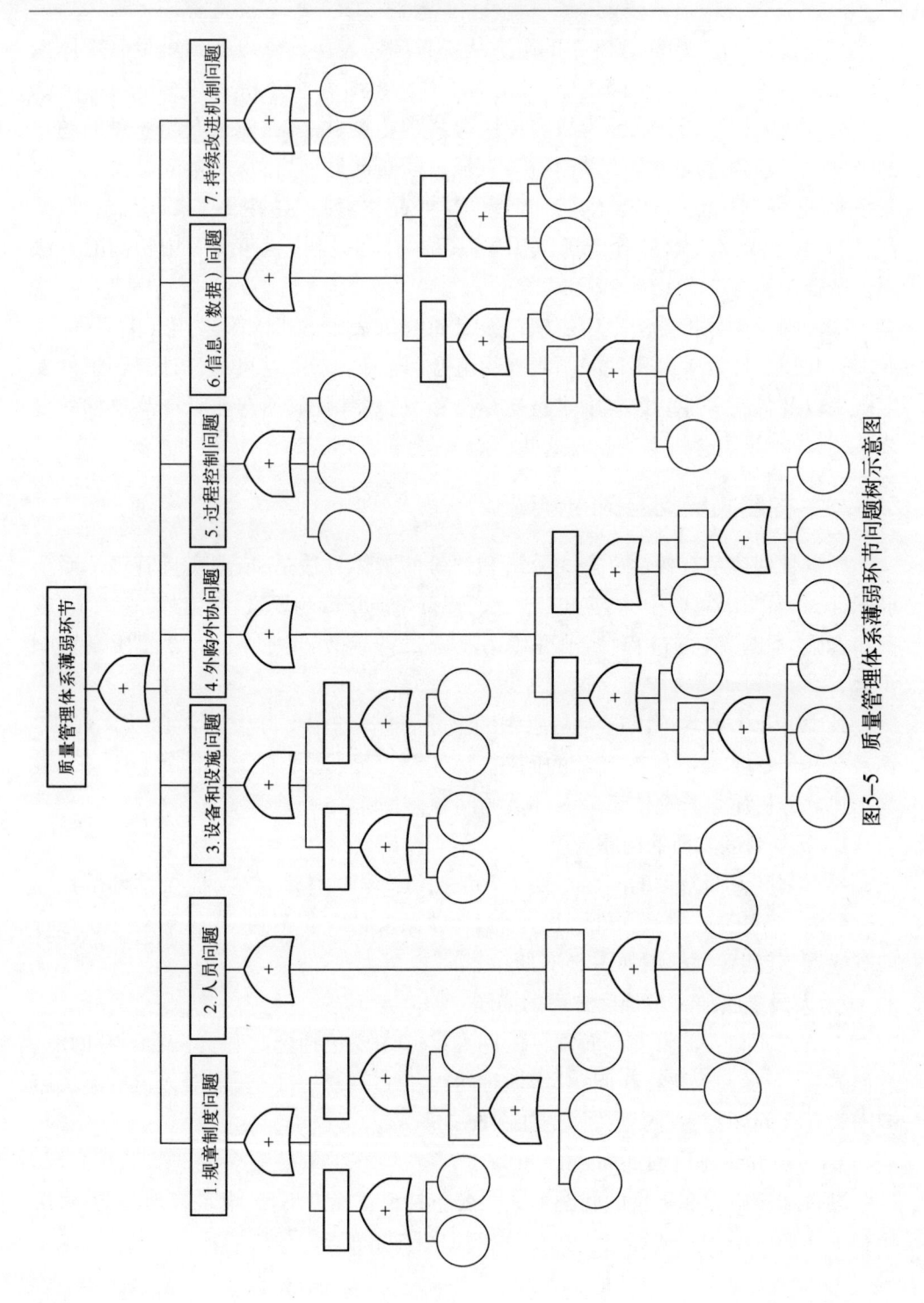

图5-5 质量管理体系薄弱环节问题树示意图

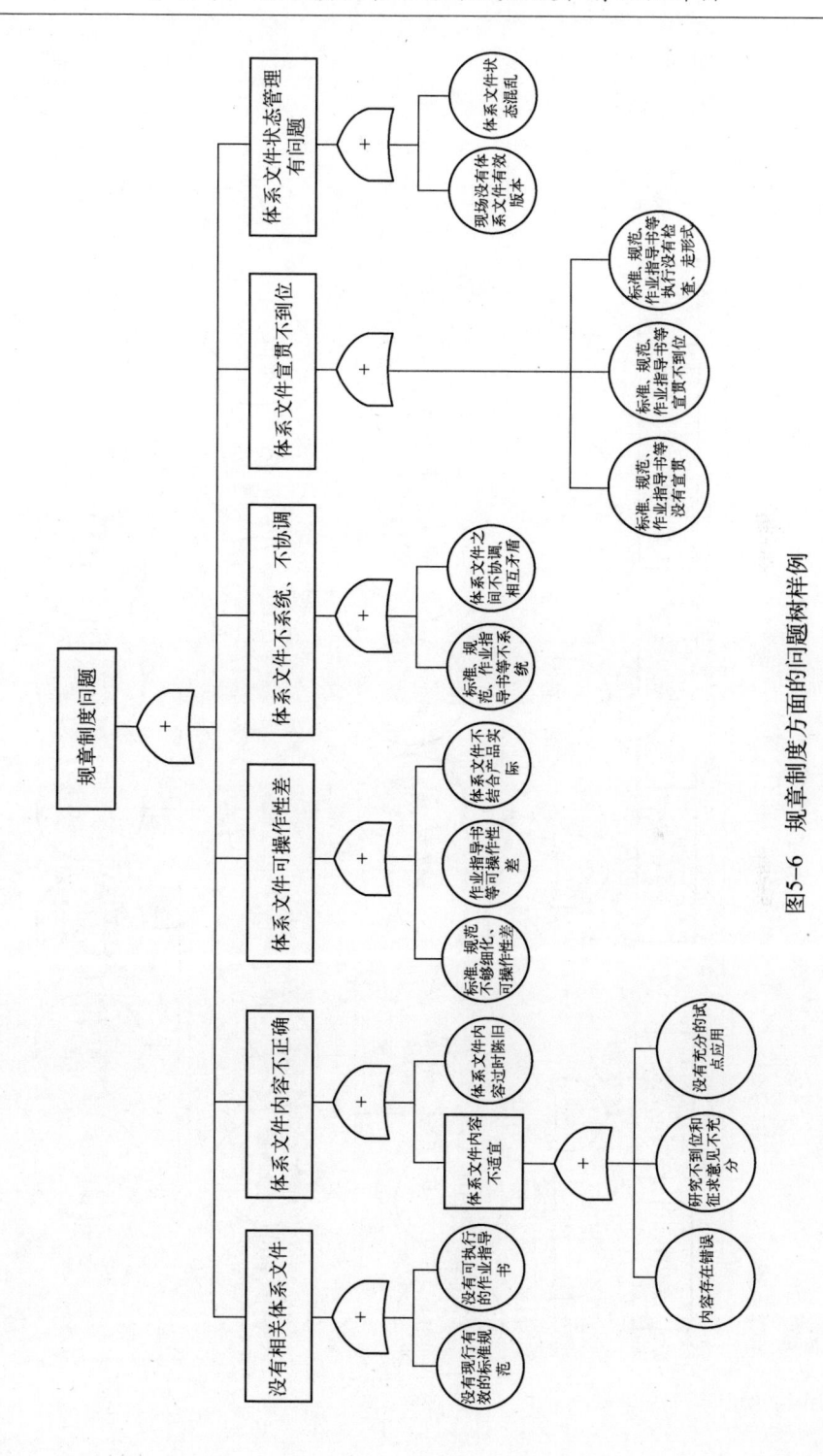

第 5 章 航天质量管理体系成熟度和有效性评价

图 5-6 规章制度方面的问题树样例

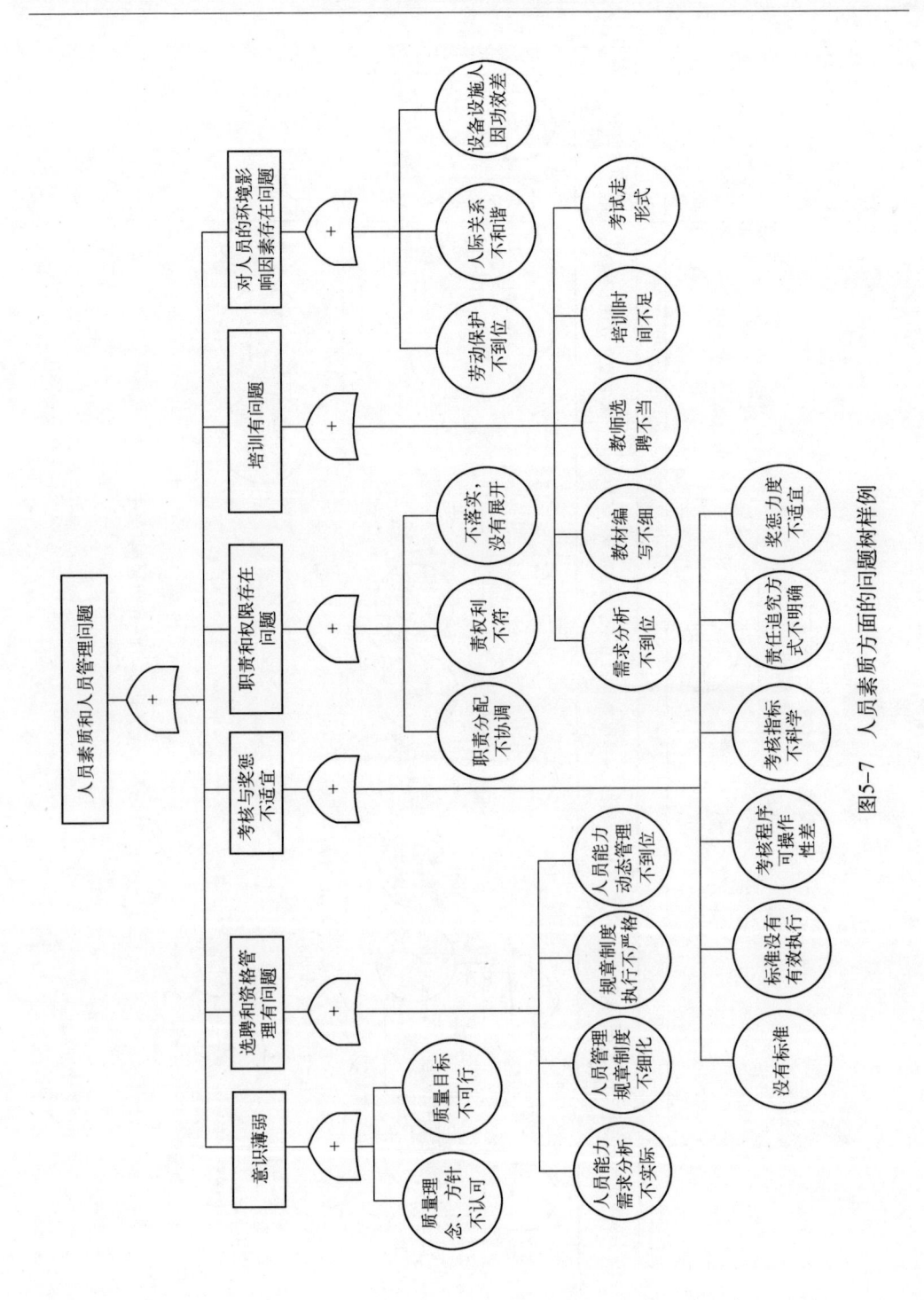

图5-7 人员素质方面的问题树样例

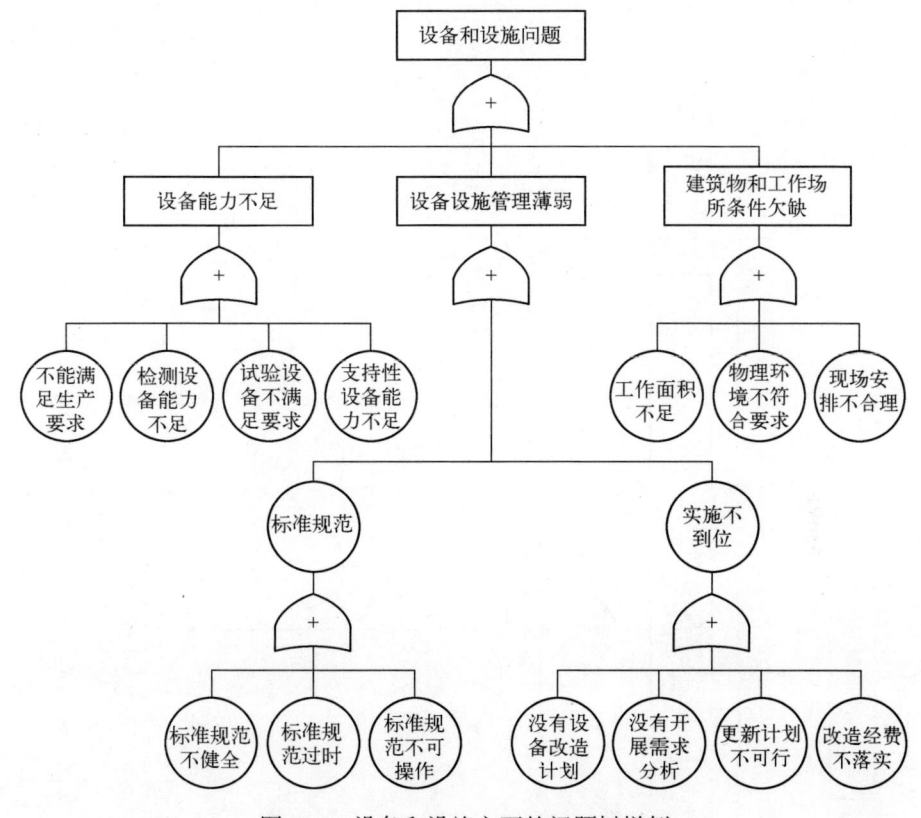

图 5-8　设备和设施方面的问题树样例

4. 外购外协方面的问题

外购外协方面常见的问题形式主要包括采购(外协外购)管理制度不适宜、合格供方名录管理和供方选择有问题、采购要求不适宜、采购产品研制生产过程监督有问题、采购(外协)新设计和开发产品管理不适宜、采购产品验证或外协的验收有问题等,其问题树样例如图 5-9 所示。

5. 过程控制方面的问题

过程控制方面常见的问题形式主要包括产品策划不全不细、设计过程控制不严、试验控制不严、生产过程控制不到位等,其问题树样例如图 5-10 所示。

6. 信息方面的问题(★)

信息方面(含数据)常见的问题形式主要包括质量信息系统的建设与运行欠缺、质量信息管理不到位、质量信息数据处理与分析不够等,其问题树样例如图 5-11 所示。

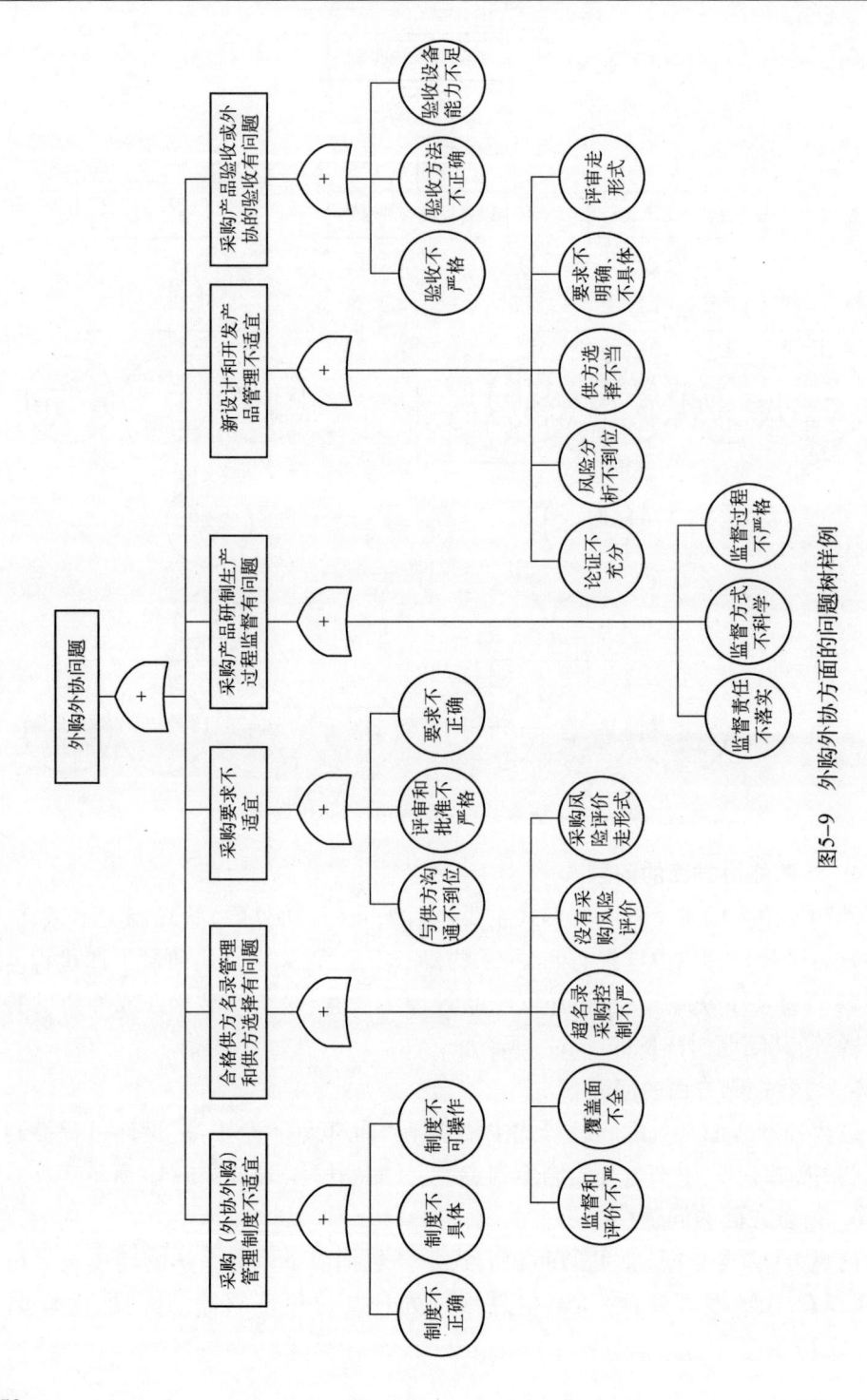

图5-9 外购外协方面的问题树样例

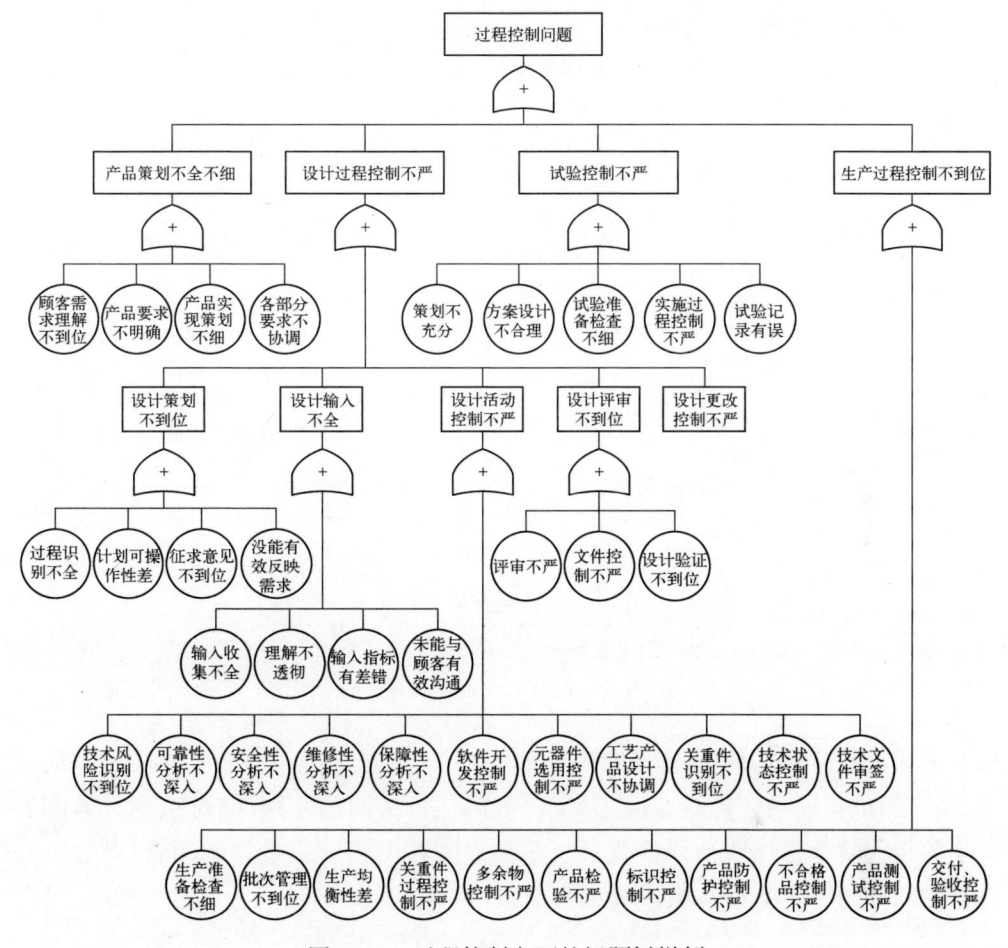

图 5-10 过程控制方面的问题树样例

7. 持续改进机制方面的问题

持续改进机制方面常见的问题形式主要包括顾客满意度测量和评价不足、内部审核存在问题、管理评审有问题、体系成熟度和有效性评价不适宜、质量问题归零不到位、面向产品质量问题分析不足等，其问题树样例如图 5-12 所示。

虽然导致产品质量问题的原因多种多样，但这里采用问题树来分析质量管理体系问题的原因，通过系统的分析将问题原因和结果联系起来，找出问题结果对应的质量管理体系薄弱环节。具体针对产品质量问题，全面列出质量管理体系中可能导致问题发生的原因种类，包括规章、人员、设备和设施、外购外协、过程控制、信息（数据）、持续改进机制等关键要素。对于问题机理清楚的质量问题，可以由审

图 5-11 信息方面的问题树样例

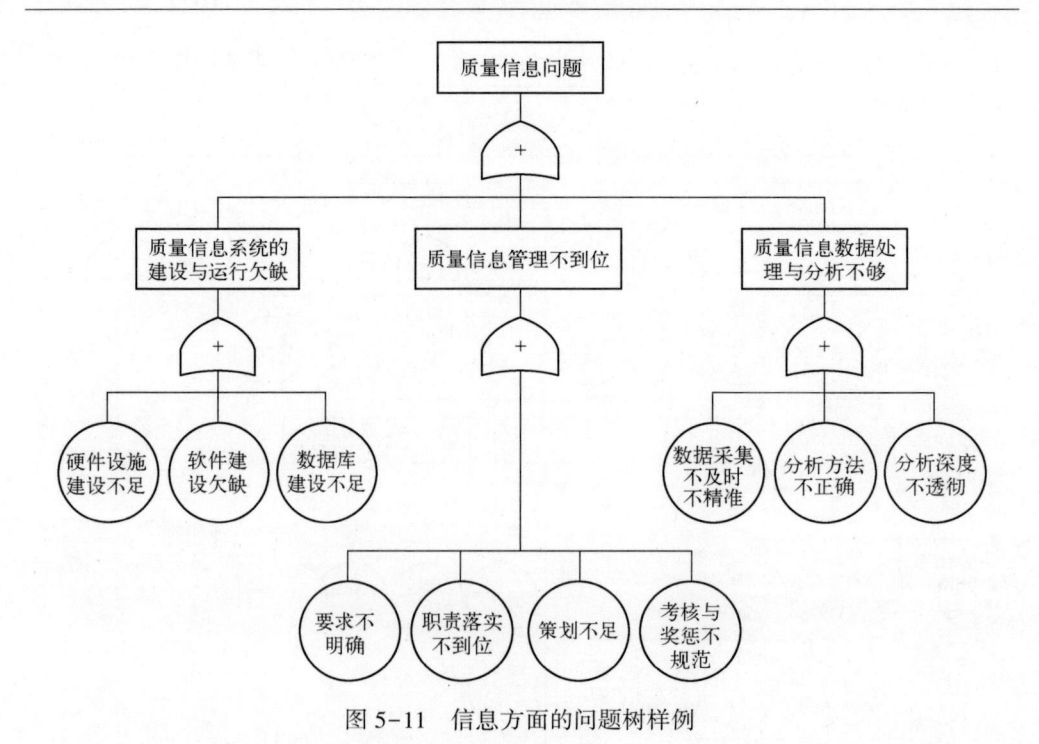

核专家通过经验确定原因及对应体系薄弱环节；对于较为复杂、牵扯要素多的问题，则应通过上述问题树的方法来系统、全面地分析问题原因，并定位到导致问题发生的相关质量管理体系评价要素。这种方法可以用于质量问题的管理归零，并将管理归零与质量管理体系评价和改进密切结合。

5.5.4 正反结合的质量管理体系评价

本节提出的从质量问题出发的反推式质量管理体系评价，其优点是针对性强、质量问题根源分析透彻，不足是分析和评价不够全面、系统。比较理想的评价模式是将依据质量管理体系标准的正向评价与反推式评价有机结合，在此，给出正向矩阵式质量管理体系评价与从质量问题出发的反推式质量管理体系评价相结合的评价模型，如图 5-13 所示。

图 5-13 中的上半部分是正向矩阵式质量管理体系评价，下半部分是反推式质量管理体系评价。图 5-13 将这两种质量管理体系评价模式相结合，组成一个正反结合的评价模式。通过正向的矩阵式质量管理体系评价体现评价的全面性、系统性，通过反向的质量问题树式的质量管理体系评价体现评价的针对性和深入性。

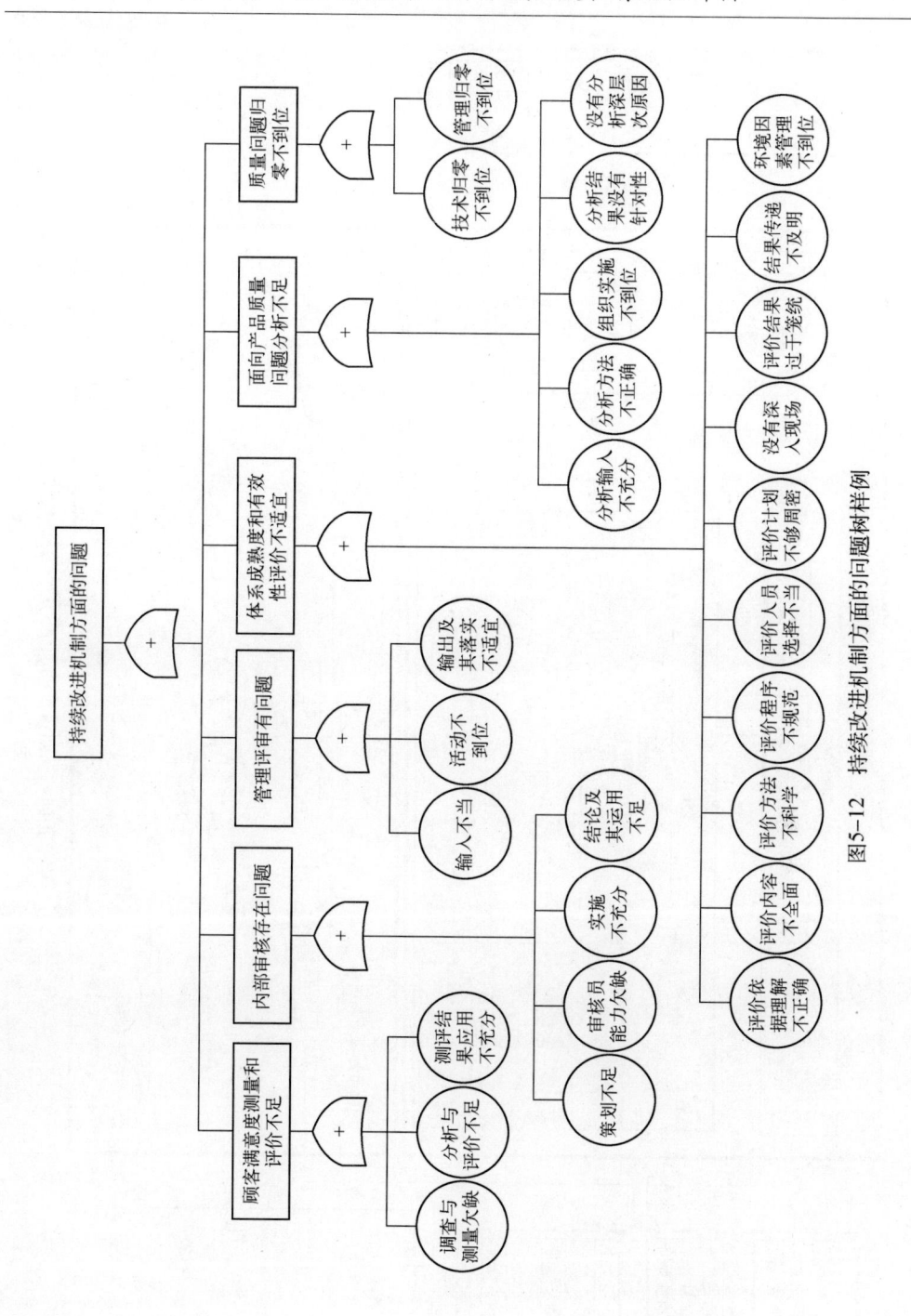

第5章 航天质量管理体系成熟度和有效性评价

图5-12 持续改进机制方面的问题树样例

图5-13 正向和反向结合的质量管理体系评价模型

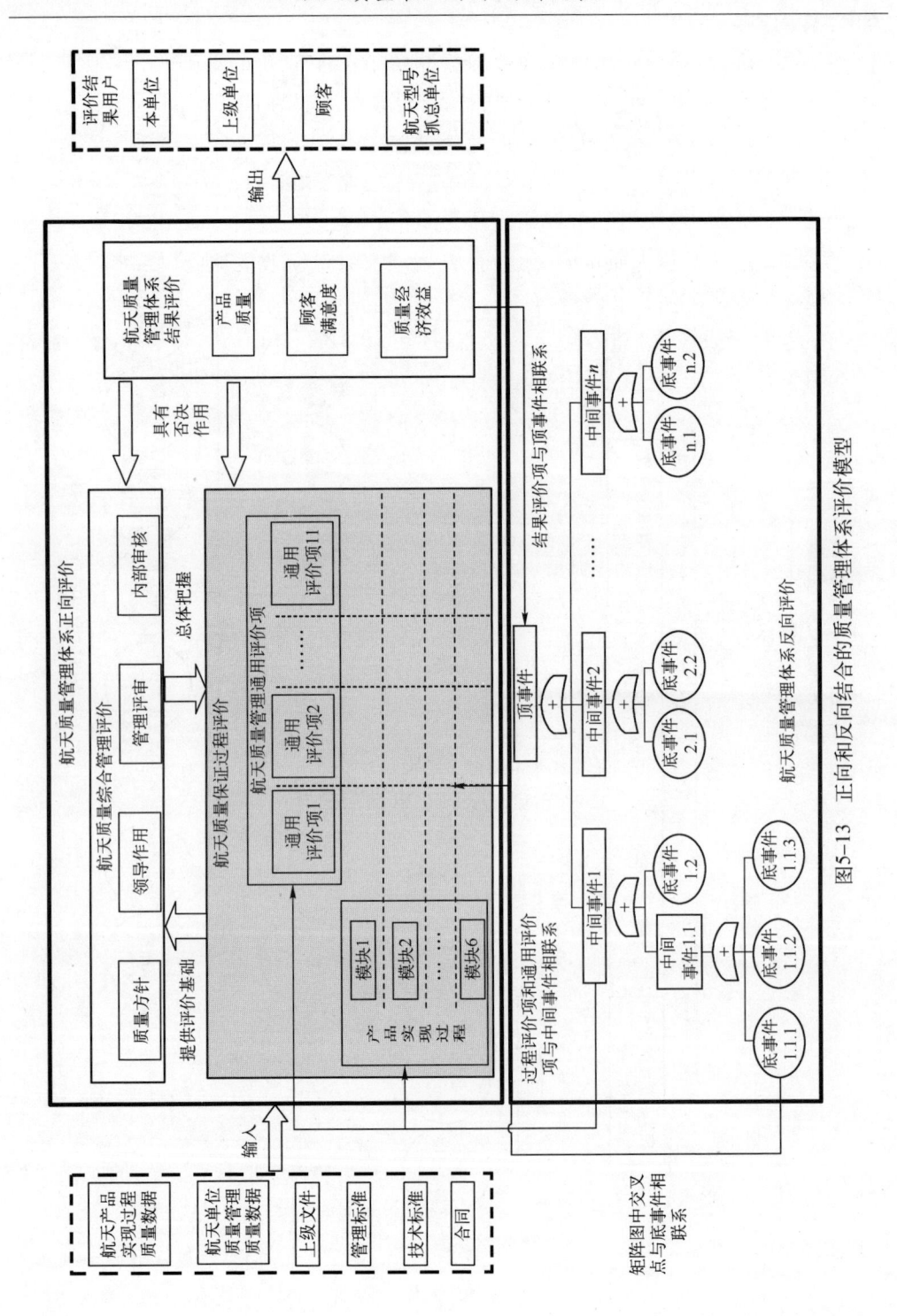

第5章 航天质量管理体系成熟度和有效性评价

实施质量管理体系正反向相结合的评价,可在正向评价的基础上,再利用质量管理体系反向评价进行修正。具体讲,就是根据发生质量问题的严重性程度,找到与之对应质量管理体系正向评价要素,重新考虑正向评价时对其的评价分值,进行扣分,向下调整该评价项甚至该评价模块的分值。将质量问题分为一般质量问题、重大质量问题或一般质量事故和重大质量事故三类,据此对正向评价得分进行相应程度的扣分,对于重大质量问题、质量事故且未有效整改的,则直接判定为否决项,下降质量管理体系有效性等级。

这种正反向结合的评价模式,可以保证最终的质量管理体系评价结果更加符合实际情况,更加准确、可靠和有针对性,从而有助于提升质量管理体系成熟度和解决质量管理体系建设与型号质量管理结合不密切的问题。

附录　航天质量管理体系共同评价项成熟度评价准则

本附录给出本书第5章5.3部分"基于产品实现过程的矩阵式质量管理体系评价"中，对11个共同评价项成熟度评价准则。

1. 质量目标

一级　成熟度等级系数为0.1，判定依据：

(1) 没有或基本没有建立质量目标；

(2) 或质量目标不合理，甚至存在导向性错误。

二级　成熟度等级系数为0.2或0.3，判定依据：

(1) 建立了笼统、模糊的质量目标；

(2) 质量目标在内容上存在重大遗漏和缺陷，或其指标基本不具有可实现性、可测量性。

三级　成熟度等级系数为0.4或0.5，判定依据：

(1) 建立了较为明确的质量目标，其实现能够基本保证提供合格的产品和服务；

(2) 质量目标在内容上比较全面，其指标基本具有合理性、可实现性、可测量性；

(3) 质量目标确定了考核的指标和方法。

四级　成熟度等级系数为0.6或0.7，判定依据：

(1) 质量目标的确定充分考虑到满足顾客需求和上级要求，与质量战略和质量方针保持一致，重点突出，其实现能够确保提供合格的产品和服务；

(2) 质量目标在内容上全面、具体，其指标具有合理性、针对性、可实现性、可测量性；

(3) 质量目标能够分解和展开，确定了考核的指标和方法；

(4) 能够依据内外部相关因素的变化，适时调整或更新质量目标。

五级 成熟度等级系数为0.8或0.9,判定依据:

(1) 质量目标的确定满足各相关方的需求和期望,与质量战略和质量方针保持高度一致,与学习标杆和竞争对手进行对比,其实现确保能够提供优质的产品和服务;

(2) 质量目标的建立运用了先进的技术方法和手段,其指标具有科学性、全面性、系统性、明确性、可实现性、可测量性和时限性;

(3) 质量目标能够逐级分解和展开,确定考核评价其实现情况的准则和方法;

(4) 依据内外部环境的变化、各相关方需求和期望的变化,对质量目标及时调整或更新。

六级 成熟度等级系数为1,判定依据:

(1) 质量目标的确定与各相关方进行充分沟通,充分满足各相关方的需求和期望,与质量战略和质量方针保持高度一致,与学习标杆和竞争对手进行详细对比,其实现确保能够提供卓越的产品和服务;

(2) 质量目标的建立运用了先进的技术方法和手段,其指标具有科学性、全面性、系统性、先进性、可实现性、可测量性、时限性和前瞻性;

(3) 质量目标能够详细、逐级分解和展开,确定考核评价其实现情况的详细准则和科学方法;

(4) 依据内外部环境的变化、各相关方需求和期望的变化,通过与相关方充分沟通和决策程序,适时调整或更新。

2. 职责和权限

一级 成熟度等级系数为0.1,判定依据为下列之一:

(1) 没有明确质量职责,或质量职责相应规定形同虚设;

(2) 质量职责规定没有得到有效落实,质量职责与工作权限、考核、奖惩不相关;

(3) 没有开展质量考核,或未能依据质量考核实施质量奖惩。

二级 成熟度等级系数为0.2或0.3,判定依据如下:

(1) 质量职责规定不够明确,虽然在相关文件中有简单规定,但仍然存在较为突出的责任交叉、工作扯皮等现象;

(2) 质量职责规定没有得到有效落实。

(3) 质量职责与工作权限、考核和奖惩不够协调;

(4) 履行质量职责的工作系统不能有效运行,内部沟通不够通畅,仍然存在重大、关键问题沟通不及时,沟通有效性不够的现象;

三级 成熟度等级系数为0.4或0.5,判定依据:

(1) 质量职责规定基本明确;

(2) 质量职责基本得到落实,存在落实不到位的现象;

(3) 把质量职责与工作权限、考核和奖惩相联系,存在不协调的现象;

(4) 履行质量职责的工作系统基本有效,内部沟通基本顺畅,但对一般性问题存在沟通不及时,沟通有效性不够的现象。

四级 成熟度等级系数为0.6或0.7,判定依据:

(1) 质量职责规定明确清晰,职责的确定覆盖产品和服务全过程,在相关文件中(工作程序、作业指导书、工作规范和岗位工作标准等)加以明确;

(2) 质量职责在相关部门、人员得到落实;

(3) 把质量职责与工作权限、考核和奖惩相联系;

(4) 履行质量职责的工作系统管理有效,内部沟通基本顺畅。

五级 成熟度等级系数为0.8或0.9,判定依据:

(1) 质量职责的确定覆盖产品和服务全过程,融入各相关过程,明确各过程、活动的责任主体及其所承担的活动事项和承担方式(负责组织、配合参加、监督检查等),有效协调其间相互关系,在各相关文件中详细明确;

(2) 岗位设置、职责分配和权限确定等运用了相应的技术方法和手段,科学合理;

(3) 质量职责的履行在部门和人员、范围、方法、时间、场所和资源等方面得到落实;

(4) 遵循责权利相符合的原则,把质量职责与工作权限、考核标准、奖惩办法、质量问题责任追究相联系,合理分配与明确授予各部门、岗位履行质量职责时应具有的权限(如文件审批、人员提供等);

(5) 履行质量职责的工作系统管理高效,不同部门、人员之间实现了良好的沟通和信息交流与共享;

(6) 随着部门、岗位的设置和质量活动的变化,应及时调整,以保持其科学性及合理性。

六级 成熟度等级系数为1,判定依据:

(1) 质量职责的确定覆盖产品和服务全过程,密切融入各相关过程及子过程,明确各过程、活动的责任主体及其所承担的活动事项和承担方式,注重协调其间相互关系,在相关文件中对其加以详细明确、系统协调;

(2) 在岗位设置、职责分配、权限确定、考核指标和方式的明确、奖惩的方式和

力度的确定等方面运用了先进、科学的技术方法和手段,整体上设计科学、系统、高效;

(3)质量职责的履行在部门和人员、范围、方法、时间、场所和资源等方面完全落实到位;

(4)遵循责权利相符合的原则,把质量职责与工作权限、考核标准、奖惩办法、质量问题责任追究密切联系,形成了科学、系统、高效的质量责任管理体系;

(5)履行质量职责的工作系统管理高效,不同部门、人员之间实现了充分、及时的沟通和信息、技能共享,并不断提高沟通、交流和合作的有效性和创新性;

(6)能够将国际先进的组织结构模式与单位自身情况相结合,根据工作任务情况的变化以及外部竞争环境的改变而变化,对组织机构、职责权限的设置等进行及时变化和不断优化。

3. 文件化

一级 成熟度等级系数为 0.1,判定依据符合下列之一:

(1)没有或基本没有明确满足上级机关的相关文件、GJB 9001C 标准、其他强制性的相关指导性技术文件、研制任务书、合同或技术协议等要求的文件化要求;

(2)文件化要求不具体,缺少针对性、可操作性。

二级 成熟度等级系数为 0.2 或 0.3,判定依据:

(1)开始建立或初步建立部分满足上级机关的相关文件、GJB 9001C 标准、其他强制性的相关指导性技术文件、研制任务书、合同或技术协议等要求的正式文件;

(2)文件化要求有相当部分缺少针对性、可操作性、可检查性;

(3)文件的更新和版本管理制度尚未建立或未能有效运行。

三级 成熟度等级系数为 0.4 或 0.5,判定依据:

(1)具有基本满足(在主要条款上都满足)上级机关的相关文件、GJB 9001C 标准、其他强制性的相关指导性技术文件、研制任务书、合同或技术协议等要求的正式的文件化要求;

(2)文件化要求基本具有针对性、可操作性或可检查性;

(3)基本建立并运行文件管理制度。

四级 成熟度等级系数为 0.6 或 0.7,判定依据:

(1)具有满足上级机关的相关文件、GJB 9001C 标准、其他强制性的相关指导性技术文件、研制任务书、合同或技术协议等要求的正式的、有效的文件化要求；

(2) 文件化要求具有针对性、可操作性、可检查性；

(3) 建立并有效运行文件管理制度，对文件的发放、更新和版本实行有效管理。

五级 成熟度等级系数为 0.8 或 0.9，判定依据：

(1) 在满足上述四级文件化要求的基础上，满足最新版 ISO 9004 标准，其他推荐性的相关指导性技术文件，本单位追求卓越的发展战略的全面、系统、有效的文件化要求；

(2) 文件化要求通过实行表格化等方式得到细化，具有针对性、可操作性、可检查性；

(3) 文件管理初步实现了电子化、网络化和实时化的运行和管理；

(4) 建立并运行与强制性要求的对标分析系统。

六级 成熟度等级系数为 1，判定依据：

(1) 在满足上述四级文件化要求的基础上，全面满足最新版 ISO 9004 标准、指导性技术文件、卓越绩效指导性技术文件、其他推荐性的相关指导性技术文件等要求和本单位实现卓越业绩的全面、系统、独特、有效的文件化要求；

(2) 文件化要求具有很强的针对性、可操作性、可检查性；

(3) 文件管理系统实现了电子化、网络化、实时化的运行和管理；

(4) 建立了完善的文件化要求与强制性要求、先进的指导性技术文件和卓越企业指导性技术文件要求的对标系统。

4. 人力资源

一级 成熟度等级系数为 0.1，判定依据为：

没有或基本没有为满足过程评价项目的需求配备固定、明确的人员，或配备的人员根本无法胜任工作。

二级 成熟度等级系数为 0.2 或 0.3，判定依据为下列之一：

(1) 配备的人员在数量、结构或能力等方面不能满足过程评价项目的需求，存在明显的缺陷和不足；

(2) 开始进行一些初步、简单的人员培训工作，但人员培训缺乏计划性，培训工作不到位。

三级 成熟度等级系数为 0.4 或 0.5，判定依据：

(1) 配备的人员在数量和质量上基本满足过程评价项目的需求，但在人员数量、结构或素质方面存在一定不足；

(2) 培训工作基本到位。

四级 成熟度等级系数为 0.6 或 0.7,判定依据:

(1) 配备人员的数量和质量很好地满足过程评价项目的需求,从事特殊工作的上岗人员按要求实行持证上岗,并保留相关记录;

(2) 按工作需要开展人员培养,使人员在知识和能力方面能够满足过程评价项目的需要,保留相关记录;

五级 成熟度等级系数为 0.8 或 0.9,判定依据:

(1) 明确上岗人员知识、技能和经验的需求,确定并配置所需的人员在数量、结构、责任心、知识和能力(技能、协调沟通能力)等方面满足过程评价项目的需求,对关键、重要岗位实施上岗资质管理,能够随着任务及机构需求的变化及时对人员配备进行调整;

(2) 策划人员意识教育、知识和技能培训工作,采用多种方式培养和选拔人员,注重骨干人员的培养,对员工能力进行评价,培训工作具有针对性且效果明显,保留相关记录;

(3) 营造员工满意的成长环境和工作氛围,通过人员的参与和支持,提高了过程评价项目的有效性和效率,并确保员工权益。

六级 成熟度等级系数为 1,判定依据:

(1) 明确上岗人员知识、技能和经验等详细要求,配置所需的人员在数量、结构、责任心和能力等方面全面满足过程评价项目的需求,对关键、重要岗位实施上岗资质管理,并保留相关记录;

(2) 全面、系统地策划意识教育、知识和技能培训工作,采用多种现代技术手段和方式培养和选拔人员,强化骨干人员的培养和员工能力评价,保留相关记录;

(3) 营造员工满意的成长环境和工作氛围,充分发挥员工的主动性和潜能,科学实施员工绩效管理,保证了过程评价项目的高效益和高效率,并不断提升员工成就感和满意度。

5. 财务资源

一级 成熟度等级系数为 0.1,判定依据符合下列之一:

(1) 严重缺乏财务资源支持;

(2) 在资金使用控制基本失控或存在重大漏洞;

二级 成熟度等级系数为 0.2 或 0.3,判定依据:

(1) 有一定的财力保证,但在重要工作内容和关键过程中仍存在财务资源短缺或发生了因财务资源支持不够而直接导致的质量问题;

（2）在资金使用控制存在较大漏洞，对资金提供和使用中发现的问题没有上报；

三级 成熟度等级系数为 0.4 或 0.5，判定依据：

（1）过程评价项各主要环节有基本的财务资源保障，能够基本满足工作需要；

（2）财务资源的落实基本到位，资金使用受到一定的控制；

（3）开始注重质量损失数据的收集和分析。

四级 成熟度等级系数为 0.6 或 0.7，判定依据：

（1）财务资源落实到位，工作各环节都有满足需要的财务资源保障；

（2）资金使用受到控制，对资金提供和使用中发现的问题，向上级报告；

（3）开展质量损失数据的收集和分析，并将其用于质量改进活动。

五级 成熟度等级系数为 0.8 或 0.9，判定依据：

（1）对过程评价项所需的财务资源进行了需求分析，将资金需求纳入财务资金预算，确定其金额和来源渠道，并由最高管理者审查批准；

（2）财务资源的落实到位，资金使用受到规范的控制；

（3）定期对资金使用情况进行监督检查，对资金提供和使用中发现的问题分析其原因，及时向最高管理者报告；

（4）有针对性地开展质量成本数据的收集和分析，并用其有效支撑质量分析和改进活动。

六级 成熟度等级系数为 1，判定依据：

（1）对过程评价项所需的财务资源进行了深入、系统的需求分析，将资金需求纳入相应的财务资金预算，确定了金额和来源渠道，并由最高管理者审查批准；

（2）财务资源的落实到位，资金使用受到严格、规范的控制，确保专项经费专款专用的要求；

（3）定期对资金使用情况进行监督检查，采用先进的分析方法和手段，对其充足性和使用效果进行分析、评价和考核，不断提高资金的使用效率，对资金提供和使用中发现的问题，能够深入分析原因，及时向最高管理者报告，并及时采取必要的措施；

（4）系统地开展质量成本数据（包含隐性质量成本数据）的收集和分析，分析其正向与负向的质量经济效益，并用其及时、系统、有效和高效地支撑质量分析和改进活动。

6. 基础设施与工作环境及自然资源

一级 成熟度等级系数为 0.1，判定依据：

严重缺乏必备的基础设施、必需的工作环境、必要的自然资源之一。

二级 成熟度等级系数为 0.2 或 0.3,判定依据：

（1）有一定的基础设施支持,但在重要工作内容和关键过程中仍存在基础设施短缺或发生了因基础设施支持不够而直接导致的重大质量问题；

（2）有一定的工作环境支持,但在重要工作内容和关键过程中仍存在着工作环境不满足要求的情况或发生了因工作环境不满足要求而直接导致的重大质量问题；

（3）对于需要自然资源的过程,有一定的自然资源支持,但在重要工作内容和关键过程中仍存在着自然资源不满足要求的情况或发生了因自然资源不满足要求而直接导致的重大质量问题；

（4）没有基础设施配置、工作环境营造和自然资源获取方面相关的计划。

三级 成熟度等级系数为 0.4 或 0.5,判定依据：

（1）各主要环节配备满足所需的基础设施；

（2）主要环节提供了能够基本满足工作需要的工作环境；

（3）对于需要自然资源的过程,工作任务主要环节都提供了能够基本满足要求的自然资源；

（4）基础设施、工作环境和自然资源方面相关的计划系统性、针对性、有效性不足。

四级 成熟度等级系数为 0.6 或 0.7,判定依据：

（1）配备满足过程实现所需的基础设施,保留相关信息；

（2）工作任务各环节都提供了满足要求的工作环境,包括特殊工序环节的特殊环境要求得到充分满足,保留相关记录；

（3）对于需要自然资源的过程,工作任务各环节都提供了满足要求的自然资源。

五级 成熟度等级系数为 0.8 或 0.9,判定依据：

（1）进行基础设施需求分析,制定并实施其配备、维护保养和更新改造的计划,计划具有适宜性和充分性,配备满足过程实现所需的基础设施,保留相关信息；

（2）识别和确定工作环境的现状问题与需求,确定工作现场环境控制与管理的要求和方法,确保其符合适用法律法规的要求和适用标准的要求,确保人员职业健康和安全,实施防静电、洁净度、温湿度和多余物等控制,开展"6S"现场管理,保留相关记录；

（3）对于需要自然资源的过程,制定了系统的自然资源获取或替代计划,分析

自然资源获得和利用方面对工作任务质量产生的影响,对此采取相应的措施,确保自然资源可获得或可替代;

(4) 定期和针对重点工作任务需求,开展基础设施与工作环境及自然资源满足目标和工作任务需求的适宜性、充分性的评价。

六级 成熟度等级系数为1,判定依据:

(1) 深入进行基础设施需求分析,制定并实施详细的基础设施配备计划、预防性维护保养计划、更新改造计划,计划具有适宜性、充分性、经济性和前瞻性,配备满足过程实现所需的基础设施,支撑现代智能制造技术手段的应用,能够根据工作任务的需求变化及时改变,保留相关信息;

(2) 识别和确定工作环境的现状问题与需求,确定工作现场环境控制与管理的要求和方法,确保其符合适用法律法规的要求和适用标准的要求,符合人体工效学的原理和要求,确保人员职业健康和安全,实施防静电、洁净度、温湿度和多余物等控制,开展"6S"现场管理,保留相关记录;

(3) 对于需要自然资源的过程,制定了系统的自然资源获取或替代计划,分析自然资源获得和利用方面对工作任务质量产生的影响,高度关注环保节能和可持续性发展,对此采取相应的措施,确保自然资源可获得或可替代;

(4) 定期和针对重点工作任务需求,开展基础设施与工作环境及自然资源满足目标和工作任务需求的适宜性、充分性的评价。

7. 信息和知识

一级 成熟度等级系数为0.1,判定依据为:

(1) 没有建立信息管理制度,或信息管理制度不具备可执行性,或信息管理制度存在多处不当之处,制度执行较为随意;

(2) 没有建立信息系统,或信息系统不能正常运行;

(3) 没有或基本没有完成工作任务所需的信息资源。

二级 成熟度等级系数为0.2或0.3,判定依据:

(1) 建立了信息管理制度,但制度规定不够规范和系统,制度执行较为随意;

(2) 建立了信息系统,但信息系统软硬件非常落后,严重影响信息及时、准确地采集、分析、和传递;

(3) 工作任务所需的大部分信息能获取,但在某些重要和关键工作中存在信息不完善,或因信息存在缺陷而直接导致了工作任务出现了重大质量问题;

三级 成熟度等级系数为0.4或0.5,判定依据:

(1) 建立了信息管理制度,但在全面性、系统性、可执行性等方面存在明显不足；

（2）建立了信息系统，但信息系统软硬件已经落后，在一定程度上影响信息及时、准确地采集、分析和传递；

（3）工作任务所需的信息基本能得到满足，尤其是关键和重要环节数据资源的获取有保障；

（4）信息对提高产品和服务质量及顺利完成工作任务具有一定的促进作用，但未能将其转换为有用的知识。

四级 成熟度等级系数为 0.6 或 0.7，判定依据：

（1）制定并执行规范的信息管理制度，其中对部分信息上升为知识（含质量信息和质量管理知识，同下）管理；

（2）建立并有效运行信息系统，能够实现信息内部网上及时准确地采集、分析和传递信息；

（3）工作任务所需的信息能得到满足，尤其是关键和重要环节数据资源的获取有保障，信息具有客观性、准确性、保密性和可追溯性；

（4）开始注重将部分信息数据转换为有用的知识，对提高产品和服务质量及顺利完成工作任务具有一定的促进作用。

五级 成熟度等级系数为 0.8 或 0.9，判定依据：

（1）针对工作任务的需要，制定并执行了系统、规范的信息和知识方面的制度；

（2）充分运用先进的数据分析方法和现代信息化技术（大数据、工业互联网等），建立并运行集成信息系统（包括故障模式库、基础产品数据库、质量案例库、质量方法工具库等，同下），实现信息内部网上采集、分析、储存、反馈和传递、发布、共享、安全防护和决策支持等；

（3）确保信息客观性、准确性、完整性、及时性、保密性和可追溯性；

（4）信息数据利用方面，能够将其转换为有用的知识，对提高产品和服务质量及顺利完成工作任务具有显著的促进作用。

六级 成熟度等级系数为 1，判定依据：

（1）针对工作任务的需要，制定并执行了科学、先进、系统、规范的信息和知识方面的制度；

（2）综合运用先进的数据分析方法和先进信息化技术（大数据、工业互联网等），完善并高效运行集成信息系统，实现信息内部网上实时采集、分析、储存、反馈和传递、发布、共享、安全防护、知识生成和决策支持等；

（3）确保信息的客观性、准确性、完整性、及时性、安全性、保密性和可追溯性；

（4）能够将信息及时提炼、生成为有用的知识，使其对提高产品和服务质量及顺利完成工作任务具有重要的促进作用。

8. 技术方法应用

一级　成熟度等级系数为0.1，判定依据：

没有应用专门的质量技术方法。

二级　成熟度等级系数为0.2或0.3，判定依据：

（1）个别地应用了常见的质量技术方法，但缺少应用工作计划；

（2）对于质量技术方法的学习理解和应用经验的积累还是初步的。

三级　成熟度等级系数为0.4或0.5，判定依据：

（1）基本掌握完成工作所需的技术方法，包括最为常用的质量技术方法（质量管理方法、通用质量特性方法等）；

（2）在一定范围应用了常见的质量技术方法，但应用工作缺少计划性或计划不完全；

（3）缺少可操作的指导性文件（规范、作业指导书、应用手册或实施指南等），或没有技术的应用软件，或缺少数据支撑；

（4）缺少对技术应用结果的分析和评价。

四级　成熟度等级系数为0.6或0.7，判定依据：

（1）掌握完成工作所需的技术方法，包括质量技术方法；

（2）对部分技术方法的应用制定指导性文件；

（3）引进或开发技术应用软件工具和数据库；

（4）有计划地应用了这些技术方法。

五级　成熟度等级系数为0.8或0.9，判定依据：

（1）掌握在国内、国防科技工业领域比较先进、经实践证实为成熟的技术方法，包括质量技术方法；

（2）制定了可操作性较强的技术方法应用的程序文件，如规范、应用手册或实施指南等；

（3）引进或开发技术应用软件工具和数据库，研究和部分应用现代信息技术；

（4）有计划地、系统地应用了这些技术方法，并将其应用融入流程；

（5）对应用结果进行了分析和评价。

六级　成熟度等级系数为1，判定依据：

（1）掌握在国内外先进的技术方法，包括先进的、独特的质量技术方法；

（2）制定了系统、详细、可操作性强的技术方法应用的程序文件和(或)指导性文件,如规范、应用手册或实施指南；

（3）构建技术集成应用平台,技术方法的应用融入设计、试验和管理系统,引进或开发应用软件工具和数据库,有效应用现代信息技术,实现了数字化、网络化、实时化；

（4）有计划地、系统地应用了这些技术方法,并将其应用融入流程；

（5）实行技术方法应用的 PDCA 循环,形成了应用先进、可行的技术方法的长效机制。

9. 过程和产品的监视与测量

一级 成熟度等级系数为0.1,判定依据：

没有或基本没有对过程和产品实施监视与测量。

二级 成熟度等级系数为0.2 或 0.3,判定依据：

（1）实施了一定的过程和产品的监视与测量,但在重要工作内容结果和关键过程的监视与测量中仍存在重大缺陷或发生了因监视与测量工作不到位而直接导致的重大质量问题；

（2）针对性部分过程建立了监视与测量工作初步的制度,但其规范性、操作性还存在较大不足。

三级 成熟度等级系数为0.4 或 0.5,判定依据：

（1）建立了初步的监视与测量工作制度和(或)工作系统,但其规范性、操作性还存在相当不足；

（2）基本实现了在必要的阶段和时间点对过程和产品进行监视与测量；

（3）过程和产品的监视与测量的部分结果用于过程控制、纠正,但存在着监视与测量结果应用不及时、不深入的情况；

四级 成熟度等级系数为0.6 或 0.7,判定依据：

（1）建立监视与测量工作系统,监视与测量指标和方法具有针对性、可操作性,将质量考核作为其中重要内容；

（2）在工作任务各个必要的阶段和时间点对过程和产品进行了监视与测量；

（3）过程和产品的监视与测量的结果用于过程控制、纠正或纠正措施。

五级 成熟度等级系数为0.8 或 0.9,判定依据：

（1）建立监视与测量的制度和工作系统,明确并落实监视与测量的内容、应用范围、方法、频次和周期等,将质量考核作为其中重要内容；

（2）构建监视与测量指标体系,关键指标能够覆盖工作任务完成情况和进度、

产品和服务质量,确保其具有科学性、全面性、可实现性和可测量性;

(3)过程和产品的监视与测量工作系统运行规范、顺畅、高效,与提高工作质量和产品质量紧密结合,监视与测量的结果有效、高效地用于过程控制、纠正或纠正措施。

六级 成熟度等级系数为1,判定依据:

(1)监视与测量的制度和工作系统健全,监视与测量应用了国际上科学、先进的技术方法和手段;

(2)监视与测量指标体系具有科学性、全面性、系统性、可实现性和可测量性,质量指标得到实时监视和测量,产品和服务质量指标作为具有否决作用的关键指标;

(3)过程和产品的监视与测量工作运行顺畅、高效,支持工作质量和产品质量的实时控制和持续改进。

10. 分析与评价

一级 成熟度等级系数为0.1,判定依据:

没有或基本没有对产品和服务质量及过程等进行分析和评价。

二级 成熟度等级系数为0.2或0.3,判定依据:

(1)对产品和服务质量及过程的部分节点、要素受控的基本情况等进行分析和评价,但存在分析针对性不强、不深入、评价不十分准确等问题;

(2)分析与评价方法存在不适合,常不能够准确地发现问题的主要影响因素和突出的薄弱环节;较多地存在着分析和评价结果不客观、不准确的情况。

三级 成熟度等级系数为0.4或0.5,判定依据:

(1)基本明确了应进行分析与评价的内容、指标、方法和程序等,但不够全面和具体;

(2)能够对产品和服务质量及过程受控的基本情况等进行分析和评价,但存在分析针对性不强、不深入、评价不十分准确等问题;

(3)分析与评价方法比较单一,能够发现问题的主要影响因素和突出的薄弱环节,分析和评价结果基本具有客观性、正确性,还不够全面、系统和及时。

四级 成熟度等级系数为0.6或0.7,判定依据:

(1)建立并运行分析与评价工作系统,明确并落实分析与评价内容范围、指标、工作职责、方法和程序等;

(2)依据收集的信息数据,对质量目标的实现程度、产品和服务质量及过程受控情况等进行分析和评价,保留分析和评价记录;

（3）分析与评价方法科学，能够发现问题的影响因素和薄弱环节，其结果具有客观性、全面性、正确性和及时性，能够支撑质量预防和质量改进活动。

五级　成熟度等级系数为 0.8 或 0.9，判定依据：

（1）根据产品和服务及其过程的特点和要求，建立并有效运行分析与评价的制度和工作系统，明确并落实分析与评价内容范围、指标、工作职责、方法和程序、频次和周期等；

（2）依据收集的信息数据，对质量目标的实现程度、产品和服务质量及过程受控情况、内部和外部顾客满意程度等进行定量和定性的分析和评价，保留分析和评价记录；

（3）分析与评价方法先进、科学、系统，能够发现问题的影响因素和薄弱环节，关键指标具有否决作用，其结果具有客观性、全面性、系统性、及时性、对变化的敏感性，能够有效支撑质量预防和质量改进活动；

（4）分析与评价活动与质量管理体系内部审核和管理评审相融合，为其奠定基础。

六级　成熟度等级系数为 1，判定依据：

（1）密切根据产品和服务及其过程的特点和要求，与信息和知识管理制度与工作系统密切衔接，建立并有效运行分析与评价的制度和工作系统，明确并落实分析与评价内容范围、指标、工作职责、方法和程序、频次和周期等；

（2）依据收集的信息数据，对质量目标的实现程度、产品和服务质量及过程受控情况、内部和外部顾客满意程度、与标杆对比结果、质量经济效益（质量损失或质量效益）等进行定量和定性的分析和评价，保留分析和评价记录；

（3）分析与评价方法先进、科学、系统，充分利用先进的数据分析方法和现代信息化手段，能够发现问题的影响因素和薄弱环节，关键指标具有否决作用，其结果具有客观性、全面性、系统性、及时性、对变化的敏感性和导向正确性，能够有效支撑质量预防和质量改进活动；

（4）分析与评价活动与质量管理体系的成熟度自我评价、内部审核和管理评审相融合，为其奠定基础。

11. 改进

一级　成熟度等级系数为 0.1，判定依据符合下列之一：

（1）没有建立对工作任务中出现的问题实施归零和改进的制度和工作系统，或该工作系统形同虚设；

（2）对产品质量问题、过程及管理的薄弱环节没有进行查找和原因分析；

（3）对质量问题和管理薄弱环节没有采取纠正和预防措施。

二级 成熟度等级系数为 0.2 或 0.3，判定依据：

（1）质量问题归零和工作改进的系统还存在较大不足；

（2）对产品质量问题、过程及管理的薄弱环节进行了初步的查找和原因分析，问题反映不全面、不系统，分析不深入，在关键问题归零和重要工作改进中仍存在重大缺陷；

（3）对质量问题和管理薄弱环节采取纠正和预防措施不到位。

三级 成熟度等级系数为 0.4 或 0.5，判定依据：

（1）收集产品质量问题、过程及管理的薄弱环节，对其产生原因进行分析，改进工作渠道基本通畅；

（2）对出现的重要、关键问题都采取纠正和预防措施，改进和提高产品和服务质量；

（3）改进工作基本处于就事论事的情况，在提取管理和工程方面的禁忌和对改进成果评价方面存在明显的不足。

四级 成熟度等级系数为 0.6 或 0.7，判定依据：

（1）收集产品质量问题、过程及管理的薄弱环节，对其产生原因进行分析；

（2）密切结合技术和管理的实际问题，遵循 PDCA 循环，采取针对性的纠正和预防措施，改进和提高产品和服务质量；

（3）提取管理和工程方面的禁忌；

（4）对改进成果进行全面的评价。

五级 成熟度等级系数为 0.8 或 0.9，判定依据：

（1）全面收集、梳理产品质量问题、过程及管理的薄弱环节，对其产生原因进行深入分析；

（2）密切结合技术和管理的实际问题，遵循 PDCA 循环，根据内外部顾客和其他相关方的要求，运用适宜的技术方法和手段，从技术、管理和保障条件等方面制定改进计划和目标，采取针对性的纠正和预防措施，实现闭环管理，降低质量损失，持续改进和提高产品和服务质量；

（3）开展共性质量问题的梳理和解决活动，总结质量管理最佳实践和成功经验，反思质量问题教训，提取管理和工程方面应遵循的准则或禁忌，不断提出有针对性的质量管理新方法和新措施；

（4）将其纳入绩效考核评价，对改进成果进行全面的评价，使改进活动进入良性循环。

六级 成熟度等级系数为 1,判定依据:

(1)全面、系统地收集、梳理产品质量问题、过程及管理的薄弱环节,对其产生原因进行深入透彻分析;

(2)密切结合技术和管理的实际问题,遵循 PDCA 循环,根据内部和外部顾客和其他相关方的要求,制定与关键绩效项关联的改进计划和目标,运用适宜的技术方法和手段,灵活运用先进且适宜的技术方法和手段,从技术、管理和保障条件等方面采取针对性的纠正和预防措施,实现闭环管理,降低质量损失,持续改进和提高产品和服务质量;

(3)开展共性质量问题的梳理和解决活动,总结质量管理最佳实践和成功经验,反思质量问题教训,提取管理和工程方面应遵循的准则或禁忌,不断提出具有特色的质量管理新理念、新方法和新措施;

(4)将其纳入绩效考核评价,对改进成果进行科学、全面的评价,使改进活动进入良性循环。

参 考 文 献

[1] ISO 9004:2018《Managing for the sustained success of an organization—A quality management approach》,2018.
[2] AS 9100,航空航天和国防组织质量管理体系要求[S].
[3] GB/T 19000—2016,质量管理体系基础和术语[S].
[4] GB/T 19001—2016,质量管理体系要求[S].
[5] GB/T 19004—2011,追求组织的持续成功质量管理方法[S].
[6] GB/T 19011—2013,管理体系审核指南[S].
[7] GB/T 19580—2012,卓越绩效评价准则[S].
[8] GB/T 29075—2012,航天器概率风险评估程序[S].
[9] GJB 900A—2012,装备安全性工作通用要求[S].
[10] GJB 2547A—2012,装备测试性工作通用要求[S].
[11] GJB 9001C—2017,质量管理体系要求[S].
[12] GJB 3206A—2010,技术状态管理[S].
[13] QJ 892A—2012,航天产品特性分类和管理要求[S].
[14] QJ 1302—2001,航天产品技术评审[S].
[15] QJ 1714B—2011,航天产品设计文件管理制度[S].
[16] QJ 2850A—2011,航天产品多余物预防和控制[S].
[17] QJ 3027A—2016,航天型号软件测试规范[S].
[18] QJ 3050A—2011,航天产品故障模式、影响及危害性分析指南[S].
[19] QJ 20076—2012,卫星系统级测试覆盖性分析与检查要求[S].
[20] Q/QJA 11B—2018,航天产品质量与可靠性信息管理要求[S].
[21] Q/QJA 14B—2019,航天型号出厂评审[S].
[22] Q/QJA 30A—2013,航天型号软件工程化要求[S].
[23] Q/JA 44—2008,载人航天型号软件测试覆盖性分析要求[S].
[24] Q/QJA 53—2010,宇航单机产品成熟度定级规定[S].
[25] Q/QJA 65—2010,航天型号研制转阶段评审[S].
[26] Q/QJA 67—2011,导弹武器产品测试覆盖性控制要求[S].
[27] Q/QJA 71—2011,航天型号单点故障模式识别与控制要求[S].

[28] Q/QJA 146—2013,宇航单机产品成熟度定级实施细则[S].

[29] Q/QJA 148—2012,航天工程技术成熟度评估指南[S].

[30] Q/QJA 302—2014,航天型号飞行成功数据包络分析要求[S].

[31] Q/QJA 303—2014,航天型号飞行时序动作分析与确认要求[S].

[32] Q/QJA 305—2014,航天型号产品质量交集识别与分析要求[S].

[33] 詹姆斯·R. 埃文斯、威廉·M. 林赛. 质量管理与质量控制[M]. 焦叔斌,等译. 北京:中国人民大学出版社,2010.

[34] 约瑟夫·M. 朱兰. 朱兰质量手册[M]. 北京:中国人民大学出版社,2014.

[35] 袁家军. 航天产品工程[M]. 北京:中国宇航出版社,2013.

[36] 许达哲. 航天型号可靠性守则[M]. 北京:中国宇航出版社,2014.

[37] 李洪. 把成功作为信仰——航天工程质量管理[M]. 北京:首都经济贸易大学出版社,2015.

[38] 马林,何桢. 六西格玛管理[M]. 北京:中国人民大学出版社,2014.

[39] 胡云,等. 航天装备技术成熟度评价理论与实践[M]. 北京:中国宇航出版社,2016.

[40] 李跃生,等. 质量功能展开[M]. 北京:国防工业出版社,2011.

[41] 陈玉涛. 航天企业质量管理体系构建及实施研究[M]. 天津:天津大学出版社,2008.

[42] 周星如. 军工质量管理[M]. 北京:国防工业出版社,2003.

[43] 中国航天科技集团公司. 航天质量管理基础[M]. 北京:国防工业出版社,2017.

[44] 中国航天科技集团公司. 通用特性培训教材[M]. 北京:国防工业出版社,2017.

[45] 中国航天科技集团公司. 产品保证[M]. 北京:国防工业出版社,2017.

[46] 中国航天科技集团公司. 航天质量管理方法与工具[M]. 北京:国防工业出版社,2017.

[47] 李明华. 基于时序动作分析和确认的技术风险管理[M]. 北京:中国宇航出版社,2017.

[48] 吴燕生. 航天产品飞行成功子样数据包络分析[M]. 北京:中国宇航出版社,2019.

[49] 刘纪元. 中国航天事业发展的哲学思想[M]. 北京:北京大学出版社,2016.

后　　记

　　说到质量管理体系，人们通常会想到一个单位，如研究所、工厂等，依据 ISO 9001/GB/T 19001《质量管理体系要求》标准建立的质量管理体系。实际上，建立质量管理体系的主体既可以是一个常设的单位，也可以是一个项目组织。因为，质量管理体系的主要要素包括：确定质量方针和质量目标，进行质量策划，编制质量文件，建立质量责任制、质量组织和质量信息系统，实施质量保障资源管理、过程质量控制、质量测量分析和质量改进等。而对于一个大的项目或项目群，其项目组织作为一个主体，在质量管理方面也需要开展上述工作，也具备这些要素。也就是讲，项目组织也可以，而且应该建立和运行其质量管理体系，从而对项目的全方位、全过程、全要素实施系统性、规范化的质量管理。

　　国际标准化组织发布版的 ISO 10006《质量管理——项目管理质量指南》标准，给出了项目质量管理体系的概念，提出在项目管理之中有必要建立并保持项目质量管理体系，以在项目质量管理体系管理项目过程，实现项目目标。这表明，国际标准化组织认为项目实施过程中也客观存在着质量管理体系，质量管理体系建设是项目组织的重要职责。

　　由于航天型号研制项目具有复杂性和系统性，因此，在航天科技工业范围内的型号项目质量管理是一个较为广义的范围，涉及到型号项目的方针目标、组织结构、指挥协调、人员管理、技术管理和协调、信息管理、经费和设施保障、各阶段过程控制、文件管理等方面。其内容不局限于通常人们理解的项目产品的质量控制，但各方面的内容都紧密围绕着如何确保项目产品和服务质量，即确保型号任务的成功。可见，其范围符合 ISO 10006 标准中的项目质量管理体系的概念。在航天项目质量管理体系中，领导作用部分是指航天型号"两总"的作用，成文信息部分主要是指质量保证大纲、通用质量特性大纲（或产品保证大纲）等文件和质量记录，"产品和服务实现"或称"运行"部分，是指实施航天型号研制、试验和生产的各阶段全过程质量控制。

　　航天项目质量管理体系不是完全独立于承担型号任务单位的质量管理体系，

而是以承担航天项目单位的质量管理体系为基础,与这些单位的质量管理体系有机结合。承担航天型号任务的研究所、工厂等只是承担型号任务的一部分。项目过程质量控制都是按研制阶段和跨单位的,即使各单位的质量管理体系都基本健全,还有型号项目系统集成、接口和协调等一系列问题。因此,航天项目的质量管理体系与承担型号任务的研究所、工厂级的质量管理体系形成矩阵式的结构。对于航天型号总体研究院,乃至整个航天企业集团公司而言,由于其职能能够基本覆盖航天型号论证、研制、试验、生产和服务保障任务的大部分,因此,型号项目质量管理体系的主体基本处于研究院、集团公司整体质量管理体系之中。

航天项目质量管理体系更加具有航天系统工程的特色,其建立和运行应运用系统工程的思想,充分运用现代项目管理理论和计算机技术,综合考虑项目整个寿命周期全部要素,以多学科、多专业研制团队为基本组织形式,实施一整套系统性的、成熟的和规范化的工程研制管理的方法和程序,强调系统策划、分解展开、综合集成、整体优化、预防为主、源头抓起、节点把关、接口协调、更改控制、资源保障、数据说话、逐级验收、强化监督和问题归零。

航天型号项目质量管理体系建设工作的主要内容如下:

(1) 确定型号质量目标及各阶段、各分系统和单机的质量目标,包括型号任务的质量目标和质量管理目标,确定具体的质量特性指标和工作项目;

(2) 开展航天型号质量策划,编制项目质量计划(称为"型号质量保证大纲"、产品质量保证大纲等),作为型号质量文件中纲领性的文件,进而建立健全型号质量文件系统,并将项目质量计划纳入到项目管理计划(研制程序和研制计划)中;

(3) 建立健全航天型号项目"两总系统"质量责任制,建立健全型号质量保证组织系统(或称型号质量师系统、产品保证组织系统、质量专家团队等),充分发挥抓总单位的质量抓总能力;

(4) 实施研制全过程质量控制,重点是技术风险识别、分析和控制,可靠性、安全性的设计、分析和试验,技术状态管理,元器件质量控制,软件质量控制,外购外协控制,技术评审,质量问题归零等;

(5) 建立健全型号项目质量信息系统,执行质量问题报告制度,开展质量信息的交流;

(6) 建立型号质量监督和考核评价系统,实施型号科研生产单位资格管理,开展型号项目的质量目标考核、项目质量管理体系自我评价,依据考核结果实施质量奖惩,调查和审查重大质量问题和质量事故等。

在航天领域,还有比航天器的研制项目高一层的巨项目或项目群,即更巨大、更复杂的航天工程,如载人航天工程、月球探测工程、北斗导航工程。这些巨大的航天工程包括航天器和运载装备的研制和发射、发射场和着陆场建设和运行、在轨运行的测量和控制、空间科学应用等。对于载人航天工程而言,还包括航天员的选拔和培养等。每一个巨大的航天工程还包括若干工程任务阶段,而每一个阶段的任务也是一个巨大的项目或项目群,如载人航天工程中的交会对接任务和空间站任务。

对质量管理体系概念的描述不仅适用航天型号项目,也同样适用航天工程。虽然航天工程更为巨大和更为复杂,实际上,航天工程,如载人航天工程及其某一个阶段的任务都存在着各自的质量管理体系,都存在着上述所讲的若干质量管理体系要素,需要科学有效地建立和运行其质量管理体系。

作者对航天型号项目、航天工程的质量管理体系建设有过一些调查和研究,但这方面的调查和研究还不够深入,尤其是对航天工程质量管理体系的研究还是很初步的。我们在本书的初稿中将这一部分作为单独一章进行阐述,但是在撰写过程中深感对这一部分工程实践的调研和总结以及理论提炼都不够深入,还不足以支持撰写出具有专业水平的论述。为此,本着严谨的态度,我们不得不将这一部分内容从本书的初稿中去掉,这也成为本书的遗憾。待将来对其调查研究和工程实践总结更为深入之后,再发表研究成果。

作　者

2020 年 3 月